JN055031

秋山美紀・宮垣 元［編著］
Akiyama Miki+Miyagaki Gen

ヒューマンサービスとコミュニティ

支え合う社会の構想

勁草書房

はじめに

　ヒューマンサービスの諸課題をコミュニティの取り組みによって解決しようとするアプローチがある．「ヒューマンサービスとコミュニティ」という主題を掲げた本書の関心は，こうしたアプローチを志向するさまざまな取り組みから，その意義や課題について共通認識を得たいという点にある．

　ほぼカタカナ語で表現されているこの主題は，必ずしも目新しいものではない．私たちの社会では，子育てや教育，高齢者や障害者のくらし，病や就労など，人の心身や将来に直接関わる課題や困難を，地域社会のなかで他者とともに分かち合ってきた．こうしたことは，かつては本来的にコミュニティに備わっていた力であるともいえる．

　その一方において，課題を抱える当事者を，私たちとは異質な存在として排除することもなされる．〈わたしたち〉を強調することは，その向こうに〈あなたがた〉を同時に生み出すからである．こうして，コミュニティは包摂もするし，排除もする．とくに，戦後の日本社会においてはこうしたコミュニティの排除的な側面への忌避感があったと思われるが，いつの間にか，再びコミュニティを希求する時代になってきている．

　たとえば，共生社会の理念のもと，高齢者や障害者を包摂しながら地域コミュニティで支えるしくみである地域包括ケアの整備は，各基礎自治体が保健・医療・福祉の分野を超えて重点的に取り組む急務の課題となっている．地域コミュニティを含む重層的な支援体制を構築する必要性が高まっているからにほかならない．教育分野でも，コミュニティ・スクールのように学校運営に多様な地域住民の関わりが求められる時代となり，地域や学域の連携が一段と進んでいる．家族のあり方やライフスタイルの変容も背景に，子育てにおいても第三者が関わる社会的な育児の必要性がより強く求められ，子どもたちと社会をつなぐ居場所などの取り組みも急速に増えている．また，うつ病など精神疾患が増加するなか，職場や学校におけるメンバーの相互承認や相互理解の場づく

りが，メンタルヘルスの分野においても重要であることが広く認識されている．住まいやキャリアといった一見個人的な問題とされることでも，その新しいあり方を他者とともに模索する動きがある．このように，医療，福祉，教育，子育て分野をはじめ，さまざまな境遇にある人びとの課題を共有し，支え合うしくみが求められ，実践される時代となっている．

　これらに共通するのは，各分野の専門家がその「専門性」から個別課題にアプローチする発想とは別に，当事者を中心に据え，多様な立場の人びとがその課題を共有するプロセスを通じて互いに支え，困難を克服していこうとするアプローチである．もちろん，これは既存の施策や民間サービスに"取って代わる"ものではないだろう．しかし，前述のような取り組みは，これまでの発想や枠組みでもまた限界があることを端的に示しているのではないだろうか．広く「ヒューマンサービス」全般においてコミュニティ的アプローチへの関心と必要性の高まりがあることは，ヒューマンサービスのさまざまな領域で「コミュニティ」が共通のキーワードとなっていることからも明らかである．私たちは，低成長時代における社会のセーフティネットとして，そして排除の構造を再び生み出さないように注意しながら，どのようにコミュニティを活かすしくみを構想するかという課題に直面しているともいえるだろう．

　今日，こうした認識は広く受け入れられるものだと思われるが，しかし，多様に展開している取り組みをヒューマンサービス全般に広く共通するものとして捉え，さまざまな実践が参照するフレームワークや方法論をともに考えることは十分に行われているわけではない．もちろん，各領域には個々の研究蓄積があり，また多くの実践事例も存在する．ここで必要なことは，それぞれの領域で模索されている取り組みが，実は共通する問題意識やアプローチを志向しているということを分野を越えて共有し，相互参照できるようなより広いテーマ設定と体系化にあるのだと考えられる．

　そして，世界で猛威を振るう新型コロナウイルス感染症は，こうした流れにより本質的な課題を突きつけることとなった．いわゆる「三密」を避けねばならない感染症対策は，一方において人の健康や生命を守るためでありながら，他方において，人びとの孤立を生み，もっとも支援が必要な人の存在や課題を見えにくくさせている．こうした状況下にこそ，人びとのくらしを守り，ある

いは地域を活性化させるための取り組みが必要となるが，従来どおりに進める
ことが困難な状況となった．かくして，人との接触を増やすベクトルと避ける
ベクトルとの間で，新しいアプローチが求められることになる．従来の発想と
は異なる，新しい生活様式や価値観に適用できる視座が求められる時代に入っ
たのである．

　本書は，こうした現状認識と必要性を前提に，ヒューマンサービスとコミュ
ニティのさまざまな結びつきを多角的に論じ，その意義や重要性，課題などに
ついて論点を浮かび上がらせたいと思う．そのことを通じて，この主題のもつ
可能性について提示していきたい．

　まず第1章と第2章では，本書全体のフレームワークと方法論的特徴につい
て論じられる．第1章では，ヒューマンサービスとコミュニティというテーマ
の背景と，2つの概念の捉え方について整理を行い，本書の射程を確認する．
ここでは，ヒューマンサービスという語の含意を検討し，それがなぜコミュニ
ティを要請するのかについて述べられる．第2章では，実際にどのようにアプ
ローチしていくのかという観点から，私たち自身のこのテーマへの向き合い方
が論じられる．政策を含む実践と研究の関係，個別分野とその統合，専門性と
その間のインタラクションなどが，越境性をキーワードに提示されることにな
る．

　続く7つの章では，地域の居場所からグローバルヘルスに至る広範なテーマ
が取り上げられ，歴史分析や社会調査，プログラム開発，そして当事者の取り
組みといった多様な立場，視点，方法から検討がなされる．第3章では，コロ
ナ禍の影響が直撃した地域の居場所をいかに継続できるかという問題について，
「場」を実現するためのオンライン化の可能性と課題が見出される．第4章で
は，世紀転換期のドイツの社会保険とホームケアを振り返ることで，地域社会
による家族支援の可能性を再検討する．ここにおいて，この主題を考える際の
「いま・ここ」（現代・日本）という私たちの暗黙の前提が相対化されるだろう．
第5章は，働くこととメンタルヘルスの問題を，職場のみならず地域全体の枠
組みから捉え，ワーク・エンゲイジメントというより広い視野からのプログラ
ム開発が紹介される．やはり，働く＝職場という捉え方の相対化がなされてい
る．第6章と第7章はともにスポーツとの関連でコミュニティが捉えられてお

り，前者では，トップアスリート，とりわけ女性アスリートとコミュニティとの相互作用が双方にもたらす影響が示され，後者では，地域スポーツが障害者を含む多様な人びとを包摂するプラットフォームとなる可能性に言及されている．ともに，スポーツがコミュニティに「開かれる」ことのもつ可能性だといえるだろう．そして，第8章と第9章は研究者であるとともに実践者であるという立場から，自身が取り組んだ経験がもつ意味について省察される．前者は，筆者が設立した保育園が，コロナ禍に伴うオンライン化により関係性が園外へと開かれていくプロセスの記録である．後者では，ニジェールで展開された協働の実態が紹介され，筆者が取り組んだ実践活動がコロナ禍に影響を受けつつ直面した困難や課題を振り返り，そこからの気づきが提示される．ここでは，研究者もまたコミュニティの一部であることに気づかされるだろう．

　そして本書の主題に具体的な実感を与え，ヒューマンサービスとコミュニティというテーマの広がりを伝えるのが16のコラムである．これらのコラムでは，本書の考え方を前提にしながら，さまざまな具体的事象，政策，実践事例，調査結果などが概説される．ヒューマンサービスとコミュニティを考えるうえで重要となる概念や政策動向，子育て，教育，高齢者ケア，障害，キャリア，防災などといった諸分野におけるさまざまな主体との関わり方やITなどを用いた課題の乗り越え方，さらにはコミュニティという視点があるからこそ見出せる新しいテーマ群など，実践から理論まで，さまざまな重要トピックが扱われている．あわせて，17番目のコラムとして，さらにこのテーマを深めていくためにおすすめしたい文献案内を付した．

　いずれの章・コラムでも，概念的で一見捉えどころのないヒューマンサービスにおけるコミュニティの意義や効果について，どのような切り口から迫ることでそれが見出せるのかということを念頭に置きつつ，理念をどのように実現するかという問題意識から論じられている．具体的な取り組みのなかにある困難や過程を見出すこと，それに対して試行錯誤される工夫は，ヒューマンサービス全体にとって相互参照すべきことに違いない．

　本書のねらいは，それぞれ異なる文脈をもつ分野，立場，方法によるさまざまなテーマを，広く「ヒューマンサービスとコミュニティ」という主題のもとに位置づけることで，支え合う社会を構想するための対話の場とすることであ

る．この試みを契機に，異なるテーマの背後にある共通の理念を改めて問い直し，一層豊かな対話が生まれてくることを願ってやまない．

2021 年 11 月

秋山美紀・宮垣　元

目　次

第 4 章

少子高齢時代の家族支援とコミュニティ・ソリューション　馬場わかな　76
　　〜歴史分析から現代を見る

第 5 章
健康でいきいきと働くための支援 島津明人　98
　〜職場と地域での実践プログラムの立案と評価

第8章

保育園による子育て支援の可能性　　　　　　　　　　　　久具山圭子　172

　～コロナ禍における保護者とのコミュニケーション改善の取り組みから

第 9 章

ニジェールのコミュニティとともに　　國枝美佳　196
　〜ヒューマンサービスの協働の実践から

ヒューマンサービスとコミュニティ

支え合う社会の構想

第1章

ヒューマンサービスへのコミュニティ・アプローチ
〜射程とフレームワーク

宮垣　元

1. ヒューマンサービスとコミュニティの時代

1.1　コミュニティを指向するヒューマンサービス

　私たちの社会では，どの国，どの時代にあっても，人が人に寄り添い，支えることが当たり前になされてきた．たとえば，家族や親族のなかで，地域や職域のなかで，あるいは専門職として，自分以外の他者の心身や将来に関わり，支え，ともに状況を改善し，道を切り開いている．本書では，このように他者が「人の心身や将来に直接的に関わる対人サービス」全般をヒューマンサービスと捉えようと考えている．後述するように，さまざまな理念や含意のある用語だが，ここでは広く対人サービスを総称する概念として捉えることにしよう．

　このヒューマンサービスにはさまざまな分野が含まれるが，それぞれの実践や政策の場，研究主題に共通して登場する概念に「コミュニティ」がある．また，つながりやネットワーク，連携や協働という語も頻繁に登場しているが，いずれも，分かち合い，支え合う，という含意がある．高齢者ケアの分野では地域包括ケアシステムが，学校教育の分野では地域連携教育が進められている．子育ての分野では，地域内の支援活動やネット上の子育てコミュニティが大きな支えとなっている場合も多い．障害者福祉の分野においては，社会参加の機会や社会全体の理解を深める点で，地域コミュニティとの関わりが重要だといわれて久しい．また，いまこの瞬間も，シェアハウスやグループリビングでは，

お互いの暮らしをまさに分かち合いながらの生活があり，グローバルヘルスの現場では，さまざまな国からの活動が地域で協働している．防災分野では，その取り組みの場としても，被災後のリカバリーにおいても，命や将来を守るために地域の人びとの関係性は決定的に重要であるに違いない．

　コミュニティという語からすぐに想起されるであろう「地域」社会自体のあり方もまた，リスク社会に生きる私たちにとって重要なテーマとなっている[1]．大都市か中山間地域かにかかわらず，地域活性化やまちづくりを担う推進主体や，人びとが参加し交流する場が必要とされている．また，こうした主体や場への参加を通じて，高齢者ケアや子育て，教育などの諸課題に対応することも期待されており，その意味で，地域づくりとヒューマンサービスへの対応は表裏一体の関係にある．私たちの暮らしを少し見渡せば，こうして関連する言説や施策，取り組みがいかに多いかということに気づくのではないだろうか．

　このように，広くヒューマンサービスという捉え方をしたとき，それぞれの分野の実践の場や資源，関わり方や方法論として，シンボリックな意味でコミュニティが大きな役割を果たすという基本認識が共通して浮かび上がる．結論を先取りすれば，多様な主体が関わるなか，支援する／されるという関係を超えて，互いの生と課題を分かち合う社会の構想だともいえるだろう．

　全体のイントロダクションとなる本章では，この「支え合う関係をどのように構想するのか」という共通課題の背景を概観しよう．そのうえで，ヒューマンサービスという捉え方の含意と，コミュニティという概念について考えよう．これらを通じて，「ヒューマンサービスとコミュニティ」というテーマの意義や可能性を提示し，このパースペクティブの輪郭を浮き彫りにしていきたい．

1.2　「支え合う社会」を求める背景

　古くからなされてきた「支え合う関係」が今日注目される理由のひとつに，それが政策的な課題となってきている点があげられるだろう．その背景には，ニーズの多様化が進む一方での行財政の機能縮小や，専門職に期待される役割の拡大とその限界性があり，このジレンマは一層切実な問題となってきている．増大する社会保障費の問題をあげるまでもなく，あらゆるヒューマンサービスの分野に見られる構造で，ここに担い手確保の観点からヒューマンサービスと

コミュニティが接続する契機があるともいえる．しかし，より重要なことは，単に代替的なマンパワーとしてではなく，課題を抱える人びとをさまざまな連携のなかで支えるしくみ，コミュニティに関わる人びとの支え合う関係をどう構想するかという点にある．それは，既存のシステムの限界性や，人口減少社会や定常型社会（広井 2001）といった社会構造トレンドと深く関連している．

　経済学的な理解に基づけば，医療や福祉，教育のように，多くのヒューマンサービスは外部効果や公共財的性質（準公共財）をもつとされる．一般に，公共財の供給については市場が十全に機能しないことが指摘され，ここに政府の果たすべき役割が生じる．しかし実際には，政府（公的サービス）だけでも市場（民間サービス）だけでも対応が難しい場合が少なくない．たとえば，世界的なソーシャルセクターの台頭などは，こうした2つのシステムの限界性への対応の必要性を象徴的に示しているともいえるだろう（宮垣編著 2020）．

　公的サービスの場合を考えると，政府は限られた財源のなかで，できるだけ多くのニーズにかつ平等に対応する必要がある．このことはサービスの平準化を招くが，実際のヒューマンサービスの課題やニーズは多様化の傾向にある．他方において，生産年齢人口の減少や経済成長の鈍化などを背景に財政的制約はますます厳しくなっており，これにすべて応えることはそう容易ではない．

　市場を介した供給である民間サービスの場合，個々のニーズに対応できるという強みがある一方で，それは企業の利潤最大化（最大化原理）に叶う必要があり，いわゆるクリームスキミングなどの可能性も排除できない．また，情報の非対称性を利用した機会主義的な行動を利用者が忌避することも考えられ，ニーズはあれども利用しない（契約の失敗）という問題もある．こうした市場の限界性は，ヒューマンサービスにとってとくに深刻となるだろう．

　だからといって，伝統的な家族制度に戻ることも旧来の近隣関係に期待することも難しい．本来これらが有してきた機能が「外部化」（広井 2000，宮垣 2003）されてきたのが近代化だからであり，ある意味で私たち自身がそれを選択してきたのである．現実に，共働きやひとり親世帯など，家族の多様化が当たり前の社会においてその負担を増やすことはできないし，地縁団体のひとつである町内会・自治会の参加率はとりわけ都市部で低く，高齢化している．

　高まるヒューマンサービスの諸課題に対して，理論的にも財政的にも，また

社会構造的にも，十分対処できない社会のなかに私たちはいる．既存のシステムだけに頼るわけにいかず，かといって昔に戻ることもできない．こうした不完全な世界で，ともによりよき生を実現したいという切実なニーズの向かう先に，「新しいコミュニティ」への関心の高まりがあるように思われる．

1.3　閉塞感のなかの新たな展開

　本書が関心を寄せるのは，たとえこうした困難ななかにおいても，豊かな発想でヒューマンサービスとコミュニティのつながりを構想しようとする模索そのものにある．各分野の政策はその現れであるし，実践のレベルでは"大きな意思決定"を待つまでもなく，これまでもさまざまな活動がなされてきた．

　国の政策について見てみよう．たとえば，高齢者ケアの分野では，医療や介護，住まいなどのサービスを地域で一体的に提供することを目指す地域包括ケアシステムが 2025 年を目途に推進されており，専門的なサービスを前提としつつも，同時に地域住民の互恵的な関係の必要性が強調されている[2]．自分らしい暮らしを人生の最期まで地域で続けるためのしくみづくりであるとともに，そこに高齢者自身もボランティアとして参画すること自体が社会参加機会となるという点で，生きがいや介護予防につながることも期待されている．

　教育分野では，学校運営に地域住民やさまざまな地域の主体が参画するコミュニティ・スクールが推進され，地域のなかで取り組む課題解決型学習や地域住民による学習支援などの地域連携教育（地域学校協働活動）が行われるようになっている．コミュニティや地域がキーワードとなっているように，生徒・学生と教員のみの空間である学校や施設のみならず，地域社会全体で子どもの学びや育ちを支えていくことが重要だとの考えが背景にある[3]．幅広い地域主体の参画とネットワーク形成を推進する地域学校協働本部は，2020 年度には 1万を超え，公立の小中，義務教育学校の 60％ をカバーするに至っている[4]．

　子育て分野では，子育て親子の交流や地域の子育て情報に触れる場となる地域子育て支援拠点は 7,500 ヶ所を超えている[5]．主に民間が先導する子ども食堂の数も 2020 年には 5,000 ヶ所に迫り，近年急増している[6]．

　そしてこれらの現場では，専門職だけではなく，地域からのさまざまな主体の参加が不可欠である．たとえば，2021 年 3 月末までに NPO 法人は 5 万を超

えるに至った．このうちの6割程度は保健医療福祉分野を活動目的のひとつと
しており，社会教育や子どもの健全育成，まちづくりなどを目的とする団体も
相対的に多い[7]．その後の公益法人制度改革で急増した一般社団法人のなかに
も，地域で活動を行うところは少なくない．また，主に地域での活動が多いと
考えられる社会福祉協議会が把握するボランティア団体数は約17万，ボラン
ティア数としては770万人超ともいわれる[8]．ボランティアやNPOは相対的
に高齢層の参加が多いとされるが，このことは逆に高齢者の社会参加の可能性
を示している（宮垣2020）．

　しかも，こうした政策の取り組みも，あるいはNPOもボランティアの活動
も，個々無関係になされているわけではない．これらがさまざまな地域団体や
民間団体，行政や企業といった主体の関わりのなかで展開されている点が重要
である．とくに昨今の状況を見渡すと，地域に関わる主体による協議会型の自
治組織や協働型の組織も提案されている[9]．さらに，クラウドファンディング
やSNSを通じた関わりも増えるなど，多様な人や組織の関係のなかでこれら
が展開されている．こうした歴史的経緯については第3節で改めてみよう．

2. ヒューマンサービスの捉え方

2.1　なぜヒューマンサービスか

　そもそも，ヒューマンサービスにとってなぜコミュニティが重要なのだろう
か．それには，「ヒューマンサービス」の捉え方や特性について改めて考えて
おく必要がある．まず，冒頭で述べた「人の心身や将来に直接的に関わる対人
サービス」の総称とした際に想起されるのは，保健医療福祉の分野，子育てや
教育の分野だろうか．もちろんこのなかには多種多様な専門分野と専門職があ
り，またそれぞれの課題やニーズがある．これらのニーズ全体の増大を反映す
るように，産業としても急速に拡大しており，さまざまな市場推計がなされて
いる．一例ではあるが，公的保険外サービスのヘルスケア産業の市場規模は，
2025年に約33兆円になるという推計もある[10]．また，労働力調査から産業別
に就業者数の推移を見ても，医療・福祉は579万人（2007年）から862万人
（2020年）に，教育・教育支援業も279万人（2007年）から339万人（2020年）

へと一貫して増加している（地域活動やボランティアとして関わる人などはこれに含まれていない）．以上は一例に過ぎないが，積算された規模と推移から見ても，現代社会が「ヒューマンサービスの時代」にあるということをさまざまなデータが示している．

　しかし，ここで考えたいのは，「ヒューマンサービス」として捉える意味の方にある．それには，市場や産業の分類，公的な制度・政策，学術分野ごとに分化した個々の枠組みではなく，それらに共通する，人の課題をどう理解し，心身や将来にどのように関わり合うかという視点が含まれている[11]．

　そもそもヒューマンサービス（Human Services）の語は，保健福祉全般から対人社会サービスや対人援助までを含み，今日では多義的に用いられている．米国では，1960年代以降に広がった脱施設化の運動，人材の不足などといった社会状況などを背景に，人間のニーズを充足し，生活の質を向上させる諸サービスの統合という理念を推進する運動的側面があった．そこでは，ソーシャルワークや精神保健などの専門性を学際的に結びつけるジェネラリスト的専門職の育成（独自の資格や教育プログラムなど）が重視されてきた（Eriksen 1977=1982, 高田 1983, Harris, Maloney and Rother 2003など）．

　他方，米国の歴史とは異なる文脈をもつ日本においてこの語が用いられるとすれば，こうした流れにも一部影響を受けつつも，今日ではその理念とは別により広義に用いられることが多いように思われる．たとえば，田尾雅夫は「対人的に提供されるサービスで（中略）医療や保健，福祉，さらには教育などのサービス」（田尾 2001）を包括的に捉える概念としている．保健福祉分野に限定した場合，阿部志郎は，より実践レベルの統合を志向して「保健・医療・福祉が，人間の直面する問題に全人的に対応し，（中略）専門職間の調整を図り，包括的共同目標に向けて連携と互換性を深め，（中略）利用者主体のサービスに統合」（阿部編 2006）するものだとしている．

　また，関連する用語に「ケア」（care）がある．ケアマネジメントなどの固有名詞から世話や配慮といった他者を気遣う人間の倫理まで，さまざまなレベルで用いられる．1990年代頃からは，医療モデルに基づく「キュア」（cure）から生活の質の向上を目指す「ケア」へのパラダイム転換が唱えられ，今日ではそれが一般化している．ケアされる側への支援という側面だけでなく，それ

がケアする側の充足や成長という側面がある点が重要で，それは本来的に人間の社会に備わっていたとの見方（広井 2000）や，それこそがコロナ禍における利他性の本質とする考え方（伊藤編 2021）もある．前述したように，こうした行為は外部化され，今日では社会的に目的化・組織化された行為（政策や事業，活動）となっている．ヒューマンサービスとは，このケア的行為が社会的に活動化された次元を指すという捉え方も可能であろう．

　個別の政策分野や実践領域があるなかで，あえて「ヒューマンサービス」の語を用いるのにはいくつかの理由や理念が考えられるだろう．第1に，理論的もしくは政策的な利点である．いうまでもなく，医療や福祉，教育などの諸分野においては専門的な見地から各々の知見が蓄積されている．一方で，直接的に人の心身や将来に関わるという点で関係や構造に類似点も多くあり，そのなかには相互に参照すべき知見も少なくない．とりわけ，各分野の境界に近いテーマほどその意義は増すだろう．第2章でも述べられるように，各専門に閉じず，分野を越境しつつオープンに議論なされることが必要となってきている．

　第2に，実務家や現場で実践する人びとにとっての必要性もある．課題の背景が複雑化した現代社会において，実際の現場ではさまざまな分野間の協働が求められ，現にそのような場面も多く見られる．高齢者ケアは保健医療と福祉の問題に，子育ては教育や家族の問題とそれぞれつながっている．こうした状況下においては，連携し，ともに向き合うための視野の広がりが必要だろう．また現実的な問題として，コミュニティの形成という同じような取り組みを，分野ごとに推進するのは人的にも財政的にも限界があるし，個別分野ごとにコミュニティを構想するという発想自体，ある意味で矛盾している．

　第3に，そしてもっとも重要な点として，当事者にとっての意味があるだろう．そもそも，人は課題ごとに分節化された存在ではない．医療や福祉，教育などにおいて，専門職的見地からは個々の必要（治療し介護し教えること）に対処することだが，当事者の側からするとこれらは個々人のおかれた事情や生活と不可分である．福祉でも教育でも，貧困や差別などの問題を避けて通ることはできない．ヒューマンサービスという枠組みを採用することは，提供側の専門分野を起点に課題にアプローチするのではなく，当事者を中心に据える関わり方へのパースペクティブの転換を意味する．

　このように，ヒューマンサービスという語は，さまざまな分野を包含する傘概念であると同時に，個々の専門分野に対する統合的アプローチの重視と当事者起点という視点の転換を含意している．冒頭において，本書ではヒューマンサービスを「人の心身や将来に直接的に関わる対人サービス」を総称するものと捉えるとした[12]．しかし，より重要なことは，そう総称することで何を企図しているかにこそある．ここでは，「人とその課題を分節化せずに包括的に捉え，当事者を中心に据える統合的アプローチ」を志向していることを確認しておきたい．

2.2　ヒューマンサービスの特性

　ヒューマンサービスが独自に概念化されうるのは，一方において個別政策や実践領域を超えて共通する要素を含んでおり，他方において一般のサービスとは異なる事情を有するからであり，この両者はヒューマンサービスの特性という点で共通している．次に，このことを掘り下げてみよう．

　ヒューマンサービスは「個々に異なる，唯一無二の意思や感情のある人」どうしの関係において成立しているという点がまず重要である．「感情労働」という側面が強いともいえる．これは多くのサービスに見られることではあるが，その意思ある人の身体や精神に直接関わるものであり，結果が健康や将来に強く影響を及ぼす点に大きな特性がある．何よりその結果は，基本的に「やり直しができない」ものという深刻さがある（サービスの不可逆性）．

　さらに，このサービスは担い手にすべて委ねればよいというわけではない．むしろ，当事者自らがその実施過程に参加することが強く要請されるという特性がある．担い手のみならず，当事者自身やその周囲の，治したい，学びたい，よくなりたい，守りたいなどの積極的な意思と関与がなければ，その行為は十全に遂行されないことを意味するだろう（サービスの相互関与性）．

　ところが，この関係においては，ともすれば支援する側とされる側という立場性の格差や権威関係が生じやすい．また，専門知識を有する側とそうでない側という非対称性（情報の非対称性）も存在するため，当該のサービスが「正しい」ものかどうかを受け手が判断することが難しいという問題がある（サービスの検証不可能性）．情報の非対称性はあらゆるサービスや関係のなかに起

こりうるが，それを不誠実に利用した機会主義的な行動を許すことがあれば，結果として取り返しのつかない帰結となりうるという点で，ヒューマンサービスにおいてはより深刻だといえる．

- ●深刻な不可逆性：状態をもとに戻すことが困難で，基本的にサービスのやり直しができず，他に代替もできない
- ●相互関与性：担い手のみならず，当事者自身やその周囲の人びとが主体的に関わることが求められる
- ●非対称性：支援する・されるという立場性の違いが生じやすい状況下で，心身や将来に影響する重要な情報が片方に偏るもしくは不確実性が高い

　このように，非対称な関係に陥りやすい状況下で，深刻なレベルで結果のやり直しがきかず，かつ当事者の主体的関与が求められる状況下では，他のサービスに比して互いが「信頼」することが決定的に重要となるだろう（以上の整理は，宮垣 2003 による）．また，当事者も担い手もともに主体性が涵養されるような「エンパワメント」が求められるに違いない．立場性を乗り越えるためにはまず情報の共有が必要であろう．信頼もエンパワメントも情報共有も，他者との関係性に依存する．医療や福祉，教育などの人の心身や将来に直接関わる場面においては，以上のような特別な事情があるという共通点がある．

2.3 コミュニティのもつ可能性

　個々の領域を超えて共通の特性をもつヒューマンサービスにコミュニティが必要とされるのは，こうした困難な特性のなかで支え合うしくみにつながる次のような可能性を見出しているからだと考えられる．

　まず何より，当事者がコミュニティに包摂され，帰属することの意義があるだろう．高齢者の社会参加や障害者の包摂，患者コミュニティや学びのコミュニティのもつ意義は詳述するまでもないだろう．当事者にとって，こうした場への包摂や帰属は，存在論的な意味での安心をもたらすだけでなく，他者による受容や共感をもたらすから，エンパワメントの機会につながりやすい．

　また，コミュニティに包摂されることは，多様な人や課題を分節化せず関わ

ることを可能にするという点でも，ヒューマンサービスにとって重要である．たとえば，人の健康や成長には，身体的要因だけでなく，家族状況や経済的条件，ライフスタイルなどさまざまな要因があることは改めるまでもないだろう．逆に，日常の様子の変化を通じて教育や健康の課題をいち早く察知することもありうる．コミュニティにおいては，専門的で，それゆえ情報を文脈から切り離し限定的な視点に陥らない，多様かつ全人的な関わりが期待できる．

　そして，コミュニティにおいては，二者間の「支援する－される」という一方向的で固定的な関係が，多様な主体の網の目のなかの一員となることで，全体として相互的な関係へと再構築されることが期待できる．このことは専門家も例外ではない．そこでは柔軟で越境的な関わりとならざるをえず，ときにその専門性や固定的な役割が相対化され更新される（実際に，それを積極的に行おうとしている専門職も少なくないだろう）．こうして相互的な関係へと関係性を変容させ，役割を動的に再定義することへの期待がある．

　さらに，さまざまな主体の包摂はそれらの連携が促進されるという期待がある．たしかに，今日のヒューマンサービスは，一方においてさまざまな生活課題と関連し，包括的に把握，対応されるべき複雑性を高めている．他方において，高度で特殊な医療，専門性の高い教育，緊急性の高いケアなど，それぞれの専門性が強く要請されることに変わりはない．それゆえ，こうした全体性と専門性をどのようにつなぐかということが一層重要となり，ここで求められるのが役割間の連携ということになろう．とりわけ当事者に一番近い地域主体との連携は重要性も高い．そして，こうした連携関係の深化による相互理解は，主体間のヒエラルキーや既存の関係性の変容にもつながる．諸施策でうたわれる連携や協働は，こうしたコミュニティの統合性に期待するものといえる．

　このように，共通の特性を有するヒューマンサービスが「人とその課題を分節化せずに包括的に捉え，当事者を中心に据える統合的アプローチ」であるためには，コミュニティを要請するのはいわば必然的なことともいえる．それは，相互の信頼やエンパワメントの機会につながる「包摂性」であり，当事者を中心にさまざまな主体の関係を編み直し，相互的な関係や協働を促すような「関係性の変容」が期待されているからである．

3. コミュニティの変容

3.1 伝統的なコミュニティの捉え方

　もっとも，コミュニティはユートピアではない．むしろ多くの課題や困難を抱えながら今日に至る歴史があり，期待どおりの結果が得られる保証はない．このコミュニティの側の問題について，基本的理解とその変遷から考えよう[13]．

　包摂や全人的関係というコミュニティ観は，初期の社会学においてすでに基礎づけられていた．代表的には，マッキーバー（MacIver, R.）が，コミュニティを一定地域における共同生活の領域を指し，互いの間に共通の関心やコミュニティ感情が見られることが要件であるとした．コミュニティが「すべてを包摂するもの」であるのに対し，その部分領域である，特定の関心により目的・機能的に組織されたのが「アソシエーション」である．また，これに先だって，テンニエス（Tönnies, F.）は，人間の結合のあり方を，本能的・全人格的な結合である「本質意志」に基づく関係で，いかなる分離にかかわらず本質的には結合している有機的な統一体「ゲマインシャフト」と，人為・作為的な「選択意志」に基づき目的達成のために形成される関係で，いかなる結合にかかわらず本質的には分離している機械的組織「ゲゼルシャフト」とに類型化した．ウェーバー（Weber, M.）も，共属的なゲマインシャフト関係と目的的なゲゼルシャフト関係を類別している．

　同様の社会類型論は数多くなされており，コミュニティ研究の一潮流を形成したシカゴ学派社会学のパーク（Park, R.）は，一定の地域において動植物と同じように共生している人びとの集合である「コミュニティ」を，次の段階において形成される「ソサエティ」と対比した．コミュニケーション論のクーリー（Cooley, C.）は，直接的で親密な関係が築かれ相互に連帯感や一体感のある集団を「第一次集団」といい，人の社会化に重要な役割を果たすとした．後の研究者は，これを人為的に組織された集団である「第二次集団」と対比的に用いた．日本においても，古くは高田保馬が，血縁や地縁などの自然的なつながりである「基礎社会」と，共通の利益をもつ目的的なつながりである「派生社会」を区分している．前者は「基礎集団」，後者は「機能集団」や「目的集団」

ともいい，今日まで社会学の基本概念として用いられている．

　コミュニティ概念の位置づけは，こうした二項対立的な理解がわかりやすいかもしれないが，肝心のコミュニティそのものの定義はいまだ曖昧である．一般には，「地域性」と「共同性」の要件がよく知られるが，マッキーヴァー以降に定義された94の文献から類型化を行ったヒラリーは，「地域性」，「共通の紐帯」，「社会的相互作用」をコミュニティ観の共通項と整理しつつも，同時にその多義性や曖昧さも指摘している（Hillery 1955）．

3.2　近代化のなかのコミュニティの変容

　こうしたコミュニティ概念の曖昧さは，定義の多様性よりも，社会変動に由来する側面もある．テンニエスは近代化の方向がゲマインシャフトからゲゼルシャフトに向かうというテーゼを立てたが，厳密には前者が完全に消失するということは考えづらく，「ゲマインシャフトからのゲゼルシャフトの分離」（富永 1986）と捉えられる．一方で，メイヨー（Mayo, E.）は，組織内にインフォーマルグループの存在を見出しており，ゲゼルシャフトにおいてゲマインシャフト的な関係が生じうるのだと考えることもできる．

　ウェルマンは，コミュニティの方向性について，シカゴ学派社会学などの主張に基づくコミュニティ喪失説，人はどのような環境下でも本来的にコミュニティを作るものだとする存続説，そのかたちが変容しているとする解放説に整理し検証を行った（Wellman 1979）．それによれば，親密で強い紐帯に基づく関係はたしかに存在するが，それは地域性に規定された関係においてではなく，空間的に拡散した多様で重層的なネットワークとなっており，コミュニティはかつてのまま存続するのでも，完全に喪失したのでもなく，かたちを変えてきているとした．マッキーヴァー以来，地域性と共同性を不可分に捉えていたコミュニティは，時代とともにその関係性を変容させるのである．

　近年では，後期近代の「液状化する社会」（Liquid Modernity）の様相を論じるバウマンがコミュニティをその俎上にあげ，それが「急激に私化，個人化が進み，急速にグローバル化する世界ではもはや手に入れることができず，まさにそれゆえに安心でき信頼できる居心地のいい避難所」（Bauman 2001a=2008）として熱望されるものと捉えた．人はコミュニティから安心を得られるが，そ

れは自由との引き換えによってであり，そうしたジレンマはグローバルとロー
カル，エリートと非エリートなどといった分化が進むなかで大きくなってきて
いるという（Bauman 2001b＝2008）．

　同じく近代化やグローバル化の文脈でコミュニティを論じるデランティは，
場所に規定された小規模の単位だとする伝統的コミュニティ以来の議論が「帰
属感と特定の社会組織を混同してきたもの」（Delanty 2003＝2006）であるの
に対し，「帰属」についての一経験である討議的（discursive）な側面を強調して
いる．たしかに，コミュニティは常にコミュニケーションを基礎にしてきたの
であり，それが家族や階級といった伝統的構造から自由になるにつれ，「多様
なコミュニケーションの方式に基づく新たな形の帰属」（同上）を受け入れて
きたことが今日の多様なコミュニティ観を生み出している．また，今日のコミ
ュニティへの関心の高まりも，不安定な社会状況下における連帯や帰属の危機
に対する反応であるとしつつ，グローバル化や情報化がこうした断片化を招く
（コミュニティの衰退）と同時に，新たなコミュニティ復活の諸条件を生み出
す（コミュニティの復活）という両義性を示した．

3.3　日本におけるコミュニティ政策の展開

　日本において「コミュニティ」の語が用いられるようになったのは戦後のこ
とで，その端緒は，共同募金と訳される米国のコミュニティ・チェスト運動や，
教育分野でのコミュニティ・スクールの紹介（1940 年代後半）のなかにもみら
れた．また，社会事業におけるコミュニティ・オーガニゼーション（1950 年代
半ば），コミュニティ・ケア（1960 年代後半）の論考もあった．医療や福祉，教
育，助け合いなどのヒューマンサービスの諸分野でいち早く用いられていた．
　その後，コミュニティの語が社会的認知を獲得し，政策と密接に結びつく契
機となったのが，1969 年の国民生活審議会の報告「コミュニティ―生活の場
における人間性の回復」（コミュニティ報告書）であった．半世紀以上前のこの
報告書のロジックは今日の議論とも重なるところが多い．まず戦後の社会変動
として，モータリゼーションの普及や家族制度の変容，「昭和の大合併」（1953
年「町村合併促進法」以降の市町村合併の推進）に代表される行政機能の役割変
化などを背景に，「古い共同体は，生活様式の都市化と，これによる若年層を

主とする構成員の離脱を契機として次第に形骸化され，（中略）今や地域共同体は崩壊の過程を辿る」（同報告書）という現状認識を踏まえつつ，そうした社会は「人対人のつながりがきわめて微弱にしか存在しない社会」（同報告書）であり，個人は，「無拘束性の反面としての孤立感が深まり，個人の力では処理出来ない問題についての不満感や無力感が蓄積される」（同報告書）として，「生活における集団形成」すなわち「コミュニティ」の必要性が説かれる．

　ここでの「コミュニティ」とは，「生活の場において，市民としての自主性と責任を自覚した個人および家庭を構成主体として，地域性と各種の共通目標をもった，開放的でしかも構成員相互に信頼感のある集団」（同報告書）であり，町内会などの旧来の地域共同体とは明確に区別された．戦前の「明治の大合併」（1889 年「市制町村制」施行）以降に再編された町内会は，戦時体制下で"隣保共同"を全体主義的なスローガンとして掲げる翼賛体制に組み込まれ，"非国民"の監視通報の役割を担った苦い経験があったからである．ここに，新しく望ましい／古く忌避されるべき 2 つのコミュニティ観を見ることができるだろう．そしてこの新しいコミュニティとは，「いまある」ものでも「かつてあった」ものでもない．新たに目指される規範的・政策的概念にほかならない．

　政策目標化したコミュニティは，自治省（当時）の推進により，1971 ～ 73 年度に全国 83 地区で実施されたモデル・コミュニティ事業につながる．ここでは「コミュニティ（近隣社会）」とカッコ書き表記がなされ，地域性（具体的には小学校区）が強く打ち出された．続く 1983 ～ 85 年度に 147 の推進地区，1990 ～ 92 年度に 141 の活性化地区が選定され，次第に施設整備から地域活動や企画イベントなどへと比重が移行した．かつて否定された町内会等も，この流れのなかで再び地域コミュニティの実質的担い手として再定置されていった．

3.4　コミュニティ観の錯綜

　自治省による一連のコミュニティ政策はこれらの事業において事実上終了するが，この後に続く潮流は大きく 3 つあると考えられる．第 1 に，旧来の近隣関係などの地域性ではなく，共通する関心（テーマ性）に依拠するコミュニティの台頭である．具体的には，1995 年の阪神・淡路大震災を契機とするボラ

ンティアや NPO/NGO であり，その拡大は世界的な潮流でもあった（Salamon 1994）．日本でも 1998 年に特定非営利活動促進法（NPO 法）が施行され，NPO 法人数の急増があった．続く公益法人制度改革後には，一般社団法人も増加していくことになる．かつてコミュニティ報告書の目指した，旧来の町内会とは異なる「市民としての自主性と責任の自覚に基づく開放的で信頼感のあるつながり」は，前述のコミュニティ政策とはまったく異なる文脈において，その萌芽をボランティアや NPO のなかに見ることとなったのである．そして，これらは，組織境界が曖昧であったり，地域関係が組織内にもち込まれていたり，活動のみならず参加そのものの価値が大きいなど，「組織とコミュニティの相互浸透」（宮垣 2000）という特性が見られた．

　第 2 に，同じく地域性に依拠せず，テーマ性でつながるオンラインコミュニティの登場である．日本のボランティ元年といわれた 1995 年は，インターネット元年ともいわれ，その後急速に情報インフラが整うなかで，初期には電子掲示板が，その後には SNS を舞台としてさまざまなコミュニティが生まれていった．コミュニティ形成において，メディアとコミュニケーションのあり方がいかにそれを左右するかが浮き彫りとなったのである．以上のような趨勢のなかで，コミュニティは，地域よりもむしろ共通のテーマや関心を拠り所とする共属感情によって形成されることがむしろ普通のこととなっていく．

　そして第 3 は，地域関係との再編と組織化の進行である．1991 年の地方自治法の改正では，町内会等は認可地縁団体として法人格を取得することが可能になった．さらに，1999〜2010 年に推進された市町村合併（平成の大合併）による市町村数の大幅な減少と広域化は，地域住民による自治を要請し，地域関係の組織化や制度化が推進された．2011 年には東日本大震災が起こり，地域そのものを消失するという経験を経て，地域の再組織化も必要とされた．

　以上の流れは，それまでのコミュニティ観を，地域性からテーマ性へ，復活させるものから新たに生み出すものへ，自然とあるものから運営するものへと，次第に変えることにつながったと考えられる．このことは必然的に，コミュニティそのものというより，それを担うしくみの問題へと関心を向かわせることになり，持続可能性と協働が大きな論点となっていった．

　持続可能性については，課題解決志向から，やがてそれを担保する経済性

（事業性）への関心の高まりがある．NPO の事業組織化に関心が集まり，1990 年代末から 2000 年代初頭にかけては，コミュニティビジネスや地域通貨への関心の高まりやその先駆的実践も見られた．これに続くかたちで，ソーシャルビジネスや社会起業家なども誕生していくことになる．コミュニティが（それまで対置されていた）経済と接合していく局面であったともいえるだろう．

オストロム（Ostrom, V.）の "co-production" 概念に由来するとされる「協働」については，1990 年代以降に地域に関わるさまざまな団体の関係構築が模索されるなかで次第に用いられるようになったが，なかでも公共＝官という認識枠組みの転換をうたう「新しい公共」政策（2010 ～ 2012 年）がよく知られる．「人々の支え合いと活気のある社会（中略）をつくることに向けたさまざまな当事者の自発的な協働の場が「新しい公共」である」（内閣府 2010）との宣言が象徴するように，その鍵概念のひとつに協働があった[14]．ここにおけるコミュニティとは，目的達成に関連づけられた主体間協働の総体にほかならない．

以上のように，コミュニティ観の多義性の正体は，いわばその社会の抱える困難を映す鏡のように移ろいできたことに由来するようである．コミュニティの語が喧伝される今日の状況は，ともにある，分かち合う，支え合うことが希求されていることを明瞭に示している．また同時に，現代社会においてそれがいかに困難な道のりであるかを歴史が示してきた．そのなかで，今日，どのような発想や具体的実践が可能なのかが問われているのである．

4. ヒューマンサービスへのコミュニティ・アプローチの構想

4.1 本質的な問題性と向き合う

本書では，ヒューマンサービスを，同じ特性を有する諸分野の総称であると同時に，当事者を中心に据え分節化せずに関わる統合的なアプローチを志向するものと捉えた．すなわち，分析的な概念であるとともに，ある種の理念を含んだものとして用いられている．コミュニティもまた同様である．地域にせよテーマにせよ，共属感情に由来し，全人的に包摂する場やつながりが「ある」ことを私たちは経験的に知っており，また現象の理解に一定の説明力を有していると考えられてきた．しかし他方において，それは常に構想されるものでも

ある．本書においては，ヒューマンサービスを志向するなかで，コミュニティのもつ意味や可能性を問うという点でやはり価値的な議論を含んでいる．あえて理念や価値を強調するのは，コミュニティの可能性の裏側に生じる逆機能の問題が深く関わるからである．

　コミュニティは，長らく「包摂するもの」として説明されてきた．そこに帰属することは安心をもたらし，次のエンパワメントにつながる．しかし，ある包摂は，同時に別の排除を生み出しうるというジレンマを抱える．たとえば，「場をつくる」といった際，その視界に入るのは主として関わりそうな人，活動する人かもしれない．その場に関われない人，それを好まない人にとってその場は自分たちを排除する装置となりうるだろう．この包摂と排除という表裏一体は，此方彼方を分かつ分断や格差を生む可能性につながる．

　ここで重要なことは，視界に入らない人，声なき声への積極的な想像力であり，言い換えるなら異質性への寛容である．村八分やゲーテッド・コミュニティ，同調圧力という語をもち出すまでもなく，それのないコミュニティは閉鎖的となり同質性を高めるに違いない．近代化のある時点まで旧来のコミュニティが忌避されたのは，容易に偏狭な全体性へと転化しうるこうした側面であった．今日求められているのは，こうした関係への回帰ではなく，むしろ開放的で多様性を含み込んだ関係であろう．しかし，コミュニティは，つい「私たち」を作りたがる癖がある．また，広く社会的に包摂を唱えながら，その内部で構造的な排除が進行しているという指摘もある（Young 2007＝2013）．もし今日的なコミュニティを求めるのであれば，こうした特性や欺瞞に抗い，異質なものとの関係を許容する力が問われることになる．これには明確な意志が必要で，スローガンを唱えるだけで自然にできることではない．

　では，異質なものとのつながりは可能か，と問うた時点で，私たちの世界がコロナ禍という新たな困難に直面したことを思い知らされるのではないだろうか．偶発的な出会い，異質性との出会いは，必ずしも目的的でない関係，すなわち，冗長性のある関係，濃厚接触や対面接触をともなう世界で生じやすいから，これを妨げられることはコミュニティ形成にとって最大の危機に違いない．もちろん，オンラインは一筋の光といえるものだろう．実際に，SNSを通じたオンライン上のコミュニティが数多く存在しており，このことはコミュニテ

ィ形成がコミュニケーションを重要な要件としていることをわかりやすく示している．しかし，本来多様性に出会う最大の場であるオンラインも，自分が見たい情報，心地よい関係のみを志向すれば，フィルターバブル（Pariser 2011=2012）を生み，あるいは「島宇宙化」（宮台 1994）することになる．

　コミュニティが目指す協働についても，それが十全に機能するかどうかの保証はない．協働する主体がそれぞれの立場に固執すれば，その間に漏れ落ちる問題はなくならないし（宮垣 2021），責任を他に押しつけることにもなりかねない．そして何より，コミュニティを資源として捉えることの問題性もある．公的サービスの限界があることは明らかにしても，動員と公的責任の回避につながる．ここでもやはり，理念なきコミュニティ形成の危うさが潜んでいる．

4.2　越境する当事者として

　ここまで，「支え合う関係をどのように構想するのか」という問いに対し，ヒューマンサービスという捉え方のもつ意味と，それに対するコミュニティの可能性と課題について考えてきた．ここでいうヒューマンサービスとは，諸分野の総称ということ以上に，当事者を中心に据えた統合アプローチという発想が重要である．また，コミュニティは，当事者を含む多様な主体を包摂し，その立場を相対化し，関係性を相互的なものに変えることが期待されると同時に，その推進が内包する危うさについても深い理解が必要である．

　こうした相互的な関係における当事者とは，端的には課題の当事者を指すようだが，その課題は関係する主体にそれぞれあるから，コミュニティに関わるすべての主体が当事者だという視点が重要だろう．そこでは，特権的な位置から外在的にアプローチすることは否定されることになるから，政策担当者も研究者も例外なく含まれるだろう．専門性が相対化され，相互的な関係のなかで考え実践するということはそうした意味である．すなわち，私もいまこの目の前にいるあなたも，同じく課題の当事者といっていいだろう．

　伝統的なコミュニティ観には，コミュニティは作為的な関係ではなく，自然発生的に生じるものという捉え方があった．しかし，ヒューマンサービスにとって，コミュニティは勝手にできるものではない．仮にできていたとしても，それがヒューマンサービスにとって望ましいものであるとは限らない．その意

味で，ここにおけるコミュニティとは無色透明なものではないし，むしろ理念と結びついており，その結びつき方を誤れば危うい存在ともなりうる．当事者である私たちは，立場を等しくする小さい私たちの世界から越境し，常に再帰的に，新たなコミュニティを実践的に構想することが求められることになる．

　したがって，ここで問われるべきことは，コミュニティをどのように創るかのみならず，ヒューマンサービスにとってどのようなコミュニティを創るか，であろう．それはときに面倒で手間がかかり，苦痛をともなう多くの工夫が必要な行程となるかもしれない．そのための手がかりと，それによって得られる"努力を遙かに上回る"価値について本書でともに考えていければと思う．

【注】

1) 個々人の豊かさの追求の帰結として制御不能なリスクが再帰的に生産される「リスク社会」（Beck 1986=1988）においては，環境のみならず，福祉や防災という観点からもコミュニティの要請を生じさせる．

2) 厚生労働省「地域包括ケアシステム」（https://www.mhlw.go.jp/stf/seisakunitsuite/bunya/hukushi_kaigo/kaigo_koureisha/chiiki-houkatsu/）．

3) 文部科学省「コミュニティ・スクール（学校運営協議会制度）」（https://www.mext.go.jp/a_menu/shotou/community/）．

4) 文部科学省「2020 年度コミュニティ・スクール及び地域学校協働活動実施状況について」（https://www.mext.go.jp/content/20201105-mxt_chisui02-000010925_1.pdf）．

5) 厚生労働省「令和元年地域子育て支援拠点事業実施状況」（https://www.mhlw.go.jp/content/000666541.pdf）．

6) NPO 法人全国こども食堂支援センター・むすびえ「こども食堂全国箇所数調査 2020 結果のポイント」（https://musubie.org/wp/wp-content/uploads/2020/12/資料1.pdf）．

7) 内閣府 NPO ホームページ（https://www.npo-homepage.go.jp）．

8) 全国社会福祉協議会「ボランティア数の現況及び推移」（2021 年 4 月現在）．

9) 総務省「地域自治組織のあり方に関する研究会報告書」（2017 年 7 月）などを参照．

10) 経済産業省「第 9 回新事業創出 WG 事務局説明資料②」（2018 年 4 月）．

11) 本節と次節の記述は宮垣（2021）の内容を再構成し改稿したものである．

12) 以上から，本書では「ヒューマンサービス」を米国における歴史文脈とは別に概念化されたものとして捉えていることに注意されたい．

13) 前節同様，ここでの記述は，宮垣（2021）の内容に基づく．また，丸尾・矢口・宮垣編（2006）でも同様の整理を行った．

14) 内閣府「『新しい公共』宣言」（https://www5.cao.go.jp/npc/pdf/declaration-nihongo.pdf）．

コラム1　ピアサポートを地域資源に

　毎月，第一金曜日にがん患者サロン「にこにこ倶楽部」は開かれている．会場の慶應義塾大学鶴岡タウンキャンパス（山形県鶴岡市）には，30代から90代まで，自分自身や家族ががんと闘病中の人，治療が一段落した人などが集まり，近況を伝え合い，おしゃべりをしながら，ひと時を過ごす．

　「ようやく抗がん剤治療が終わりました．疲れがたまって，まだ回復が見えなくてつらいんですが，がんでもできることを楽しみたいと思っています」（30代女性）．「苦しみはありのまま受け止めようと思うの……．たくさん泣くと涙で悲しみは薄まるように思う．」（70代女性）．楽しい話もあれば，つらい話もある．聞いている人たちは，大きくうなずいて，時に笑ったり，涙ぐんだり……．参加者の言葉が紡がれていくにつれて，会場は暖かい空気に包まれていく．

　がんに限らず，さまざまな難病，障害，依存症，子育てなど，何かしらの困難を抱えている人どうしが，互いの経験や思いを分かち合い支え合うのが「ピアサポート」である．ピアとは対等な立場や仲間という意味であり，専門家と患者のような上下関係はない．つらかったこと，身近な家族にも言いづらい悩みや心配ごとも，当事者どうしだと話しやすく，共感され受容されるという安心感がある．さらに人の話を聴くことによって自分の気づきも促される．いつしか「病気や障害にとらわれずに，自分らしい時を生きていこう」という各自のリカバリーや成長へとつながっていく．

　筆者は，山形県庄内地方にある大学のキャンパス図書館を拠点に，2007年より「からだ館」という市民の学びの場をつくるプロジェクトを行ってきた（秋山 2013）．からだ館のさまざまな活動のなかでも，病気と向き合う人が思いを共有できる場をつくることは，開設当初からの重要な役割である．上記の月例がん患者サロンはすでに14年，年に2回の希少難病患者の集いはまだ数年が経過したところであるが，ピアサポートはその場に参加する当事者のリカバリーという直接的な効果以外にも，さまざまな波及効果を地域コミュニティにもたらすことを実感している．

　駆動力になっているのは，ピアサポートにより心の元気を快復した人たちである．人とのつながりのなかで何かを学びながら自分を取り戻した人たちは，今度は「誰かの役に立ちたい」と考えるようになる．このことは活動を継続するなかで見えてきたことである．闘病中の人を自分の得意なことで元気づけたいと，絵手紙や編み物などの教室を開く人が出てきた．「作業に集中して，素敵な作品が出来上がると，いつしか気持ちも晴れている」と好評で，教室は毎月開催されるようになった．自身の闘病体験が誰かの役に立つならばと，地域の保健推進員や医療職を目指す学生等に語ってくれる語り部たちもいる．闘病中のエピソードを涙ぐみながら聞いていた学生から後日，「将来は患者さんの気持ちがわかる医療者になります」と手紙が届くこともある．

　彼らの「誰かの役に立ちたい」という気持ちとともにあるのが「もっと学びたい」という気持ちである.「もっと人の役に立てるようになりたい, だから学びたい」と考えるのだろう. にこにこ倶楽部に参加していた闘病中のある女性の学びたいという熱意に押されて始めた「がんピアサポーター養成講座」には, 2018 年より 2021 年までのべ208 名が参加した. 山形県主催のピアサポーター養成講座を修了したからだ館スタッフが中心となり, 国立がん研究センターのがんサバイバーを支援する部署や, 地元鶴岡市の中核病院の臨床心理士等を講師に招きつつ, グループワークなどアクティブラーニングの手法を多く盛り込んだ. とくに好評だったプログラムは, 聴き方のロールプレイとセルフケアに関する講義だった. 初期の修了生たちは, その後は運営側に入って企画を練り, 講座の開催に貢献するようになっていった.

　この養成講座の修了生のなかから, 地域のがん診療の中核病院に働きかけ, 院内で傾聴ボランティアとして活躍するグループが出てきた. 傾聴カフェ「にこっと」は, 鶴岡市立荘内病院の病棟の一角で定期的に開催される入院中の患者がおしゃべりできる場で, 修了生たちが自主的に行っているピアサポート活動のひとつである.

　また, 庄内には若いがん患者が集まれる場がないからと, 子育てや仕事の悩みを語り合える若い人限定のがんカフェ「ハミングるーむ」も誕生した. 企画した 30 代女性は, 抗がん剤の治療中で仕事もしている. 平日の夜, 仕事終わりに集まり, 気兼ねなくおしゃべりできるようにと, 街中でプライバシーを保ちながらお茶が飲めてホッとできるような会場を選ぶなど工夫をしている.

　他にも, 患者を支えるためのバザー, 出張相談会など, ピアサポーターたちの小さな活動が次々と芽生えつつあり, いつのまにか地域の医療や健康を後方から支援する存在になっていた. 特に医師や看護師が不足する医療資源の乏しい当該地域においては, 彼らの活躍の意義は大きいと考えている.

　「からだ館」の開設当初, 筆者たちと地域住民との関係は,「提供者」と「参加者」であった. その参加者たちが「提案者」や「企画者」へと変化し, 私たちは後方からサポートする立場に変わっていった. リカバリーをした人, 学んだ人たちが自身の経験や知識を伝える側に移行する変化は, エンパワメントのプロセスであり, 実践知の地域コミュニティへの広がりを示していると考える.

　冒頭で紹介した「にこにこ倶楽部」の運営や進行は, いまは, がんサバイバーたちが行っている. 会場のテーブルに花を飾る人, 自慢のコーヒーを淹れる人, ファシリテーターとなって会話を引き出す人, 役割をもつ彼らはイキイキと輝いている. 受益者であった患者が与える側になることで自らも回復するという良き循環をもたらすピアサポートの活動が, 今後も発展していくことを願っている.

（秋山美紀）

コラム2　コミュニティの境界をいかに設計するか

　従来，地域のコミュニティにおいては，相互扶助によって問題解決を図るしくみがあった．たとえば，佐賀県の農村地区では，江戸時代中期頃から始まったといわれる，「三夜待」という月ごとの寄り合いが現在でも行われているところがある．もともとは決まった月齢の夜に近隣で集まって二十三夜尊などを祀って飲食をともにしながら月の出を待つ行事であり，同時にコミュニティの情報を得たり，相互扶助を円滑にすすめるための場にもなっていた．しかし，多くの地域では，近代化の進展，社会や産業構造の変化などによって，人と人とのつながりが薄れ，このような機能が失われつつある．

　そこで，昨今では地域における新しいコミュニティのあり方が模索されている．2017年に閣議決定された「まち・ひと・しごと総合戦略（2017改訂版）」では，地域の課題解決に向けて「地域運営組織」を形成していくことが重要であるという方針が示された．地域運営組織とは，地域の暮らしを守るため，地域で暮らす人びとが中心となって形成され，地域課題の解決に向けた取り組みを持続的に実践する組織をいう（総務省2017）．では，このような，主体的な活動が生まれるようなコミュニティをつくるにはどうすればいいのだろうか．

　参考となるのはプラットフォームという概念である．プラットフォームとは，「多様な主体が協働する際に，協働を促進するコミュニケーションの基盤となる道具や仕組み」（國領編著2011）をいい，効果的なプラットフォームを設計することで，多様な人びとの参加を促し，その相互作用によって主体的な活動が立ち上がる可能性が見出せる．そのための設計指針として，國領編著（2011）では，資源が結集，結合する空間をつくること，新しいつながりの生成と組み替えが常時起こるようにすること，参加するインセンティブをもてる魅力的な場を提供することなどを掲げている．

　コミュニティには，人びとが何かを共有しており，他の人びととは一線を画しているという特性がある．そこで注目したいのが，コミュニティにおける境界（boundary）である（Cohen 1985）．ここでいう境界とは，飯盛（2015）の定義を援用して，「コミュニティの内と外とを区分けする領域」とする．プラットフォーム概念とその設計指針を援用すると，主体的，かつ多様な活動を次々と生み出すようなコミュニティをつくるためには，この境界をどのように設計するかが問われる．コミュニティの内と外とが明確に区別されていると，コミュニティ内での人と人との関係性は強まり，なんらかのアイデンティティが形成されていくだろう（Relph 1976）．しかし，その結果，外からの新しい人は入りにくくなり，新規の異質な情報が流通しにくくなる可能性もある．そうすると新しい活動が次々と生出するようにはなりにくいだろう．一方，境界が明確でないと内の人びとの一体感が薄まり，信頼も醸成されにくくなるというジレンマに陥ってしまう．

　コミュニティにおける境界は設計されるべき人工物であり，設計に際しては内の人たちのつながりを強めながらも常に外の人との交流をもたらすように考慮しなければならない．そのためには，境界域ともいうべき，内でもあり外でもある（内でもなく外でもない）という曖昧な領域を設定して，内の人びとも外の人びともそこで相互交流を行うというアプローチがあるだろう（飯盛 2015）．これは，日本的建築がヒントになる（Berque 1982=1985）．都心のコミュニティづくりを目指して設立された東京都港区の芝の家では，縁側が設置されている．縁側という内と外との区別が曖昧なシンボリックな装置を設けることで，内にいながら外の人と交流が可能になり，内に入ることなく外の人が活動に参加できるようにもなる．何よりも，芝の家で何が行われているかがすぐにわかるため，参加のハードルが下がる．このようなしくみを取り入れることで内の人びとのアイデンティティを保ちながら，新しい人も迎え入れることができる．欧州などで見かける路上にせり出しているカフェやレストランなども可視性を高めて入りやすくしている例といえるだろう．

　また，コミュニティにおけるメンバーシップに差異を設けることも考えられる．たとえば，起業家精神育成を目的として佐賀市に設立された特定活動非営利法人鳳雛塾のセミナーでは，正規の塾生と聴講の人びとが混在するように配慮されている．鳳雛塾ではケースメソッドを導入して活発な討論を繰り返す．そうすると，塾生どうしの関係性は強くなる一方であり，独自の文化が定着していく．その結果，コミュニティは閉鎖的になっていく．そのため，普段から，あえてオープンな会場で議論したり，積極的に聴講の人びとを受け入れたりすることによって，塾生の結束を固めつつ，一方で外の人との交流による新しい知の創造につながるように工夫がなされている．このように，同じコミュニティに参加しながらも，アクセスできる情報や提供されるサービスに違いがあるという運営も手立てのひとつとなるだろう．

　効果的なコミュニティは一気呵成に形成されるものではない（飯盛編著 2021）．リーダーには，あるときは境界を明確にしたり，曖昧にしたり，広げたり，狭めたりしながら，寛容性をもって柔軟に対応し，バウンダリースパナー（boundary spanner）としてコミュニティの内と外の人びとをうまくつなげていくマネジメントが求められる．そして，常に新しい人に参加してもらえるような工夫を施しつつ，多様なインセンティブをもった人たちに資源を持ち寄ってもらって交換を促進し，あえて余白を残すことでコミュニティを共創（co-creation）していくことが大切である．これが人びとの主体性を育み，ひいてはコミュニティの持続性を高めていくことにつながるだろう．

（飯盛義徳）

第2章

実践と研究をつなぐアプローチ
～越境する学問のすゝめ

秋山美紀

1. 何のために研究をするのか？

1.1 イシューがあるから研究する

　高齢者ケア，育児や介護などの支援，地域防災，保健や予防の取り組み，居場所づくりなど，本書が「ヒューマンサービス」と位置づけるものはすべて，当事者を包摂しながらともに課題を解決していくことを志向する社会における人びとの実践である．筆者らが所属する大学院には，こうした社会実践をしてきた人が，研究を通して実践をさらに深化させたいと入学してくる．すでに現場に根差したさまざまな実践知をもつ人が，なぜ大学院に入り「研究」に挑戦しようと思うのだろうか．

　大学院にやってくる彼らも，おそらく本書を開いている読者も，自分の視点で捉えている「現実」があり，多くの場合はそこに「問題（イシュー）」を見出している．ここでイシューとは，現実をいまより良くしていくために取り組むべき問題のことをいう．そのイシューは，さまざまな要素が複雑に絡み合っており，自分一人の知識や力，これまで学んできた既存の学問ではどうにも太刀打ちできないと感じているかもしれない．もちろん，イシューは最初から明確に見えているというわけではない．まずは見えている現実が「事実」なのかを確認し，イシューを明確化したいという動機もあるだろう．また，その問題は優先順位が高く大事であることを，説得力のある方法で示したいと思って研

究を志す人もいるかもしれない．状況を改善するには行政や政治家などのステークホルダーを動かす必要があり，研究はそのための強力な手段になりうるという考えもあるだろう．いずれにしても，研究という営みを通して新たな知を獲得することにより，新たな視野が開けたり，複雑な課題を解決する糸口が見えてきたり，その先には，いまよりも良いかたちで実践が進化・深化していくという期待がある．

　そのような期待に応えるために，「研究」をどのように位置づけ，進めていけばよいのかが，本章のテーマである．とくにヒューマンサービスの諸課題にコミュニティからアプローチしていく実践を「研究」していく際の視点や可能性を議論する．あえて研究に鍵括弧をつけたのは，従来の学術界や専門家が考える限定的な研究観とは異なる幅広く多様な実践を「研究」として包摂していく必要性を述べていくからである．新たな知を生み出すことを「研究」と定義すれば，研究者とはそのような営みをするすべての人を指すことになる．つまり研究とはそれを生業とする研究者や専門家に閉ざされたものではなく，当事者，実践者，市民など，意欲とマインドをもって学び続ける主体はすべて研究者となりうる．そのような前提に立つ研究観である．

　現状においては残念ながら，当事者，実践者，研究者は分断されていることが多く，そこにはしばしば専門知識等の非対称性があることを認めざるをえない．さらに，視点や学問領域が異なる研究者や専門家の間にも分断があり，専門用語や理念が異なる人どうしの対話や協働は困難だという現実がある．そのような分断をなくし，異なる立場の人たちが対話と協働を進めていくためにも，私たちが「研究」をどのように捉えるべきか，なぜそのように捉えることが大切だと考えているのかを伝えていきたい．

1.2　価値に基づく真実を追求する

　ヒューマンサービスは，「人とその課題を分節化せずに包括的に捉え，当事者を中心に捉えるアプローチ」を志向していること，そして当事者とコミュニティのエンパワメントを念頭に置いていることを，第1章において確認した．このような視点をもって，実践をより良くしていきたいと研究を志す人たちの原動力になっているのは，困っている人を支援したい，社会的な不平等を改善

したい，その人らしい尊厳ある人生を送ってもらいたいといった，自分が価値を置くことの実現への熱意になるだろう．そこに暮らす当事者を思い，関係性づくりや，場づくりに汗を流している人，コミュニティを再構築しようと奮闘している人たちは皆，「こうあってほしい」という理想や価値を根底にもっている．本書の筆者たちも同じような思いと情熱を胸に，それぞれのフィールドで奮闘しながら，実践と研究を行っている．

　そのような私たちが研究を行うのは，単に「事実（facts）」を的確に捉えたいという動機だけではない．自分の信念や正義に基づき納得して受け入れられる「真実（truth）」を探求し，より良い未来を創ることに貢献したいという思いが原動力になっている．「事実」と「真実」は，客観的に存在する事物を対象とする自然科学においては区別されないことが多い．たとえば物理学や分子生物学などの自然科学では，観察や測定が可能な事物の存在は誰にとってもユニバーサルに正しく「ある」といえるからである．しかし，対象物が人や社会の問題になると話は違う．そもそも人や社会の問題とは，人が価値観や正義というレンズをもっているからこそ，「問題がある」と認識されるものである．私たちが追求する「真実」は，自身の解釈や判断が介在する点で「事実」とは区別される．つまり，私たちのような研究者は総じて価値中立ではなく，自分の信じる正義・理念・価値を根幹にもちながら研究をしている．現実のどこをどのように切り取るのか，さらに「良い」と思う方向はどちら向きなのか，そこにまったく価値観が入らないわけがない．

　さらに，現場の実践とともにある研究において，研究者が対象物から超越した立場で対象を観察したりデータを収集することはそもそも難しい．どんなに客観的でいようとしても，研究者の現実の捉え方は対象から影響を受けて変わってしまうこともあるし，研究対象の方も研究者の影響を受けて変化してしまうこともある．研究をする人は皆，自分が価値観や感情をもつ生身の人間であること，そして研究自体が，さまざまな限界を孕んだ人びとの実践のひとつに過ぎないことを念頭に置いておくべきであろう

　しかしながら，その研究の目指すところが当事者やコミュニティのエンパワメントであるならば，むしろ研究者はその目的に向かって，当事者と相互作用しながら互いに変化していってよいと前向きに捉えるべきだろう．研究も社会

のなかのひとつの実践である．実践者である研究者は，当事者とともに成長して
いく存在だと考えるのが自然だろう．

1.3　目的に応じた柔軟なアプローチ

　ヒューマンサービスの研究は，当事者を含む多様な立場の人びとと手を携え
て，目の前の人の生活，支える人びとのしくみ，社会そのものをより良くして
いくために行うものである．研究を志す動機は，「〇〇学を深めたい」とか
「〇〇分析の手法を学びたい」ということよりは，「現実に起きているこのよう
な問題を解決したい．だから，それに役立つような方法を柔軟に学んでいきた
い」というものになるだろう．学問分野より先にイシューがあり，それを解決
するのに役に立つ方法があれば柔軟に学び活用しようという立場である．

　問題が先にあり，それを解くための試行錯誤をしながら解決に使える知識を
蓄積していくという柔軟な立場は，哲学的には「プラグマティズム」[1]と呼ば
れる．プラグマティズムは方法論的多様性を認める魅力的な哲学的パラダイム
である（Liamputtong 2010）．プラグマティズムは，現実というものは，自然あ
るいは物理的実在として存在する場合もあれば，主観的な経験，思想，言語，
文化を含む心理的あるいは社会的な実在として存在する場合もあるという立場
をとる．

　たとえば，本書の主題である「ヒューマンサービス」というものは最初から
実在するとも考えられるが，そのような概念を提示されることによって初めて，
「それが『ある』と人びとが認識する」ようになり，社会的に実在するように
なるという見方もできる．後者の見方は「構築主義」あるいは「社会構成主
義」と呼ばれる．社会構成主義は，世界がまずあってそれが言葉で表現される
のではなく，言葉が先にあってその言葉が指し示すようなかたちで世界が経験
されると考える．「コミュニティ」についても同様のことがいえる．コミュニ
ティは実在するのかという問いに関しては，今日に至るまで多くの議論がされ
てきた．目に見える実在するものとして「ある」と捉える人がいる一方で，コ
ミュニティは人びとが頭や心のなかで作り上げた幻想だという見方をする人も
いる．

　そのどちらの捉え方もありうるというのがプラグマティズムの立場であり，

ゆえに，実証主義的な研究と社会構成主義的な研究の両者を認める寛容性がある．客観的な立場でデータを集めて分析するという実証主義的な研究だけでなく，当事者の主観的経験をともに紡ぎだすような質的研究も重要であると考える所以である．

　方法論的な多様性を認める根底にあるのは，知識とは，さまざまな理論や情報源，そして，さまざまな研究方法によって生み出されるものであるという考え方である（Liamputtong 2010）．この立場に立てば，研究者は，目的に応じて多様な研究方法を用いるべきと考えられる．つまり方法優先ではなく，イシュー優先のアプローチがとられることになる．

2. 当事者のエンパワメントと研究者の役割

2.1　研究は当事者との協働的な実践

　当事者を包摂するコミュニティに注目し，そこに軸足を置きながら行うヒューマンサービスの研究が目指しているのは，自然科学のような人類共通の普遍的原理の発見ではない．当事者の視点に立った問題の理解や，その当事者が帰属するコミュニティの文脈についての深い理解に重きが置かれる．その先には，当事者本人やコミュニティのエンパワメントというアクションでありアウトカムがある．

　保健福祉分野の研究者かつ実践者である安梅によると，エンパワメントとは，「人びとに夢や希望を与え，勇気づけ，人が本来もっているすばらしい，生きる力を湧きださせること」である．エンパワメントの対象には，セルフ（自分），ピア（仲間），コミュニティ（組織や地域社会），そしてシステム（制度や仕組み）といったレイヤーがあり，これらを組み合わせることで大きな力を発揮するという（安梅 2005）．人びとの健康やウェルビーイングを実現するためのヘルスプロモーションの領域においても，課題を抱える個人だけでなく，その人を取り巻く家族や組織というメゾレベル，さらには国の制度や政策というマクロレベルへの働きかけを視野に入れる「エコロジカルアプローチ」（McLeroy, et al. 1998）が重要であるといわれてきた．つまり対象者が抱える問題の原因をその個人に帰すのではなく，コミュニティやシステムといった環境

的な要因にも着目して，そこを改善するための実践や研究も同時に進めていくことが重要であることを示唆している．

　ただ，当該コミュニティとはどの範囲なのか，ニーズをもつ当事者とは誰のことなのか，そもそもニーズとは何なのか，誰にとっての利益なのか，目指すゴールは何か……といった問いは，ひとつひとつ奥が深く，視点（たとえば時間軸や地理軸，立場など）を変えてみるとまったく違う世界が見えたりするものである．たとえばある現場で，専門職が捉えている課題や考えている解決策が，当事者の視点や価値から見ると必ずしも望ましいものでないこともあるだろう．現場ではしばしば利害の対立もあり，何が正しいのか望ましいのかは，立場や視点によって異なることにも留意する必要がある．なので，いきなりアクションとかアウトカムとか意気込む前に，まず当事者と捉える人，その周辺の人びと，そして対象とするコミュニティと心を通わせ，包括的に全体像を捉えることに時間をかける必要があるだろう．

　私たちが研究で解くべき課題は，研究者が独りよがりに設定するものではなく，現場において，当事者を含む人びとと議論しながら見つけていくことが望ましい．そうでなければ，研究成果を当事者や現場に役立ててもらうことは難しく，誰のために，何のために研究をするのか目的がわからなくなってしまう．現場の営みも当事者の生活も，研究者が論文を書こうと書くまいと，そこで終わるものではなく，ずっと続いていくものである．その研究は，当事者の生活や実践現場をより良くする改善につながるものなのか，研究結果を当事者とどのように共有し，活用してもらうのか，その現場にどこまでコミットするつもりなのか等々，研究をする人は現場の当事者とコミュニケーションを重ねながら，適切な立ち位置や振る舞いを考える必要があるだろう．

　とくに，よそ者の研究者や学生が現場に入る際には一層の注意や配慮が必要になるが，フィールドやイシューによって，関わり方はケースバイケースになる．最初から期限が設定される場合もあるだろう．必ずしも，長く頼られる存在として関わりを続けることが良いこととも限らないかもしれない．よそ者の研究者なんかが関わらなくても，そこに暮らす人びとが自ら力を蓄え，コミュニティが活性化していくことが理想だという考えもある．正解はひとつではないので，誠意をもちながら，コミュニケーションを重ね，Give & Take の良

好な関係と，当事者やコミュニティのエンパワメントの好循環が作れればよい
と考えている.

2.2　研究への当事者参加
(1) "エビデンス"と"ナラティブ"

　当事者やそのコミュニティと協働しながら行うヒューマンサービスの研究に
もさまざまなアプローチがあり，それぞれに利点や限界がある. 本章でそのす
べてを網羅することはできない. そこで社会的に弱い立場に置かれた人びとの
エンパワメントに焦点を絞り，特徴ある実践的な「研究」をいくつか紹介する
ことで，読者のもつ研究のイメージを広げるとともに，研究者の視点や役割，
当事者の関わりの度合いを考え直す材料にしたい.

　そもそもの前提として，個を対象とするヘルスケアや援助においては，科学
的・実証的な研究により効果が検証されている（＝エビデンスのある）実践を
重視する. 専門家はエビデンスを吟味し，たとえば服薬等の治療やリハビリテ
ーションなど，対象者に良いと思われる介入をする.

　その際に専門家の介入の根拠となっているのは実証主義的な研究である. つ
まり対象（客体）に対して，研究者は客観的な立場から観察したりデータを収
集するという自然科学的なアプローチの研究が主流になる. 一般的に「質の高
いエビデンス」とは，信頼性や妥当性が担保された研究を指す. 信頼性とは，
研究結果の再現性，つまり繰り返し研究を行った場合に同じような結果が得ら
れる度合いを意味する概念である. 一方の妥当性とは，研究結果がどれほど真
実を反映するか，その度合いを意味する概念である. 妥当性は，目的の因果推
論が科学的に妥当かどうかを意味する内的妥当性と，研究結果が一般化可能か
どうかを意味する外的妥当性に分類される. 信頼性と妥当性の高い研究を行う
ために，研究者はバイアスを含まないような研究デザインや統計の知識を学び，
標準的な研究方法にしたがって研究することを心掛ける. そのような厳密な科
学的研究から生まれるエビデンスに基づく介入をする専門家もまた，当事者か
ら超越した視点で，介入の効果を俯瞰的に観察し評価することになる.

　こうした従来のアプローチとは対極的に，当事者自身が語る物語の中から現
状の問題や当事者がもつ強み等を見つけていく"ナラティブ"なアプローチも，

ヘルスケアや援助の分野では重要だと認識されてきた（野口 2002, 斎藤 2003）.
従来のような, 専門家が対象者の"弱点"に焦点を当て"正しい"方向に導こうとする援助観に対して, ナラティブは当事者の語りを尊重し, 聴き手である専門家や援助者が, 当事者が見ている世界を共有しながら, その人なりの解決策をともに探していくというアプローチである（Greenhalgh and Hurwitz 1998=2001, 斎藤 2003）. ナラティブ・アプローチは, 対象者のストレングスを伸ばしていく視点（Rapp and Goscha 2012=2014）や, エンパワメント・アプローチ（Judith 1994）に通じるものであり, その重要性は社会福祉や精神保健・障害者福祉といった分野では十分に認識されるようになっている.

そうした当事者の語りを起点にしたナラティブ・アプローチのユニークな研究であり実践を2つほど紹介する. どちらも, 当事者のエンパワメントをゴールに据える協働的な研究のあり方の方向性を示してくれると考える.

(2)「当事者研究」がもたらす当事者と専門家双方の変化

当事者研究は, 精神の障害をはじめさまざまな困りごとや生きづらさを抱えた本人が, その解釈や解決を専門家や支援者に丸投げするのではなく, 支援者と協働しながら研究し, 自分に合った「自分の助け方」を見出し, 自分らしい生活を取り戻していくという取り組みである（向谷地ほか 2018, 熊谷 2020）. 精神に障害をもつ当事者たちの社会活動の拠点である北海道浦河町の社会福祉法人「浦河べてるの家」で 2001 年に始まったこの取り組みは, 英国の精神保健福祉サービスの中核概念である"コ・プロダクション"[2], すなわち精神疾患を経験した当事者が, サービス提供者とともにケアのあり方を考え, 新たなケアを創っていく共同創造の理念に通じるものである. 国内ではさまざまな障害や生きづらさを抱える人びとの間で実践が広がる一方（綾屋・熊谷 2008）, 世界でも"Tojisya-Kenkyu"として徐々に知られるようになっている（熊谷 2020）.

当事者研究の具体的なプロセスは, 自助グループのような当事者たちのミーティングのなかで, ある当事者が自分の抱えている苦労や弱さを語ることから始まる. その人が語る苦労や弱さを聞いた他の当事者や支援者は, 語った人の体験を自分の体験と重ね合わせたりしながら, さまざまな言葉を紡ぎだしていく. 参加者は, 当事者から語られた苦労や弱さにつける名前をともに考えたり

もする．ネーミングすることで当事者もそれを客観視できたり，俯瞰して捉え直すことができるからである．互いに自分なりの解釈や対処法を披露したりと，語り合いに広がりが生まれていく．苦労を語った人は，自分ひとりの気づきとは違う，多様な気づきや視点を得たり，誰かの新しい言葉によって現実認識が再構築されたりする．本人は，そうして得られた新しい解釈や感触，対処法を実生活に持ち込み，どのような違いがでるかを実験してみるという流れである．本人が相互作用で得た気づきを，実生活で試してみて改善しながら自信や自己効力感を取り戻していくという．専門家や支援者はファシリテーターをすることもあるが，基本的には同じ輪のなかにいる対等な立場の参加者である．

　狭義の研究概念からすると，これは研究ではなく，「当事者研究」という名前を冠した自助グループの実践ではないかという見方もできるだろう．しかし，当事者のナラティブな視点から課題解決に資する知を生み出し，彼らにエンパワメントという果実をもたらしている点で，ヒューマンサービスの「研究」のアプローチとして注目すべきと考えている．

　新潟で精神科クリニックを開業する今村達弥氏は，長期にわたる薬物療法で回復が見られなかった統合失調症の患者が，前述の浦河べてるの家の向谷地氏らによる「当事者研究」のセッションを経て劇的に回復する姿を目の当たりにして以来，自身のクリニックでもチーム医療にこの当事者研究を組み込むようになり，驚くような変化が患者だけでなく今村氏自身にも起きたと報告している（今村 2017, 秋山ほか 2021）．30 年以上もさまざまな幻聴に悩まされ続けてきた症状の重かった女性が，たまたま参加した当事者研究の場で，自分に聞こえている幻聴には，悪い幻聴だけでなく自分を助けてくれる良い幻聴もあることや，さらに複数の「幻聴さん」（後に個々の幻聴には名前がつくことになる）たちが，それぞれ人生のいつ頃どのように登場し，どのように関係しているのかを語ったのがきっかけだった．今村氏も初めて聞く話だったが，その場にいた向谷地氏を含む参加者から，その女性は「幻聴に育てられた人」という異名と拍手をもらい，それを機に彼女は少しずつ，それぞれの幻聴たちの気持ちが汲み取れるようになっていき，幻聴に支配されるだけではなく働きかけることができるようになっていった．当事者研究により，今村氏にも彼女の見ている世界が可視化され，彼女の幻聴の登場には意味や理由があったことを理解した

という．以前は多くの精神科医と同じように，幻聴や妄想はまともに受け合わないようにし，薬物療法でそれを消すことに注力していた今村氏であったが，この当事者研究と出会って約 1 年たった頃から，「患者のなかの幻聴を実体として捉え，それを交渉相手にすることに納得するようになった」という．その後は，薬物療法等の生物学的治療だけでなく心理社会的アプローチや当事者研究を統合的に用いるようになり，患者の症状も改善していったという．筆者が企画したシンポジウムの席で今村氏は，「実は薬物療法こそが，本当は敵でないものを実体化して捉え，脳内を爆撃してしまっていただのではないかと思うようにすらなっている」と語っていた（秋山ほか 2021）．

　ヒューマンサービスの質の向上には，客観的な実在を前提とする実証主義的な研究に基づくエビデンスも当然大事である．しかし同時に，当事者を主体に据え，当事者の見ている世界を本人が言葉で表すプロセスを重視し，それを周囲が実在するものとして共有し，ともに解決策を考え，寄り添いながら実践していくという，ナラティブなアプローチも大切であり，その両者の統合が臨床にもたらす大きな可能性を今村氏のエピソードは示してくれた．専門家が超越した存在としてではなく，当事者に寄り添いながら専門性を発揮することで，ともに変化や成長をしていく可能性も示された．

（3）デザイナーが当事者と協働で作る認知症世界の歩き方

　もうひとつ，ナラティブなアプローチから生まれたユニークな協働的な研究であり実践を紹介しよう．コミュニケーションデザイナーの筧裕介氏が，認知症の当事者とともに，認知症の人が見ている世界を知ってもらうために作った「認知症世界の歩き方」という連載型のコンテンツである．産学官が参加する認知症未来協創ハブ（代表：慶應義塾大学健康マネジメント研究科堀田聡子教授）で取り組んできたプロジェクトのひとつで，ウェブサイト（http://issueplusdesign.jp/dementia_world/）でも公開している（筧 2021）．

　認知症の人が生きている世界や見えている風景は，認知症でない私たちにはわからない．私たちからすると問題と思われる行動でも，彼らのなかにはそれをするもっともな理由がある．よくよく話を聞いてみると，見えている世界が私たちと異なることに端を発している．その彼らが見ている世界を，ご家族，

支援者，さらに一般市民が理解することが，認知症とともにより良く生きるために重要であるとの思いから，筧氏はこの「認知症世界の歩き方」を作成するに至った．「認知症世界の歩き方」は，若年性アルツハイマー型認知症の丹野智文さんやレビー小体型認知症の樋口直美さんら，自らも社会へ発信をしている多くの当事者へインタビューを行い，その内容をベースに制作し，最終的に当事者に監修を受けてできあがっている．「サッカク砂漠」「七変化温泉」「アルキタイヒルズ」など，ユニークに命名された場がそれぞれ体験のストーリーとなっており，13話で構成される．この世界に行くと誰もが，記憶，注意，空間認識などに関する脳の誤作動によりいろんなハプニングを経験する，そんな旅を楽しみながら認知症について学んでもらおうという仕掛けである（秋山ほか 2021）．

　筧氏は「頭で理解してもらうというよりは，認知症の人の見えている風景を心で感じたり，感覚的に理解してもらうようなコミュニケーションが大切．わかりにくいものではあるが，当事者の話のなかから核になるものを掴んで，それを，皆が知りたい，感じたいと思うように表現するところが，デザイナーの腕の見せどころ」と語っている（秋山ほか 2021）．社会を動かすためには，小難しい理屈ではなく，人の心を動かすような伝え方や感性がより求められるということであろう．

　これも従来の研究観からすると，インタビューに基づくコンテンツ制作というひとつの実践に過ぎないという見方がされるかもしれない．しかし，認知症当事者の語り（インタビュー）から，その見ている世界を解釈するだけにとどまらず，デザイナーという専門性を生かしながら，一般の人が感覚的に理解しやすい伝え方を生み出した新規性のある研究と捉えることができるだろう．何より，企画段階から最終的なプロダクトの監修に至るまで，一連のプロセスに認知症当事者が協働的に関与している点は意義が大きいと考える．このように制作したプロダクトあるいは仕掛けは，認知症当事者と一般社会とのコミュニケーションのきっかけや架け橋になるべく，ウェブサイトに公開され，社会を変革していこうとしている．この実践は，ヒューマンサービスの課題解決に資する新しい視点での実践知を生み出し，かつ当事者のエンパワメントにつながるものであり，価値のある研究活動と位置づけられると考える．

2.3　協働的参加型研究

　コミュニティを基点にする協働的参加型研究というアプローチもある．従来は研究の「対象」だった人びとを「コミュニティ・パートナー」として捉え，研究への積極的な関わりを促進しながら，持続可能な改善を目指すアプローチである．研究という営みにおいて，研究者とコミュニティは対等な関係であるという前提に立ち，パートナーシップで進める研究アプローチは，さまざまな学術領域に存在し，「参加型研究」「アクションリサーチ」「協力型調査」「参加型コミュニティリサーチ」「コミュニティ・エンゲイジメント」「コミュニティ協働型アクションリサーチ」などと呼ばれている．これらのアプローチは，細かい定義には多少の違いはあるものの，いずれも研究を遂行するうえで，コミュニティ・パートナーが研究者とともにある程度の権限をもち，そこにコミットするという要素が含まれている．たとえば，何かプログラムを作って実施するプロセスにおいて，あるいは，研究成果を発表したり．それを政策の見直しにつなげるプロセスにおいて，コミュニティ・パートナーらが研究者とともに大きな力を発揮する．

　公衆衛生学やソーシャルワークなどの分野では，このような協働型の研究アプローチを指す「コミュニティ参加型研究（CBPR: Community-Based Participatory Research）」という言葉が浸透してきている．CBPR が目指すのは，コミュニティの構成員自身が，自分自身のコミュニティで起きている現象や課題を捉えて，その現象や課題への理解を深めながら，研究者とともに知識を獲得し，コミュニティの文脈に沿ったプログラムを考え，それを政策形成に統合していくことである．それによりコミュニティ構成員のウェルビーイングや QOL（Quality of Life: 生活や人生の質）が螺旋的に向上していくことを目指している（Israel, et al. 2013）．そのために，コミュニティの構成員，さまざまな組織の代表者，さまざまな分野の研究者等が，問題設定の段階からリサーチのプロセスに平等に参加し，それぞれの視点やもつ力を発揮して，共同で進め方を決めたり，研究の資源や成果も共同で所有するという，対等で公正なパートナーシップのアプローチをとる．コミュニティの人びとは研究者とともに，現状の調査を行い，ともに問題を把握し，必要な改善の認識を共有し，研究プロジェクトを計画し，実施し，進捗状況をチェックし，データ分析，報告書の作成に至る

まで，さまざまなレベルで参加をすることになる．たとえば問題発見の段階で
は，住民各自が見ているコミュニティの弱み（改善点）について写真を撮って
もち寄って議論する「フォトボイス（Photo Voice）」という方法がとられたり
する．評価の方法も皆で協議のうえで，アンケートやモニタリングなど定量的
な調査方法やインタビュー等の質的な調査方法など，目的に応じてさまざまな
方法が用いられる．コミュニティの人びとの参加のプロセス自体が，研究目的
に据えるアウトカムに劣らない重要な意義があると考えられており，パートナ
ーシップのあり方そのものが，振り返りと反省の対象となり，改善を繰り返し
ていく．

　欧米では，このようなアプローチをする研究を対象に，大型の研究費がつく
こともあり，各地で実践されたアプローチが集積され，方法論も体系化されつ
つある（Israel, Mikler 等）．このアプローチは，コミュニティとそこで暮らす
人びとの状況の改善やエンパワメントという明確な目的をもち，それを研究と
いう一連のプロセスを通して実現するという社会実践の活動とも捉えられ，ま
さに研究と実践が融合したヒューマンサービスにふさわしい研究方法のひとつ
と考えている．

　本節では従来の研究観とは少し異なる，研究という概念を広げるような研究
アプローチを紹介してきた．アプローチの違いは，研究者自体が，実証主義を
重んじる Positivist か，変革と活動を志向する Activist かという志向の度合い
や，そもそも研究と実践の関係をどう捉えるか，という問いを投げかける．す
なわち，"Research and Practice"（研究と実践は別物）なのか，"Research in
Practice"（実践のなかで行う研究）なのか，"Research for Practice"（より良
い実践のための研究）なのか，という問いである．実際のところは，ヒューマ
ンサービスの研究者は，実証主義者の側面も社会活動家の側面ももち合わせな
がら，さまざまな研究や実践を行っていることが多い．積極的に使い分けてい
るというよりは，筆者もそうであるが，その両方の帽子を，その時々の必要な
局面で使い分けざるをえない場面に多々直面しており，その葛藤のなかで実践
を続けているというべきかもしれない．

3. 越境と他流試合のす〻め

3.1 実践の縦割り，学問の縦割り

ここまでは，当事者，現場の実践者，研究者の分断をなくし協働していくための研究観を議論をしてきた．ここからは，学術界や専門家の世界に視点を移し，専門家や研究者が分野や領域を超えて対話を進めていくために，どうしたらよいかを考えていきたい．

コミュニティのさまざまな側面（良い面も悪い面も）が本書第 1 章で述べられているが，研究者のコミュニティである学会も同様である．もともと，ヒューマンサービスの分野における学会とは，その実践における専門職制度とリンクして発展してきた面がある．近代以降，専門職の種類が増えていき，サービス提供側がより専門分化していくとともに，関連する学会も増えていき，学問分野の細分化と高度化が同時に進んできたという歴史がある．

たとえば「ケア」に関連する国家資格に絞って例をあげると，戦前から存在する医師，歯科医師，看護師，薬剤師に加え，1940 年代後半に，保健師，助産師，栄養士，保母（現在の保育士），1950 年代に診療放射線技師や衛生検査技師，1960 年代に入るとリハビリテーションに関わる理学療法士や作業療法士，1980 年代に社会福祉士，介護福祉士，1990 年代には救急救命士，言語聴覚士，精神保健福祉士，そしてつい最近の 2018 年には公認心理師というように，新しい国家資格が創設された．

これらの職種の多くは，国家資格化される前からその業務を担う人たちがおり，それぞれ学会を組織して，専門性の維持・向上・研鑽と社会的待遇の改善に向けた活動をしてきた．国家資格制度により業務独占や名称独占が規定されるようになってからは一層，各専門職の学会はプロフェッショナルとしての知識や倫理感を強化する場，さらに当該職種が行う実践の有用性を示す根拠（エビデンス）を蓄積する場としての役割を担ってきた．とくに医療や介護などのサービスが公的保険下で提供される日本においては，医療施設や介護施設が受け取れる報酬は資格をもつ専門職の人員配置によって決まることもあり，各専門学会誌で発表される研究論文が，その人員配置や報酬を決める際の根拠とし

て採用されることもしばしばある．このような制度下で，各専門職種と密接に
リンクする学会および学問体系は，独自の知識体系を作り上げ，その特徴を際
立たせて，他の職種との境界（バウンダリー）を引いてきたという側面がある．

　各職能団体とその学会が，専門的な技術や知識の特徴を際立たせることは，
その内部のアイデンティティや結束を強める一方で，サービス提供者全体の専
門分化を進める結果となった．近代以降，このような専門分化が進んできたの
は，社会のニーズにともなっての変化であり，それにより治療やケアの技術の
高度化や合理化が実現されたというプラス面がもたらされた．しかし，異なる
専門家は基盤とする規範や理念も異なり，共通のことばや既有知識をもたない
ことも多く（細田 2003），ゆえに意思疎通や協働は難しい．また，専門知識の
高度化が進むにつれて，サービス提供者間のみならず，提供者と受益者という
明確な区別，専門家と素人の明確な分断も，情報の非対称性とともに拡大して
いった．

　ケアが病院など一組織内で完結していた時代は，組織内での多職種チームを
編成することで済んでいた．しかし，住み慣れた地域コミュニティなど当事者
の生活を基盤にした場における包括的なケアが求められる昨今は，保健・医
療・福祉・教育・心理・経済・環境・政策など，幅広い分野の組織やシステム
を超えて多職種協働が求められている．当事者に寄り添う共感力，統合的な視
野とマインドをもつ「学際融合のプロ」を求める声もでている（たとえば日本
保健福祉学会編 2015）．

3.2　越境人が変化をもたらす

　社会的な実践共同体に関する理論に，「正統的周辺参加」（Lave and Wenger
1991）というものがある．その共同体へ新規参入者たちが，学びながらだんだ
んと参加の度合いを増していき，共同体のより中心に近い機能を果たしていく
という現象を説明する理論である．研究者や専門家のコミュニティである学会
においても，この理論はよく当てはまる．たとえば，新入りの頃は作法もよく
わからいまま緊張しながら研究発表していた新規参加者が，毎年のように発表
をして批判を受けながら建設的な議論を重ねるうちに研究者や専門家として認
められ，いつしかその学会の中核メンバーになっていく．今日，学会で重鎮と

いわれる人たちも皆，そのような正統的周辺参加のプロセスを経験したはずである．

　ヒューマンサービスの研究者は，自分を認めてくれる居心地の良い場で胡坐をかいてしまわぬよう，常に自省することが求められるだろう．学会を「私たち」だけの閉ざされたコミュニティにしないためには，他の学会を覗きにいき，そこで交流したり，時に新参者として発表するということを続けることが重要だと感じている．よそ者の自分の研究は，分野や手法が異なる研究者のなかで，またコテンパンに批判されるかもしれないが，それでも討議をすることで，異なる視点，視座，手法を交換することができる．発表者もその学会の古参の研究者たちも，ともに成長していくきっかけになる可能性がある．ヒューマンサービスの縦割を解消するひとつの手段が，他流試合と越境の繰り返しなのではないかと考えている．

　このような組織の境界を越えて動く人を表す「バウンダリースパナー」（Aldrich and Herker 1977）という概念がある．ここでは「越境人」と呼ぶことにする．越境人は，組織の外からの新しい知識をもち込んだり，他の組織に出ていって考え方を広めたりする．このように境界を越えて知識を流通させることにより，組織に変革をもたらす可能性があるため，組織マネジメントの分野では注目されている．学会組織がタコつぼ化・ヒエラルキー化・硬直化することを防ぎ，知が流通して活性化していくために，越境人が果たす役割は大きいだろう．

　最近，在宅医療や高齢者ケア等の学会において，連携，協働，コミュニティといった語がキーワードになってくるに伴い，筆者らのようにコミュニティ，コミュニケーション，コラボレーションを研究する社会科学系の研究者も，周辺から参加する機会が増えている．また，防災，介護，まちづくりなどの分野もフィールドでは融合しており，それに呼応する形で学会のボーダーを超えた研究者の交流が始まりつつある．そもそも本書の執筆を私たちが思い立ったのも，そうした時代の要請を感じてのことである．それぞれの学会で長年にわたり培われた知識体系や方法論的な蓄積には敬意を払い，学びながら，異なる分野をつないでいく橋渡し役をする研究者が，これからの時代は一層求められていると感じている．相手の使う言葉（語用論）や作法（ルールやツール），価

値を置くものがわかることは，相互理解の最初の一歩である．

3.3　成果を伝え，批判に晒す

　英国の科学論の研究者である Gibbons（1994）は，すでに 20 世紀の終わりに，科学がこれまでの個別学問領域に閉ざされた「モード 1・サイエンス」から，学問領域を超えた社会的な文脈のなかで多様な主体が参加する「モード 2・サイエンス」へと大きく変化しているとし，研究の質の評価も特定の科学者コミュニティである学会の内部だけで行われるのではなく，市民も含めた幅広い参加のなかで，説明責任を果たせるかたちで行われるべきであると主張していた（表 2-1）．筆者もこの考え方に大いに賛同している（平井・秋山 2008）．

●表 2-1　科学のあり方の変化

	モード 1・サイエンス（これまでの科学のあり方）	モード 2・サイエンス（これからの科学のあり方）
知識の創造	個々の学問分野のなかで	個別の学問分野を超えた社会的文脈のなかで
問題の設定と解決	特定の科学者コミュニティにおいて	市民，NPO，産業界，政府などが広く参加
品質管理の方法	科学者内部	社会的な説明責任
研究組織	階層的	非階層的

出所：Gibbons（1994）より．

　実践であれ研究であれ，独善的にならないためには，それを明るみに出し，人の評価にさらすことが重要になる．実践にも研究にも終わりはないが，ある程度のところで，実施した成果を，現場や社会に報告する義務がある．一般的に研究成果は，学会においては，研究発表（あるいは実践報告）というかたちで報告され，その内容に対して，批判的なフィードバックがあり，オープンに議論がされてきた．このような先人たちの批判的な議論の積み重ねによって，学問は発展してきた．研究論文には，どのような方法で研究や実践を行ったのかという一連のプロセスを読者が追えるように詳細に記載し，そこから得られた結果も正確に記載する．もし導き出された結論が飛躍していたり間違っていたりしたら，他の者が反証できることを担保するためである．研究をした人は，学会などの場で発表し批判に晒されることで，新たな視点や知識を得ることが

でき，研究や実践も改善する．それは，研究に協力した現場にとっても，学問
全体の進歩にとっても，有益なことである．

　しかし研究成果の発表は，このような学術的な形式に限られているわけでは
ない．得られた知見を広く社会に伝えるためには，たとえばリーフレット，本，
ウェブサイトやソーシャルメディア等で，わかりやすく，対象に合わせた発信
も検討するべきだろう．とくにヒューマンサービス分野においては，研究に参
加してくれた人びと，参加はしていないが同じ地域に住む人びと，他の地域に
住んでいるが同じ問題に関心をもっている人びとが，アクセスできるようなか
たちで発信をしていくことにより，市民も含めた幅広い層がその内容を確認し
て，参考にしたり，批判したりできることは重要だと考えている．問題解決の
ための良質な知が，それぞれに受け入れやすいようかたちを変えながら循環し
ていくことにより，各自が知力や自己効力感を高めていけるようなエンパワメ
ントにつながることが期待される．

　一方で，21世紀に入り，インターネットやデータベースが発展するにとも
ない，研究者コミュニティでの研究の品質管理の方法にも革新が起きつつある．
これまで学術界において，研究の良し悪しは，論文のピアレビュー（査読）の
しくみによって評価されてきた．ピアとは「対等な立場の人」という意味であ
る．権威ではなく，同じ研究者という立場の人（たいていボランティア）が，
その研究は適切に行われているか，結論は妥当か，その成果は多くの人が読む
に値する価値があるかといったことを判断している．この論文の査読の際には，
判断に私情が入らないように，査読者には著者名は知らされないし，著者にも
査読者が誰かを知らせないという，二重盲査読という方法が多く行われてきた．
しかし，査読に長い時間がかかったり，匿名で非公開で行われるプロセスにも
課題があった．そこで近年は，オープンな査読のしくみとして「公開査読」と
いう，著者も査読者もお互いに誰なのかが公表される方法も出てきた．さらに
「掲載後査読」という，研究成果を迅速にウェブ上の学術論文誌に公開し，公
開済となった原稿が，幅広い分野の人びとの目にさらされながらオープンに査
読されるといった方法も登場している．ギボンズが指摘していた各学会内に閉
ざされていた研究の品質管理のプロセスは，試行錯誤しながら，多くの人の目
にさらされるオープンな方向に変化していくのではないだろうか．国や分野を

問わず幅広い人が研究知の交流に参加することが期待されている.

4. 多様な知の蓄積と発展に向けて

4.1 インター・ローカルな知の蓄積

　インターネットの普及とともにウェブサイトやソーシャルメディアが発展した今日，日本のどこかの地域で行われている取り組みを，他の地域が参考にしたり，志を同じくする遠くに住む人と人がつながるという現象が頻繁に起きつつあるが，それと同様の現象は，研究の世界においてもグローバルなレベルで起きている．世界の片隅を舞台に実施されたローカルな研究であっても，それが査読誌に掲載され学術論文のデータベースに収載され，世界中の研究者がどこにいても参照できるようになった.

　たとえば，イタリアの田舎の村での食を中心にした地域おこし，大西洋のとある島のハリケーン被害後の復興，日本の小さな町での自殺予防の住民ネットワークの取り組み……，これらのケーススタディは，いずれも地域の文脈に埋め込まれた実践を研究として報告したものである．このような，ある地域コミュニティにおいて功を奏した取り組みや介入というのは，その地域の文化や規範や人的リソースなどに依存して生まれた「ローカルな知」なわけだが，少しだけ抽象度を上げた理論やモデルに落とし込まれることにより，まったく別の地域コミュニティにおいても参照しやすくなる．その報告にヒントを得た別の地域の研究者や実践者が，その地域の文脈に合わせるかたちで実践を行い，その成果がまた研究論文として報告される.

　これらの知は，自然科学のようなユニバーサルで普遍的な知とは異なる性質のものである．それでもグローバルな研究データベースの整備とインターネットのおかげで，「インター・ローカル」つまり地域を超えてローカルな知が参照され，相互に結びつきながら蓄積されていくことにより，学問的にも，実践的にも意義のある新たな知が体系化されつつある．世界各地のローカルな課題には共通点も少なくない．それぞれの文化的な背景に思いを馳せながら，問題解決に資する知を入手し，自分たちの取り組みについても発信し，グローバルなメンバーと議論できるようになるのは，エクサイティングなことである.

　ヒューマンサービスの研究の成果は，まずその当事者や地域コミュニティと共有することが大切であるが，同時に，世界に向けてその実践を発信していくことにも挑戦していけたらよいだろう．ローカルな事例研究なのでと英語にすることに躊躇する人もいるだろうが，世界のどこかに，あなたのその報告を参照する人がいるかもしれない．研究に協力してくれた人やコミュニティのためにも，それを世界に発信することに挑戦する人が増えることを期待している．"Think Globally, Act Locally" である．

4.2　学問に凝るなかれ──まとめに変えて

　本章は，ヒューマンサービスにコミュニティからアプローチするという本書の主題に資する研究とはどのようなものかを議論してきた．研究という実践を捉え直すことを通して，この後の第3章以降に続く，多様なヒューマンサービス研究の根底に流れる思想や，私たち著者が共有する「研究者（＝実践者）」としての姿勢を示せたらよいと思って書き進めてきた．

　本書が包含する多様なヒューマンサービスとコミュニティの研究の特徴を3つにまとめると，

　①　ディシプリンよりもイシューが先にあり，問題解決に使える方法を柔軟
　　　に用いるプラグマティズムの立場である，

　②　絶え間ない実践を改善していくための手段が研究であり，研究そのもの
　　　がゴールでない，

　③　当事者やコミュニティと協働しながら研究することで，成果を共有し，
　　　ともにエンパワーされることを目指す，

といった点になるだろう．

　時代とともに知のあり方は変化してきた．かつては宗教の教典や長老の知恵などが知識の源泉とされた時代もあったが，いまは誰もが「研究」を通じて知識を作り出し，書き換えることができる．そもそも研究という実践は，一部の人びとに閉ざされた特権ではなく誰にも開かれたものであったゆえに，多様な研究分野が発展してきたという歴史がある．ヒューマンサービスの各分野の研究と実践は，20世紀は専門家主体で発展してきたが，今日の社会の新たなニーズは，従来の学問分野の融合や組み換えを要請している．21世紀に入り20

年以上が経ったいま，研究という実践に当事者が主体として参加し，さまざまな専門領域や学問領域をつなぎながら，ともに実践を進化・深化していくことが，より一層求められている．

「学問に凝るなかれ」は福沢諭吉の言葉である．学問することは大切であるが，あくまで手段でありそれが目的化してはいけないという意である．知識を得たり，理論を精緻化したり，論文を書くことも大事ではあるが，それに耽溺していてはいけない．社会にある根源的な問題を捉え，それを解決するためには，異なる分野．異なる立場の人とテーマを分かち合い，相互にリスペクトしながらも，批判的な議論を重ねて，ことばや価値を共有していくことが求められている．自分を研究者と認識する人は，いまいる場に安住することなく，越境をしながら学び続け，変革を起こしていく，そのような姿勢が求められているのではないだろうか．

【注】

1) プラグマティズムとは，知識と，知識の獲得に私たちが用いる技術あるいは方法との関係を説明する理論としてパース（Charles Peirce），ミード（George H. Mead），ジェームス（William James），デューイ（John Dewey）らによって，19世紀後半から20世紀前半にかけて提唱された哲学理論をいう．

2) NEF（2013），New Economic Foundation. Co-production in mental health A literature review Commissioned by Mind（https://neweconomics.org/uploads/files/ca0975b7cd88125c3e_ywm6bp3l1.pdf）last access 2021/07/29.

コラム3　災害を自分ごととして捉えるために

　筆者が足しげく通う高知県土佐清水市は，四国の西南端，足摺岬を含むところにある．自然も人も魅力的な街だ．しかし，内閣府による 2012 年の南海トラフ巨大地震の新想定では，ほぼ全域で震度 7，津波高 34 m と公表され，これによる人的被害が 2,700 人に及ぶと推計された．これは人口の 15％にあたり，たとえば 30 人の学級だったら 3-4 人のクラスメイトが犠牲になることに相当する．

　この公表の 2 ヵ月後，同市の防災担当者から筆者に，巨大な想定を前に市民は避難をあきらめ始めている，との連絡があった．これをきっかけに，翌年度から土佐清水市におけるアクションリサーチ（コミュニティのパートナーとともに進める実践的な研究）が開始された．4 年目となる 2016 年度からは，同市内の清水中学校での防災教育が始まった．高台にそびえ立つ新築の校舎で，中学生たちは避難所の運営など共助の学びを深めていった．半年ほど経ったある日，同校の教員から，もともと高台に住む生徒たちが「防災教育に付き合わされている」と言っている，との相談を受けた．この町に暮らす誰もが日常的に浸水域を通っている当事者であることを踏まえると，「災害を自分のこととして捉えられない」というイシューが現前したといえる．

　そこで筆者は，「生徒たちが浸水域周辺にいるような日時を先生が指定して，その時に南海地震が発生すると想定し，生徒たち一人ひとりに津波から生き抜くシナリオを書いてもらってはどうか」と提案した．小学校からの防災学習によって，南海地震の発生は避けられないことや，地震によって何が起きるか，それをどう回避すればいいかを，この中学生たちは知っている．ならば強制的に南海地震の発生を「自分のこと化」させてはどうか，と考えたのである．

　その 2 週間後，清水中学校の 1 年生から各地区の代表者となる 6 名が文化祭のステージに立ち，それぞれの避難の物語を発表した．11 月 3 日 16 時 30 分，まさにこの日の文化祭の帰り道に南海トラフ巨大地震が発生するという想定だ．ウトウトしていたバスのなかに緊急地震速報が鳴り響き，必死に揺れをしのぐと直ちに皆で高台を目指す．恐怖で足がもつれる描写や，高齢者に声を掛けながら神社の階段を駆け上がる描写が真に迫る．高台で一晩を過ごした後，遠回りをして安全を確保しながら避難所となる中学校に到着する．そこにも家族の姿は見当たらない．不安を抱えながらも，中学生にできる役割を果たしながら過ごしていると，ラジオがかかり，以下のように物語は結ばれる．「昨日起こった南海トラフ地震での，土佐清水の行方不明者数 0 人，死者数 0 人ということを伝えるラジオだった．」

　文化祭の会場は水を打ったように静まり返っていたという．執筆した生徒たちへのアンケートとヒアリングでは，「書いてみて初めて，本当にこの町に大きな地震が来るとわかった」「これまでは避難所では誰かがなんとかしてくれると思っていたが，誰かではな

く私たちがやるんだと気づいた」「家族や友人のいる日常のありがたさを痛感した」などのコメントが多く見られた．担当した教員たちも「授業で教えたことが作品に生きていた」「子どもたちが生き延びる姿がそこにあった」と言った．

　さて，この「防災小説」の取り組みを，防災のアクションリサーチという観点から考察してみよう．一連のアクションリサーチは，従来の専門家が行う実証主義的な研究とは大きく異なる．『発災を自分のこととして捉えられない』という問題に対して，おそらく専門家は，南海トラフ巨大地震の発生について科学や歴史・シミュレーション映像などを駆使して示してから，高台はどこか，そこへ何分以内に行かなければならないか，などを伝えるだろう．当事者らは専門家の言葉を受けて，駆け上がる練習をする．発災するその日まで練習を続けねばならない．このような枠組みでは，専門的知見を語る資格をもつのはあくまでも専門家としての研究者である．

　一方でこのアクションリサーチでは，当事者が置かれている文脈や当事者が見ている世界を，専門家である筆者が地元の中学生に教えてもらっている．彼らの語り（ナラティヴ）を分析して明らかになったのは，南海トラフ巨大地震の持つ意味の違いである．地震学者にとっての南海トラフ巨大地震とは，マグニチュード 9 の超巨大地震であり，家屋が多数倒壊するなかですぐさま巨大津波から避難すべきものである．しかし地元の中学生にとっての南海トラフ巨大地震とは，地域の人と声を掛け合いながら高台へ向かうもの，家族と会えることを信じて自分の役割を避難所で果たすもの，日常への感謝を思い出させるものであった．前者が客観的事実としてのみ南海トラフ巨大地震を捉えている実証主義的解釈だとすれば，後者はコミュニティ内部に存在する事実としての南海トラフ巨大地震であり，社会構成主義的な解釈といえよう．

　この 2 つの解釈のうち，より多くの市民の心を捉えたのは，地元の中学生による社会構成主義的な解釈である．土佐清水市に襲来する津波の高さは "34 m" なのではなく，"春日神社の長い階段の中腹" である．避難をするのは "浸水域の住民だから" ではなく，"かけがえのない人だから" である（大木 2021）．

　当事者らとともに築き上げたこの研究は，清水中学校にあったイシューを解消するという「ローカルな知」としてだけではなく，当事者の解釈を明確にする手段として，また，同じ文脈を共有する市民への伝達手段として，ナラティヴ・アプローチが防災において多くの役割を果たすことを示した．さらに，抽象度を上げたモデルとして落とし込めたことで，「防災小説」の取り組みは別の地域コミュニティに適用することが可能となり，現在，日本各地の中学校で取り組まれている．人は，災害を自分のこととして捉えることで初めて，家族や友人・地域の人びとに思いを馳せ，何が大切かに気づく．防災を通して見えてくる世界を，多くの人に届けていきたい．

（大木聖子）

コラム4　健康づくりの「良い取り組み」をいかに地域に根づかせるか

　「健康まちづくりは私たち校区の基本方針と合致したから始めました」．これは，筆者が熊本市の住民組織関係者を対象としたインタビュー調査で聞いた，あるリーダーの言葉である．熊本市では，政令指定都市に移行した2012年度より，92の小学校区単位で，「すべての市民が生涯を通じて，住み慣れた地域で健康でいきいきと暮らせるまちを行政と市民との協働でつくる」（熊本市ホームページ）ことを目標とした健康まちづくりを推進してきた．まさに地域に根差したヒューマンサービスの取り組みだといえよう．本コラムでは，熊本市の取り組みを例として，ヒューマンサービスとしての健康づくりを地域で推進することについて考えてみたい．

　筆者は社会疫学と公衆衛生を専門としており，日々，さまざまな地域の住民の健康に関わる要因の追究や課題の解決に取り組んでいる．こうした環境に身を置いていると，「健康」の大切さは自明のことのように思えてしまう．しかし，「地域で健康づくりを推進する」となると事情は大きく異なる．地域で活動するさまざまな住民組織や関係者が，優先課題や取り組みを「ともに検討して選択する」というプロセスが生じるためである．その結果，必ずしも「健康」に高い優先順位が置かれるわけではない．たとえば熊本市では，地域の優先課題として「健康づくり」を位置づけて専門委員会を立ち上げた校区もあれば，地域の健康課題が明確には認識されていない校区もあった．また調査では，関係者によって「健康」のもつ意味も実にさまざまであることがわかった．たとえば地域のソーシャル・キャピタル（いわゆる「ふれあい」や「ご近所づきあい」など，人と人との関係性の蓄積を表す概念で，近年では健康との関連が注目されている）を重視し，健康に関するイベントや高齢者を対象としたサロン開催に取り組む校区もあれば，具体的な健康課題を取り上げ，町内会単位での塩分摂取量測定や若者を対象とした筋トレ教室を企画する校区もあった．市に合併する前に設置されていた健康づくり推進員制度を復活させて健診受診率向上に取り組む校区もあった．

　無論，地域の主体的な判断や選択は尊重されるべきである．一方で，地域住民の健康増進やQOL向上をもたらすことが明らかとなっている「良い取り組み」（医学研究では「エビデンスに基づく介入」といわれる．たとえば減量プログラムや各種健診・検診の実施など）があるにもかかわらず，それが選択されない場合はどうすべきだろうか．地域の実情や価値観を考慮しつつ，こうした取り組みをいかに適切に根づかせることができるだろうか．これらの問いに答える研究領域が，近年急速に発展している実装研究（Implementation Research）である．「実装」とは，簡単にいえば実践を「根づかせる」ことであり，実装研究は「良い取り組み」を医療機関や行政組織，企業，地域コミュニティなどの現場に根づかせるための「戦略」（たとえば教材の開発や技術援助，ワークショップの実施など）とその成果に着目する．すなわち，既存の多くの医学的研究が「何

が健康に良いか＝ What」の学問であるのに対し，実装研究は「どうすれば良いか＝ How」の学問であるといえる．そして，取り組みの成否に関わる要因や，現場に働きかける「戦略」を体系化し，比較可能な変数として，取り組みの成果や社会的影響を科学的に検証するところに大きな特徴がある．

　実装研究の出発点として重要なのは，取り組みの担い手となる「プレイヤー」を明確に設定することである．たとえば地域の健康づくりにおいては，一般集団としての漠然とした「地域」ではなく，さまざまな住民組織や行政などの団体が存在し，相互に関わり合う有機的な「地域コミュニティ」を想定する．そしてそれらの組織や団体を，健康づくりの取り組みを住民に提供し促進する具体的なプレイヤーと位置づける．たとえば熊本市では，2004 年から小学校区単位で校区自治協議会が設置されている．この協議会は，自治会や社会福祉協議会，民生委員・児童委員協議会，公民館などから構成された校区の包括的な住民組織であり，多くの校区で健康まちづくりを推進する役割を担っている．実装研究ではこうした住民組織にまず焦点を当てる．

　実装研究の理論は多岐にわたるが（Brownson, et al. 2018），ここでは代表的なフレームワークとして，取り組みの成否に影響する要因が体系的に網羅された「実装研究のための統合フレームワーク（以下，略語である CFIR と表記）」を紹介したい．CFIR は，心理学，社会学，組織変革論などの諸理論を統合して開発されたメタ理論的なフレームワークであり，①介入（取り組み）の特性，②外的セッティング（場），③内的セッティング，④個人特性，⑤プロセスの 5 領域にまたがる 39 概念から構成される（内富ほか 2021）．たとえば上述した熊本市の健康まちづくりを CFIR に当てはめると，健康づくりが校区でどの程度優先されているかという点や協議会内のネットワークの特徴は，それぞれ③内的セッティングの「相対的優先度」および「ネットワークとコミュニケーション」，地域の健康課題が明確に把握されているかという点は②外的セッティングの「対象者のニーズと資源」という概念に位置づけられる．これらの程度を校区単位で整理・比較することで，校区の特色に応じた健康づくりの「戦略」の立案や評価が可能となる．

　地域にはそれぞれ物語があり，価値観があり，それを紡ぐ人がいる．そして健康づくりのかたちも地域によってさまざまである．CFIR をはじめとした新たな枠組みや理論を取り入れることで，こうした一見複雑で捉えどころのない取り組みの比較検証や評価が可能となり，各地域が「何をどう取り組むべきか」を適切に判断できるようになることが期待される．そしてそれは，健康づくりだけでなくヒューマンサービス全体の実践と研究にも大いに貢献しうるものであると筆者は考えている．

（今村晴彦）

第3章

ウィズコロナ時代における地域の居場所運営
～オンラインの居場所はリアルの居場所を代替できるか？

伴英美子・坂倉杏介

1. 居場所とはなにか

1.1　居場所づくりの新局面

　「あなたにとって，"居場所"とはどんなところですか？」もしこのように問いかけられたら，あなたは何を思い浮かべるだろうか？

　特定の場所が浮かぶ人．場の雰囲気や，空気感を感じる人．誰かの顔が浮かぶ人．過去の思い出が蘇る人など，さまざまであろう．筆者が"居場所"と聞いてまっさきに思い浮かべるのは，理事として運営に関わる「ゆがわらっことつくる多世代の居場所」(以下，「多世代の居場所」)である．小さい子どもからお年寄りまでが，ちゃぶ台を囲んで談笑する光景が目に浮かぶ．

　居場所は物理的空間を指し示すだけではなく，心理的側面をもつ概念である．則定(2008)は物理的居場所と区別して「心理的居場所」という言葉を提示し「こころの拠り所となる関係性，および，安心感があり，ありのままの自分が受容される場」と定義した．それでは心理的側面に対して物理的空間はどのような意味をもつのであろうか．

　人が一堂に会することがリスクとなるコロナ禍は，これまであまり意識されてこなかった，居場所づくりにおいて物理的空間がもつ意味や，物理的空間を伴わない居場所のあり方について問いを投げかけている．

　本章では，こうした時代において居場所づくりをどのように行っていけばよ

いかを考察する．とくに「オンラインの居場所はリアルの居場所を代替できる
のか？」という問いの答えを，筆者らが取り組んできた居場所づくりの事例を
検証することで，探索したいと考えている．

　第1節では，一人ひとりのウェルビーイングといったミクロレベルから，地
域の活性化といったマクロレベルまで，居場所に何が期待され，広がってきた
のかを概観する．第2節では，筆者らが運営してきた多世代の居場所がコロナ
禍を機にどのように変化したのかを，第3節では，試行錯誤のなかで見えたオ
ンラインの居場所の特徴を述べる．そして第4節で，「オンラインの居場所は
リアルの居場所を代替できるか？」という問いを考察することとする．

1.2　地域の居場所づくり

　2000年代，日本の各地で「地域の小さな交流の場づくり」が広がった．そ
れらは，「地域の茶の間」，「コミュニティカフェ」，「まちの縁側」などさまざ
まな名前で呼ばれている．その形も，喫茶店からデイサービスまで多種多様，
対象とする利用者も，子どもから高齢者まで多世代にわたっている．特定の障
がいや病気に関わる人が集まる場もあれば，地域を縁にした多彩な人たちの集
う拠点もある．まさに「地域の居場所」というべきこうした交流空間に共通す
るのは，小規模だが地域の多様な立場の人が訪れ，そこでの交流からゆるやか
なつながりと多様な活動が生まれていくような拠点だということである．

　重要なのは，こうした場づくりのムーブメントが，特定の分野内だけで起こ
ったのではなく，福祉，教育からまちづくりまで横断的な領域で同時多発的に
生じたという点である．

　その代表的な例をいくつか見てみよう．たとえば，新潟市内にある「うちの
実家」（2003～2013年）は，古い住宅を借り上げ，毎日オープンする「常設型
の地域の茶の間」である．有償ボランティアによる在宅福祉サービス「まごこ
ろヘルプ」を始めた河田珪子さんが，誰かと一緒にお話しができる場として開
設した．いつ来てもいいし，いつ帰ってもいい，子どもから高齢者まで，病気
や障がいの有無を問わず誰もが思い思いに過ごせる地域の居場所の先駆けとも
いうべき場である．また横浜では，「コミュニティカフェ」という名のまちづ
くりや地域活動の拠点的なスペースが広がっている．飲食や小箱ショップとい

った商業的要素を基盤に個人や団体が運営しているのが特徴だ．公設民営[1]の市民活動支援センターの先を行く，「カフェ型中間支援」ともいうべき民設民営のまちづくり拠点である．また，子どもの居場所も多様な形態が広がっている．古くは「東京シューレ」など，不登校の子どもたちの居場所として草の根で広がってきたが，近年では子育てひろば事業や，民間が運営する子ども食堂も増えている．

　こうした居場所は，個人の居宅でも飲食店でもない．また，福祉施設や教育施設のように特定の専門的な機能を果たす機関でもない．パブリックに開かれてはいるが，従来の公共施設と違い，相対的に小さい範囲のコミュニティを想定した中間的な場である．誰に対しても同じ対応をする行政による公共サービスとは異なり，特定の人の存在やストーリーに寄り添うことができるのが特徴だ．多くの場合，その場に根差したキーパーソンがいて，その場に固有の雰囲気や活動を生み出している．冒頭で居場所は多種多様だと表現したが，居場所とは一括りに捉えられるものではなく，それぞれ成り立ちの違う一回性の場なのである．それゆえの研究しにくさを指摘しておくことは，本書の趣旨からも重要だろう．

1.3　居場所という "場" の特徴

　地域やコミュニティにとっての居場所の意義は何だろうか．オルデンバーグ（Oldenburg 1999=2013）は，家庭でも職場でもない第三の場所＝サードプレイスの意義をまとめたが，居場所は利用者にとってのサードプレイスだといえる．サードプレイスは，地元の人が集まるカフェやバール，ちょっとした溜まり場になっている本屋や煙草屋といった「インフォーマルな公共の集会所」で，ここで近隣の人たちとのフラットな交流ができることが，豊かな都市生活のために不可欠だというのがオルデンバーグの主張である．オルデンバーグは，サードプレイスの特徴を，①中立の領域，②人を平等にする，③会話が主な活動，④利用しやすさと便宜，⑤常連，⑥目立たない存在，⑦その雰囲気には遊び心がある，⑧もうひとつのわが家，としている．

　インフォーマルな公共の集会所であるという特徴は，居場所の大事な要素だ．その公共性とは，公共施設としての公共性ではない．小さくても，個人が運営

●図 3-1　社会的関係性の許容性から見た場のタイプ

場の種類	We の場	They の場	We と They の場	You の場
模式図	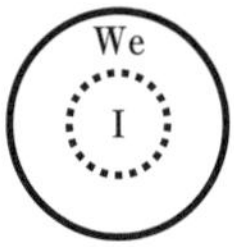			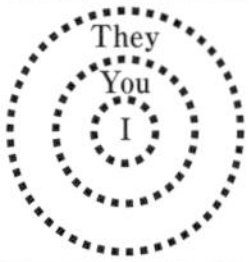
場の参加形態	私の個人的に親しい人の集まり	私のまったく知らない他人どうしの集まり	他人ばかりのなかで個人的に親しい人で集まる	私と他人とをつなぐ媒介者がいる
関わりの規定性	場のなかではかなり密度の高い関係が要求される．関係が外に広がることはない．	場のなかでのコミュニケーションが要求されない．個人個人はバラバラの存在．	We の関係は内部だけで完結しており，They に広がっていくことはない．	You を媒介とすることで They と間接的な関わりをもち，場での関係が選択できる．

出典：坂倉・醍醐・石井（2020），橘（2005）をもとに作成．

していても，仲間内に閉じるのではなく，そこにいる一人ひとりが，他者を受け入れ尊重するという振る舞いを通じて生み出される公共性である．居場所では，面識のない他人どうしが関わる機会を，運営者のみならず常連の来所者がさりげなくつくることが多い．橘（2005）による社会的関係性の許容性から見た場のタイプによれば，私（I）と他人（They）をつなぐ媒介者（You）がいる「You の場」では，直接面識のない人とも関わりやすくなる（図3-1）．複数の媒介者（You）がいることが居場所のインフォーマルな公共の集会所という特徴を創り出しているといえるだろう．

　多種多様な形態をもつ居場所だが，その発生の源流から，大きく3つの系統に分けることができる（坂倉・醍醐・石井 2020）．コミュニティケア型，コミュニティカフェ型，コワーキングスペース型である（図3-2）．コミュニティケア型と呼ばれるのは，地域福祉を背景として高齢者・若者・子ども・障がい者・子育て支援などをテーマとする居場所である．サロンや子育てひろば，デイサービス的な場もあれば，認知症カフェやコミュニティのなかでの就労支援を行う場もある．コミュニティカフェ型は，交流やつながり形成自体を目的とする居場所で，地域の伝統的な集会施設の新しいタイプといえる．横浜のコミュニティカフェのように飲食店の形態がベースになっているケースも多い．コワーキング型の居場所とは，まちづくりや社会変革などの新しい活動を生み出す拠

●図3-2　3つの機能による交流空間の類型

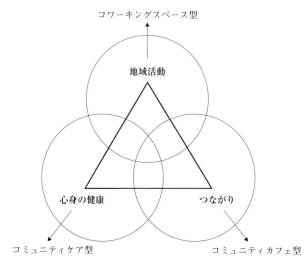

出典：坂倉・醍醐・石井（2020, p. 49）.

点で，市民活動支援センターなどの流れを汲みつつ，新しいワークスタイルに対応した場となっている．便宜的に源流から3系統に分類したが，実際の居場所はこれらの機能が混じっている．軸足の置き方，施設タイプや事業構造の違いによって，居場所はどれも個性的だが，こうした分類により特徴を掴みやすくなるだろう．

　こうした立脚点の違いから居場所を見直すと，その役割には，心身の健康の維持・促進（主に福祉分野の命題），地域活動の促進や課題解決（主にまちづくり分野の命題）という機能的な役割がベースとしてあり，そこにつながりの形成（コミュニティ分野の命題）という役割が加わってきたという見取り図が描ける（図3-2）．

　心身の健康について，根本ほか（2018）の調査は，若年層と高年層において，世代内および世代間交流があるほど精神的健康が良好であることを報告した．また，湯河原町内の全小中学校に通う小学校4年生〜中学校3年生を対象とした筆者らの調査でも，後に紹介する"ゆがわらっことつくる多世代の居場所"の活動に参加する子どもの自己肯定感や自己効力感が高い傾向が示された

（伴・井上・渡辺 2019）.

　重要なのは，「心身の健康」「地域活動」「つながり」は，相互に関連しているということだ．人間は，一人では生きている実感を得にくい．まずは他者と同じ空間にいること，そこにあたたかい関係が実感されるだけで，自分の存在が確かめられ，元気になってくる．すると，他の人と関わろうという勇気も生まれ，何か新しいことに取り組もうという力が湧いてくる．そうして活動を始めることで，さらに生きがいやつながりが広がっていく．参加者どうしがともに存在し，ゆるやかに関わることを基盤に，つながりと健康と活動が一体となって生み出されているのが，居場所の働きだといえる．

1.4　コロナ禍がもたらした問い

　2000 年代から始まった地域の居場所づくりの試みは，2010 年代を通じてさらに多様な分野の多様な取り組みに発展し，ゆるやかに人を結びつける居場所の意義についての社会的な認識が広がった．そうして 2010 年代後半になると，居場所を作るという方法は，各分野の個別ニーズを解決する特殊なアプローチとしてではなく，社会課題を解決する一般的なアプローチのひとつとして認められるようになった．

　しかし，2020 年春，状況が一変した．新型コロナウイルスの感染拡大により緊急事態宣言が発令され，対面でのコミュニケーションは大幅に制限を受けることになった．そして，同じ空間を共有しなくてもコミュニケーション可能なオンラインツールを用いることで，居場所をどのように再現できるか，という模索が，全国のいたるところで開始された．

　そもそも，物理的な共在を最大の特徴とする居場所をオンラインで再現できるのだろうか．ここで人と人との関わり合いを，情報のキャッチボールというようなコミュニケーションモデルと見てしまうと，視覚・聴覚を使う音声・映像・テキスト情報はやりとりできるが，嗅覚・触覚・味覚に訴える情報のやりとりはオンラインでは実現できない，という単純な結論が導き出されるだろう．しかし，前に指摘したとおり，居場所で生じるのは，まずそこに他者が共在し，関わり合うことを通じて，自らの認識や感情が変化し，他者との関係や行動が変化していく動的な状況である．すなわち，居場所で私たちが目にするのは，

「人びとが参加し，意識・無意識のうちに相互観察し，コミュニケーションを行い，相互に理解し，相互に働きかけ合い，共通の体験をする，その状況の枠組み」（伊丹 1999）という「場」のモデルである．こうした視点から考察することで場に参加した人びとの認識や関係性および行動変容の現象として居場所を考察することが可能になるだろう．

　「オンラインの居場所はリアルの居場所を代替できるか？」という問いは，したがって，場のモデルとして見たときに，オンラインとリアルの居場所はどのように異なるのか，という問いに置き換えることができる．次節では，多世代の居場所におけるオンラインの居場所づくりに焦点を当て，場のモデルを用いた考察により，理解を深めていきたい．

2. ゆがわらっこと作る多世代の居場所[2]

2.1　ゆがわらっこと作る多世代の居場所とは

　第2節では，多世代の居場所を事例として1回目の緊急事態宣言前後の居場所運営を紹介する．多世代の居場所は，「ありのままの自分でいたい」「本音で話したい」「安心できる場所が欲しい」という子どもたちの願いをかなえる場所として作られた，子どもからお年寄りまでが安心して過ごせる場である．

　多世代の居場所は，神奈川県湯河原町中央の閑静な住宅街にある「さくらんぼ公園」から車道一本を隔て，家1軒分奥まった場に位置する．築30年，木造2階建ての茶色い民家である（図3-3）．リフォームによって私道と民家を隔てる塀は取り払われ，シンボルマークの蜜柑の木，私道に面する縁側が建物の中と外をつないでおり，その外観には昭和の懐かしい雰囲気が残っている．同時に私道から玄関までをつなぐテラスやカウンターキッチン，柔らかな色合いのフローリングが施されたシンプルな室内空間からは北欧的な雰囲気も漂っている．

　多世代の居場所は湯河原町と慶應義塾大学SFC研究所共催の研究プロジェクト「未病[3]に取り組む多世代共創コミュニティの形成と有効性検証」（社会技術研究開発センター助成，2015 〜 2018 年度）の一環として 2016 年 11 月に開設された．このプロジェクトでは，異なる世代との関係を，家庭や組織内の縦

●図3-3　ゆがわらっこと作る多世代の居場所の様子

の関係や同世代との横の関係と区別して「斜めの関係」と呼び，これを育むことを通して，活力や困難を乗り越える力を高め，未病を改善することを目指していた．当時，慶應義塾大学環境情報学部教授で漢方医の渡辺賢治氏の呼びかけに湯河原町長の冨田幸宏氏が理解を寄せたことで，湯河原町で展開された．

　その開設準備には，有志の子どもたちを中心とした湯河原町民と，研究プロジェクトのメンバーである慶應義塾大学および東京都市大学の大学生と研究者が参加した．構想を練るワークショップでは，子どもたちから「ありのままの自分でいられる居場所」「安心できる居場所」への想いや具体的なイメージが語られた．そしてその願いを実現するための，物件探し，設計，民家のリノベーションにも，多世代の人びとが参加した．開所後には，大学生スタッフがコーディネーターとなり，多世代が安心して交流できるような空間づくり，場づくりが展開された（飯盛 2021）．2018年度に研究期間が終了した後には，設立に関わった慶應義塾大学の教員で社会起業家の山田貴子氏が代表理事に，同じく教員の筆者2人が理事となり，一般社団法人ユガラボを設立した．そして地方創生交付金や子供の未来応援基金の支援金等を運営資金として活動を継続した．

　2016年度から2019年度の間，多世代の居場所は，「安心」「成長」「自己実現」の場となることを目指して，「場」「学び」「実践・挑戦」を軸として活動していた（図3-4）．多世代が自由に過ごす「居場所」，多世代がともに学ぶ「多世代共創塾」，食事づくりと夕食をともにする「居場食堂」，自然・アー

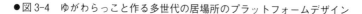

●図3-4　ゆがわらっこと作る多世代の居場所のプラットフォームデザイン

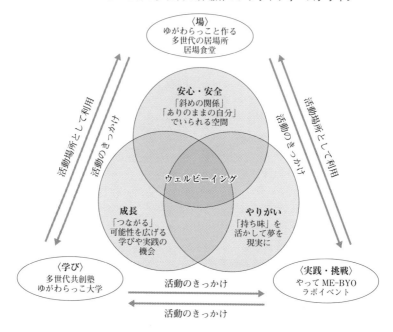

ト・料理・中高生自習タイムなど多様な学びを届ける「ゆがわらっこ大学」，誰かがやってみたい活動を実現する「やってME-BYOラボ」のほか，地域のイベントへの出店や，独自イベントの開催などを行ってきた．

　前述の交流空間の類型（**図3-2**）でいえば，それは「つながり」「心身の健康」「地域活動」の要素がすべて含まれる活動となっていた．

　メインの活動は「場」である．多世代の居場所は月に10日程開所し，地域スタッフと大学生スタッフ2〜3名が見守るなか，放課後の時間を自由に過ごす小中学生や，幼児を連れた母親，子どもの様子を見に来るお年寄りなどが集まり賑わっていた．2016年11月13日の開設日から2020年3月末日までの来所者数は約4,675名（スタッフを含め6,657名）にのぼった．

2.3　オンラインの居場所の開設

　2020 年 4 月 7 日，新型コロナウイルス感染症のまん延を防止するため，新型インフルエンザ等特別措置法に基づく緊急事態宣言が発出され，神奈川県西に位置する湯河原町でも，小中学校が休校となり，町内のさまざまなイベントが次々に中止となった.

　多世代の居場所も，感染防止の観点から直ちに休所となり，いくつかのイベントはオンラインに切り替えられた．多世代の居場所の活動はコロナ対策で最も避けなくてはならない三密空間を作ってしまうこと，感染症が重症化するリスクの高い高齢者と感染リスクの高い若者が一堂に会すること，そして多くのスタッフが感染者の多い首都圏在住であることからリスクが高いと判断された.

　その一方で，ユニセフなどは，臨時休校や外出自粛等による生活不安やストレスから，児童虐待や DV のリスクが高まるとして警鐘を鳴らしていた[4]．スタッフは，安心安全な居場所がこれまで以上に必要とされていることを認識し，活動を続けるための方法を模索した.

　最初に着手したのはオンラインの居場所の開設である．休学中の子どもたちが，安心してつながることができ，健康的な生活を送ることができるしくみづくりを急いだ．Wi-Fi 環境が整っていない家庭が少なくないと推定されたため，PC やタブレットの貸し出しと，Wi-Fi の月額使用料を補助するしくみもスタートさせた．タブレット端末は町内外の有志から 3 台集まった．オンラインの居場所の開設については湯河原新聞やウェブページで周知を図った．またチラシを小中学校や役場で配布し，事前登録を呼びかけた.

　オンラインの居場所は休校期間中，毎日開講した．平日は 9:30 〜 10:30 / 13:00 〜 14:30 の 2 回の学習プログラムを，休日は工作教室や料理教室といったイベントを開催した.

　オンラインの居場所の 1 日は，その日の呼ばれたい名前と，いまの気持ちをシェアする「チェックイン」からスタートし，身体を動かすダンスや，ゲーム，英会話教室，集中タイムなどのプログラムが展開する．集中タイムとは，自分のやりたいことを設定し，決められた時間集中して取り組むというものだ．この時間に小中学生の多くは宿題や，読書，お絵かきや工作をし，集中タイムの後の「チェックアウト」の時間に成果をシェアした（表 3-1）.

●表3-1　オンラインの居場所のプログラム

部	時間	プログラム	詳細
第1部	9:30-10:00	チェックイン	朝のあいさつ・あそびの時間
	10:00-10:30	朝の集中タイム	一人ひとりが学びたいことに取り組もう
第2部	13:00-13:40	昼の集中タイム	一人ひとりが学びたいこと大学生が企画した教室
	13:40-14:00	チェックアウト	今日取り組んだこと，今日の気持ちを発表
	14:00-14:30	英会話教室	フィリピンの先生と英語で学ぼう

●図3-5　オンラインの居場所の様子

　ここで大きな役割を果たしたのは，コロナ以前から居場所を支えてきた大学生スタッフと，代表理事が経営する「ワクワーク・イングリッシュ」の英会話講師陣，そして湯河原町内に在住する地域スタッフや地域の大学生であった．

　毎回担当を決め，計画書を作ったうえでその場に臨んだ．スタッフは，オンラインツール機能の利用により，できるだけ「多世代が安心して自分らしく過ごせる居場所」を再現しようとした．たとえば主催者の明るい表情や，手振り身振りを交えた話し方，画面の細かい設定によるアットホームな雰囲気づくり，場を和ませるアイスブレイク，小グループで一人ひとりがじっくり話せる場の

設定といった具合である（図3-5）.

　オンラインの居場所の登録家庭数（単発の参加者は除く）は，14家庭（未就学児4家庭，小学生8家庭，中学生1家庭）であった．2020年4〜8月の間，オンラインの居場所は63回開所され，18歳以下304名，19歳以上117名，スタッフ370名の合計791名（のべ人数）が参加した.

3. オンラインの居場所の特徴[5]

3.1 オンラインゆえに可能になったこと

　オンラインの居場所をやってみると，当初の予想を超えて活動の幅や新たな可能性が広がった．その主な内容を以下に整理しよう.

(1) 多様なコンテンツの提供

　オンラインの居場所は，時間的・地理的制約が少ないため，子どもが集まりにくい夜に開催したり，リアルの場にはなかなか招聘できない魅力的な講師を招いて，多様なコンテンツを届けることができた．ピタゴラスイッチの生みの親の一人でもある星こうきさんによるピタゴラスイッチ教室，ネイチャーガイドによる夜の虫の観察教室や自然教室，プロの調理師による料理教室など，さまざまな教室を開催した．また，フィリピン人の英会話講師がほぼ毎回参加し，英会話教室を開催した.

(2) 困難を抱える子どもの参加

　オンラインの居場所には，繊細さや不注意・多動性・衝動性などにより学校生活において困難を抱える子どもたちも参加した．住まいの遠さから放課後の居場所には来ていなかったが，休日のイベントには参加したことのある子どもが多かった．参加者の間に顔馴染みの関係性や誰もが受容される雰囲気があること，学校と比較して活動の自由度が高いことが参加を促進したと考える．スタッフは保護者に子どもとのコミュニケーションにおいて配慮すべき点をヒアリングし，一人ひとりの興味関心に配慮して関わった．子どもたちは次第に打ち解け，絵画や工作などの得意なものを披露したり，活動プログラムを企画す

るといった姿が見られるようになった．

(3) 遠隔地からの参加

　居場所がオンライン上に開設されることによる一番の変化は，どこからでも参加できるようになったことである．隣町の中学生や，東京都や長野県在住の親子が参加した．子どもにとって，家族や住む場所，学校やコミュニティは所与のものであるが，オンラインの居場所であれば，自分でお気に入りの環境を選び，学び，交流することができた．

(4) 新たな地域住民の参加

　湯河原町在住でありながら，これまで参加することが難しかった人たちも参加できるようになった．たとえば，高校・大学がない湯河原町では，高校生，大学生，社会人は，日中は町外におり，居場所の活動に触れる機会が少なかった．しかしオンラインの居場所には町出身の大学生がスタッフとして参加することができた．この経験は彼らが町に目を向けるきっかけとなった．

(5) 家族とスタッフのつながり

　多くの家庭では居間に PC が置かれ，オンラインの居場所に参加する子どもたちを保護者が画面の外側から見守っていた．ときどき画面にも登場することで，子どもたちの普段の様子や家族の状況，居場所へのリクエストが共有され，スタッフと家族との関係も深まった．家庭内に赤ちゃんや，じっとすることの難しい子どもがいる場合でも，ミュート機能を活用することで気兼ねなく参加することができた．

3.2　オンラインでは実現が難しかったこと

　一方で，現段階のオンラインツールでは実現が難しいこと，あるいは実現するためには高いスキルやエネルギーを要することも明らかになった．以下は，浮き彫りになった課題である．

(1) 利用機会の平等

　平時において，多世代の居場所の開所スケジュールは，小中学校で配られるチラシや，ホームページ，Facebook で告知された．また，多くの子どもは，開所のサインであるオレンジ色の"のぼり"が公園に出されるのを見かけたり，居場所の建物を覗きに来たりして，居場所の開所を知り，自分の意思で活動に参加することができた．しかし，小中学校が休校になり，リアルな居場所の開所が難しくなったとき，活動に参加できるのは，湯河原新聞等に出されたオンラインの居場所の告知に対して，申し込みなどのアクションをとることができ，Wi-Fi 環境が整っており，子どもがオンラインの居場所にアクセスするのを誰かが手助けできる家庭の子どもに限定されてしまった．無料の Wi-Fi 機器の貸し出しも行ったが，普段居場所に来ていたさまざまな事情のある家庭の子どもたちの利用は伸び悩むことになった．また高齢者の参加は，ほぼなくなってしまった．

(2) 目的がない人の参加

　多世代の居場所ではさまざまなイベントが開催されており，誰もが自由に好きなものに参加できる．たとえば多世代共創塾という多世代がともに学び合うイベントには，多世代が意見交換をする場面があるが，この場には学びにまったく興味のない者も，ゆるりと参加することができていた．たとえば，小学校低学年の子どもが，大好きな大学生と一緒に過ごすことが嬉しくて膝の上に座っていたり，幼児が大人が操作する PC を眺めていたり，中学生が少し離れたところで涼みながら大人の様子を見ていたりといった具合だ．一方，オンラインの交流では，サイトにアクセスするという行為がなければ参加には至らない．そのため，まったく関心がない者や，たまたま居合わせた無目的の者が，参加することはなくなった．

(3) 相互の観察

　コロナ前の多世代の居場所では，一人ひとりが自由に異なるアクティビティに取り組んでいるその瞬間にも，互いの存在を感じることができていた．たとえば，キッチンでお茶を入れている間にも，二階で歩き回る子どもの足音が聞

こえ，居間でおしゃべりする人びとの姿が見え，カードゲームに興じたり，言い合いをしたり，折り紙をしている子どもの姿を視界の片隅に捉えることができた．居場所にいるだけで，中高生が部活から疲れ切って帰ってくる姿，大学生が就職活動の準備をしている姿，お母さんが幼児のオムツを替えている姿，お年寄りが手仕事をしている姿が視界に入り，異なる世代が何に関心をもち，どのようなことに喜怒哀楽を感じ，どんなふうに生きているのかということが，無意識の内にも観察され，胸に刻まれていく．オンラインの環境では，視覚的にも聴覚的にも，話している人の方に意識が行く．無意識の相互観察という体験は少なくなった．

(4) 自然発生的な協働

　ふらっと来た多世代の居場所では，協働作業が始まることも多い．単にお茶を飲む，ということでも，机の上のおもちゃをどけたり，机をふいたり，コップを並べたり，お茶をふるまったり，コップを回収したりという作業が生じ，知らぬ間に「それとって」「これどけて」「ありがとう」といったやり取りが生まれる．子どもたちが大学生に「公園に行きたい」とねだると，「ここは見ておくからいいよ」と70代の"オヤジ"が留守番をかって出たり，乳児のお世話に手をとられているお母さんがいると，「2階で遊んでいるね」と小学校低学年の子が未就学児の子守りをかって出たりする．リアルの居場所はみんなが協働してつくる場であるのに対して，オンラインの居場所はホストが場づくりに貢献する比重が大きい．前述の橘（2005）による社会的関係性の許容性から見た場のタイプでいえば，リアルな居場所ではその場に居合わせた人びとが媒介者となるが，オンラインの居場所ではツールの機能を制御できるホストに媒介者の役割が集中する．協働はホストが画面越しに依頼した場合には生じるが，参加者どうしが自然に協働するのは，ITスキルが高い場合に限られる．

(5)「いる」という役割

　多世代の居場所に来ると，人びとは役割を担い始める．家では末っ子の甘えん坊でも，多世代の居場所では，小さい子の面倒をよく見るお兄ちゃんの役割がある．ただそこに「いる」という役割もある．赤ちゃんがいるだけでその場

が和む．小学生が何かに熱中している姿を見るとほっこりする．40代の女性スタッフが横にいてくれるだけで安心する．70代の男性が同じ食卓にいるだけで，子どもたちのケンカが少なくなる．そこに誰かがいること自体に価値がある．

　オンラインの環境でも，「いる」という役割があるが，その役割は画面越しにプレゼンスの感じられる表情やジェスチャーが映し出される場合には果たされるが，そうでなければ難しい．

(6) ホリスティック[6]な共在感覚が生み出すコンテクスト

　オンラインの居場所で再現が難しかったのは，その場に他者と共在する感覚である．多世代の居場所では温度や湿度，風や匂いの感じられる具体的な空間をともにしている人びとが，お互いの存在そのものや，嬉しかったり塞ぎ込んでいたりといった感情，汗ばんだり息を弾ませたりする身体を互いに知覚し，それぞれの好き嫌いや状態を理解しながら行動し，関わり合うことで，その場のコンテクストが生み出される．こうして居場所では，「非言語的関係性」を通じて，ホリスティックな共在感覚や，誰もが親切に振る舞える雰囲気，元気で前向きな気分が生じ，家や学校とは異なる自分が引き出される．オンラインでも視覚や聴覚からのメッセージを工夫して，ある程度の共在感覚を醸成することはできるが，その場づくりは物理的空間よりも難しい．

3.3　場のモデルから見たオンラインの居場所

　オンラインゆえに可能になったことは，「多様なコンテンツの提供」「困難を抱える子どもの参加」「遠隔からの参加」「新たな地域住民の参加」「家族とスタッフのつながり」であった．これらに共通するのは，これまでリアルな居場所には足を運ぶことのできなかった人びとと空間を超えてつながれたことである．どのような場所にいても，時間的な忙しさや，家庭の事情や健康等のハードルがあっても，参加したいという“意思”とWi-Fi環境さえあれば参加することができた．参加者が共通の“興味関心”や“ニーズ”でつながっていることも特徴のひとつだ．

　一方，オンラインでは実現が難しかったことは，「利用機会の平等」「目的が

ない人の参加」「相互の観察」「自然発生的な協同」「『いる』という役割」「ホリスティックな共在感覚が生み出すコンテクスト」であった．これらに共通するのは人びとを偶発的にそして“無意識”のうちにも場に巻き込むことである．

　伊丹による，「人びとが参加し，意識・無意識のうちに相互観察し，コミュニケーションを行い，相互に理解し，相互に働きかけ合い，共通の体験をする，その状況の枠組み」という場のモデルに沿って，リアルの居場所とオンラインの居場所を比較すると，リアルの居場所の方が，偶然に居合わせる人の参加が多く，五感情報が全方位から伝わることで，無意識のうちに相互観察や相互理解が進むという非言語的関係性が生じる．また人びとをつなぐ媒介者が複数存在することで，同時多発的な交流が共存可能だ．

　場のモデルから見た，2020 年 4 月時点のオンラインの居場所は，共通の興味関心をもつ人びとが制約を超えてつながるという良さがある一方で，異質性の高いメンバー間の偶発的な交流や，活動の幅広さという点でリアルの居場所には及ばなかった．

4. オンラインの居場所はリアルの居場所を代替できるか？

4.1　オンラインの居場所のその後

　多世代の居場所は「誰もが（多世代が）安心して自分らしくいられる」ことを目指している．休校期間中は，多くの子どもたちおよび大学生や地域スタッフがオンラインの居場所で「安心して自分らしくいられる」時間を過ごすことができた．しかし“学習支援”に魅力を感じない層や，自分自身でオンライン環境を整備することが難しい層はオンラインの居場所に参加しなかった．オンラインの居場所は多世代の居場所を「部分的にしか代替できなかった」といえよう．

　数ヵ月間のオンラインの居場所の運営を経て，居場所の運営スタッフはリアルの居場所を開所する必要があると判断し，2020 年 9 月から，徐々にリアルの活動を再開した．三密を避けるために，開所の告知やイベントは行わず，屋外での遊具の貸し出しや，人数を制限しての建物内の利用開放をスタートした．また 2019 年度までは多くの大学生がイベントを企画運営していたが，各大学

より学外活動を制限する通達が出されたため，2020 年度は社会人のスタッフによる見守り中心の運営となった．新型コロナウイルス感染症の重症化リスクの高い高齢者の利用は戻らなかったが，子どもたちは戻って来た．2020 年度の居場所事業の開催回数は，オンラインの居場所が 91 回，リアルの居場所が 57 回，イベントが 18 回で，延べ参加者数は 1,700 名（18 歳以下 34.4%，19 〜 64 歳 12.6%，65 歳以上 0.0%，ボランティア・スタッフ 53.0%）であった．

4.2　居場所の類型から見たオンラインの居場所

　最後に「オンラインの居場所はリアルの居場所を代替できるか？」という問いについて検討する．ここでは藤原（2010）による居場所の定義に関する研究を参考にする．藤原は「『場』を創った時，そこが居場所となっているか判断する明確な基準が現在のところない」という問題意識のもとで，1990 年以降に書かれた 79 論文をもとに，教育学・社会学・心理学・教育心理学における居場所の定義の類型化を試み，10 類型を導き出した．それらは，①社会生活の拠点となる物理的な意味での場，②自由な場，③居心地がよく，精神的に安心・安定していられる場もしくは人間関係，④一人で過ごせる場（一人でもいられる場），⑤休息，癒し，一時的な逃避の場，⑥役割が与えられる，所属感や満足感が感じられる場，⑦他者や社会とのつながりがある場，⑧遊びや活動を行う場，将来のための多様な学び・体験ができる成長の場，⑨自己の存在感・受容感を感じさせる場，⑩安全な場，であった．

　この類型が示すのは，人びとが居場所に期待する要素の多さ，および居場所が果たす役割の幅広さである．そして各類型を見ると，オンラインの活動が機能し，支持されている事例が思い起こされる．たとえば，若者メンタルサポート協会が主催するオンライン居場所には，生きづらさを抱える 10 代の若者と相談員が集う．そこは，③居心地がよく，精神的に安心・安定していられる場，⑤休息，癒し，一時的な逃避の場，⑨自己の存在感・受容感を感じさせる場，⑩安全な場，などの類型との親和性が高い．また認定特定非営利活動法人カタリバが運営する「カタリバオンライン」は，新型コロナウイルスの感染拡大によって自宅で過ごす子どもと保護者の居場所として利用されている[7]．⑦他者や社会とのつながりがある場，⑧遊びや活動を行う場，将来のための多様な学

び・体験ができる成長の場，などの類型と親和性が高い．このように目的や対象者像，そこで得られる価値が明確な活動はオンラインとの相性が良い．

　一方で多世代の居場所やそのモデルとなった東京都港区の芝の家のような地域の居場所は，来所者が多様かつ流動的で，同時多発的に生起する交流のなかで即興的に活動が生まれる．異質性の高いメンバー間の共在感覚は非言語的関係性によるところが大きい．前述の2事例と比較すると，①社会生活の拠点となる物理的な意味での場，②自由な場，⑥役割が与えられる，所属感や満足感が感じられる場，⑦他者や社会とのつながりがある場，などの類型の色が濃い．このように不確実性が高く非言語的関係性の比重が大きい活動はオンラインでの再現が難しく，物理的な空間との相性が良い．

　以上のように，居場所の目的と活動によって，物理的な空間やオンラインとの相性にはグラデーションがある．そして，多くの居場所は濃淡がありながら複数の類型の側面をもっている．活動に応じて物理的な空間とオンラインを組み合わせることが重要であると考える．

　また少し異なる観点であるが，"地域の居場所"において，その縁側や窓先，屋外空間等で，限定的でもリアルなコミュニケーションをとれる余地を残すことには意義がある．シャッターが閉まり，活動が停止すると文字どおり居場所が失われてしまう．そこに行けば誰かがいて，窓越しに手を振ることや，会話することができ，活動が目に見える．多世代の居場所を覗きにくる子どもたちの表情や，地域の居場所の活動を知らせるソーシャルメディアの投稿への人びとの反応は，そんな具体的な空間がシンボリックに存在するだけで，心のなかに想像上の居場所が息づくことを伝えている．地域の居場所はセーフティネットであり，ネットワークのハブであり，新しい価値を生み出すシーズである．ここに地域の居場所づくりにおいて物理的空間のもつシンボリックな意味が浮かび上がってきた．

【注】
　1）公設民営とは，国や地方公共団体が設置して民間が運営する公共施設である．コミュニティセンターや市民活動支援センターは，市民のニーズに柔軟に対応するため指定管理者制度などにより民間団体が運営するケースが増えている．コミュニティカフェは，市民によって立ち上げられ，市民によって運営される中間支援のしくみといえる．

2) 本節は多世代の居場所の2020年度の活動報告書，オンラインの居場所に関する対外的な説明資料，ホームページ，新聞記事をもとに，筆者2名で討議を重ねて記述した．1回目の緊急事態宣言が発出された2020年3月〜2020年8月を中心としつつ，本テーマを考察するうえで重要な前後の出来事についても記述した．

3) 未病とは，健康と病気を「二分論」の概念で捉えるのではなく，心身の状態は健康と病気の間を連続的に変化するものとして捉え，このすべての変化の過程を表す概念．神奈川県においてコンセプトの普及や未病指標の構築など先駆的な取り組みが進められている．令和2年3月には，「未病」の定義が盛り込まれた国の第2期「健康・医療戦略」が閣議決定された．

4) 2020年3月，ユニセフ（国連児童基金）などが新型コロナウイルスへの対策によって，世界の子どもたちが安全や健康面の脅威に直面することを指摘し，虐待などから子どもを守る行動指針を作成した．2020年4月には厚生労働省から都道府県等に対して「新型インフルエンザ等対策特別措置法に基づく緊急事態宣言等を踏まえた支援対象児童等への対応について」の事務連絡が発出された．

5) 本節の執筆に際しては，代表理事1名と事務局長1名，学生スタッフ2名に対して2021年8月中に30分から1時間の半構造的聞き取り調査を行った．事象の発生から1年以上が経ち，筆者およびインタビュー対象者の記憶にはバイアスがかかっている可能性は否めない．今後，リアルの居場所とオンラインの居場所の相違について知見を得るためには，より多くの対象者へのタイムリーなインタビュー調査や帰納的な分析手法による検証が必要と考える．また，本章は2020年度前半における，通信技術の水準，Wi-Fiインフラの整備状況や通信端末の普及度，人びとのITリテラシーの程度を前提とした内容であることも付記したい．

6) ホリスティックとは部分ではなく全体を包括的に捉える態度や考え方．20世紀末から，心と身体の調和という側面から医療や教育の分野で重視され始めた．（広辞苑）

7) 2020年度前半の「カタリバオンライン」の活動について考察した．その後，ニーズに対応してしくみやコンテンツがアップデートされている．

コラム5　高齢者と地域にとってのグループリビング

　高齢者グループリビングとは，「複数の個人の居室と共同生活空間から構成される住宅において，地域のなかのさまざまな社会資源による食事・清掃・健康維持等に関する基礎的生活サービスを受けながら，高齢者が安心で自立した暮らしを目指す住まい方」である．一般的には10人程度と小規模で，ケアを主目的としない住まいとなっている．このグループリビングの先駆けのひとつ「COCO湘南台」は，仲間と一緒に自分らしく尊厳をもって最期まで暮らせる住まいの実現を目指し，西條節子氏を中心に1996年から検討を重ね，1999年に神奈川県藤沢市に創られた．この新しい住まい方の提案と実践は注目を集め，民間財団がCOCO湘南台をモデルに建設補助を行ったことで，2006年から2011年までに16件のグループリビングが全国に誕生した．このほかにも，こうした住まい方の提案と実践に感銘を受けた人たちによってグループリビングが創られており，現在も緩やかに広がりつつある．

　グループリビングの研究を行う筆者は，現在，2つのグループリビングの運営にも関わっている．また，2012年に全国の運営者とともに立ち上げたグループリビング運営協議会で事務局を務めるとともに，研究や啓発普及活動を行うようになった．ここでは，こうした経験や筆者が行った事例研究（土井原・大江 2015）などから，グループリビングの特徴と意義を紹介しよう．

　まず，特徴のひとつは，運営者が責任と主体性を発揮しながらも，居住者の自発性を尊重している点である．そこでは，居住者が後述するサポーターに依存しすぎないよう，自立のための生活援助を行うことが目指されている．こうした環境のなかで，必要なサービスを受けながらも個々に自由のある暮らしを送ることができる．

　次に，居住者間，居住者と運営者間の多様なコミュニケーションの価値である．とくに重要なのは食事や定例ミーティングなどの機会で，居住者のニーズを把握し，相互の話し合いによって，運営やサービスを考える努力がなされている．運営者が一方的に決めるのではなく，居住者の意向を反映し，ともに決める姿勢があることがポイントで，居住者にとってそこでの皆との暮らしがまさに自分事となる．

　3つ目は，居住者のコミュニケーション環境を豊かにするために，地域との交流に配慮し，多くの趣味活動やイベントの機会を用意している点である．居住者は，地域の人びとと同じ趣味や活動を楽しむことを通して新しいつながりを作り，グループリビングの居住者としてだけでなく，地域社会の一員として多様な関係性のなかで生活できるようになっていく．これは，居住者にとって，役割の獲得や生きがいの醸成につながっているものと考えられる．また，グループリビングの平均的な入居年数はそれほど長くはなく，少人数のグループリビングのなかのつながりだけで暮らすことは，常に変化の波にさらされる．高齢者は変化に弱く，新しい雰囲気に慣れるのが難しい性質があるとい

われている．そのような問題を解決するためには，普段からこのような場を通して，重層的なつながりを作っておくことが必要である．

　一方，グループリビングには地域の側から見た意義もある．筆者が行った事例研究（土井原 2019）では，グループリビングができたことで，食事づくり，共用部分の掃除，イベントなどの「サポーター」の参加があり，それらの人びとを中心に，近隣地域にパーソナルネットワークが新たに形成されていることが明らかとなった．また，この関係は，「助け合い」，「相談」，「見守り」，「異世代交流」，「楽しさ」，「自分を磨く場」，「災害拠点」というさまざまな価値を地域コミュニティにもたらすことが見出されている．

　このようなコミュニティが形成されたのは，グループリビングの運営者が明確な意志をもって，運営者・居住者・サポーターの対等な関係性と自由度の高い働き方，さらに自発性を尊重する場を用意したことが影響している．加えて，サポーターの活動は家事スキルでできる仕事が多く，必ずしも重い責任や負担が求められず，空いている時間を利用して働くことができるため，高齢者や子育て中の女性がパートタイム就業として容易に選択できる対象になっている．こうして，グループリビングのなかに，近隣住民がサポーターとして安心して働くことができる雰囲気や環境が作られていく．柔軟な関わり方を許容することは，結果として多様な関係性にもつながる．

　さらに，居住者に対して，サポーターどうしが思いやりや共感を交わしながら協力して支援を行っていることも，コミュニティ形成に影響している．たとえば，病気で落ち込んでいる居住者の「ピアノを習いたい」という願いに対し，早く元気になって欲しいとの思いからサポーターが協力して先生を探したことがあった．ピアノを習う居住者が次第に明るさを取り戻す姿を見て，サポーターたちも喜びを分かち合っていた．サポーターどうしが，居住者に対する心配，思いやり，喜びなどの感情を共有しながら働いていることは，そこにコミュニティがあることを端的に示している．こうした働き方を通して，サポーターもまたお互いの人柄を知ることができ，信頼関係も形成されていく．

　また，グループリビングのなかの趣味の教室やイベントは，サポーターが単にサービスの担い手となるだけではなく，受け手になる相互的な関係であるという特徴がある．居住者と一緒に趣味を楽しむことや，居住者が先生でサポーターが生徒になることもある．このような相互性がフラットな関係を作り，仲間意識を醸成しているようだ．こうしてできたサポーターと居住者の間の仲間意識は，サポーターが相手の立場に立つきっかけとなり，より良い支援につながるのではないかと考えられる．

　地域で担っていた共助の機能が低下している社会のなかで，グループリビングにみられるのは，日常生活に密着した身近なつながりを再構築する可能性だといえる．グループリビングは高齢者が安心して住まうだけでなく，地域コミュニティの関わりあいを豊かにする機能をもっているといえるだろう．

（土井原奈津江）

コラム6　高齢者の力を子どもの成長に　子どもの力を高齢者の生きがいに

　筆者は昭和12年生まれの84歳．東京都世田谷区で，高齢者と幼児の交流の場「ひこばえ広場」を始めて2022年で10年目，さらに介護保険制度下の住民主体型地域デイサービス「たまごの家」を始めて6年目になる．

　ひこばえは「孫生え」と当て字する．森で古木が倒れそのわきから生える若芽の様である．12年前の2010年当時に東京都の世田谷区生涯大学で担当していた福祉コースの講義で，隣接する保育園の園長に「保育園の役割と子どもたちの今」という話をしてもらったのがきっかけだった．その後，受講生（みな高齢者）と保育園へ見学に行くことになり，お土産にお手玉・折り紙・コマ遊びなど「昔取った杵柄」を磨きなおして出かけた．小1時間の交流であったが，帰り際に「またきてね，今度いつ来るの……」と腰にまとわりついてくる子らに，相好を崩し元気をもらったのは高齢者の方だった．この2年間の生涯大学修了後に生まれたのが自主活動「ひこばえ広場」で，毎月1回，保育園に遊びに行っている．「『為す』よりも『居る』が大事，そこにお年寄りが居る，いつもと違う空気，ゆったりと暖かいものが流れる．子どもにも，保育士にも，ほっとできる時間です」と当時の園長はいう．高齢者の熱の入った準備や練習ぶりを気遣ってくれた言葉でもあろう．

　一方の「たまごの家」のたまごは，他孫，つまり「他人の孫も自分の孫も地域の孫」という視座から名づけた．多世代が自由に交流できる居場所があったらいいなと願う仲間たちと，「ひこばえ広場にたまごの家を建てよう！」という夢をもち，地域の子育て世代の親たちにも呼びかけて，サロン活動を企画した．高齢者の力は子どもや親たちに緩やかに作用し，子どもらの力は高齢者の生きがいにもなるという確かな思いがあったからだ．しかし活動には資金が要る．国が関与する「子どもゆめ基金」があることを知り，応募書類を丁寧に作成し提出したが，「高齢者が主導する活動だから」との理由で通らなかった．翌年は子どもに視点を置いて書き直し再応募したが，やはりダメだった．縦割り行政の硬直した高い壁を前に失望は大きかった．

　こんな折り，世田谷区より，介護予防・日常生活支援総合事業のひとつとして，2016年4月から新たに区独自の住民主体型地域デイサービス事業を行うことになると誘いの声がかかった．区の要領によると，利用者は要支援1，2の人や，介護予防基本チェックリストの高得点者で，地域包括支援センターから紹介されるとのこと．活動は原則として週1回で，会食を中心に，筋力トレーニング・脳トレゲーム・歌・折り紙・貼り絵など3時間程度のレクリエーション活動を行う．運営などにかかる経費を一部補助する，というものであった．この誘いに乗るか否か，ひこばえ広場の仲間で検討を重ね，「『たまごの家を建てる』という夢実現のきっかけになるかもしれない」とチャレンジしてみることにした．

　介護予防事業なので本来の対象は高齢者であるが、保育園児との交流を行ってきた「ひこばえ広場」なので、区の担当課にもその趣旨と経緯を話し、活動名を「たまごの家」とし、対象の利用者と運営スタッフ以外はボランティアとして参加するというかたちにした。年齢や障害等の有無に関係なくどなたでもどうぞと呼び掛けている。当初4ヵ月齢で寝返りもできなかった女児は、次第にアイドル的存在になり、皆が順番に抱っこしたり、折々に見せる笑顔や泣き声にも癒されてきた。いまは5歳を過ぎ、公園を走り回っている。ダウン症の親子が数組参加してパンピザづくりに挑戦したときには、「こういう機会は時々もったほうがいいね」と93歳の翁が言ってくれてほっとした。「家では挑戦させられないピザづくりは楽しかった。普通の子とあまり変わらないと思ってくれたら嬉しい」と親たち。ボランティアの学生も「子どもどうし分け隔てなくとけ合って遊んでいる。充実した楽しい時間だった」と笑顔だった。

　ちなみに2021年現在のデイサービス利用者12名の年齢は78〜96歳で、そのなかにはボランティアとして参加しつつ、緩やかに利用者になった人が6名いる。一方の運営スタッフは、世田谷区介護予防地域支援課が行う6時間余の研修を受講した人である。6年前の開始当初のスタッフ10名の平均年齢は74歳であった。その後、2名がやむなき事故と体力の衰えで自宅近くのリハビリに通うことになった。現在の実働スタッフ12名の平均年齢は77歳、最高齢は88歳、最年少が69歳である。とくに頼りになるのは2年前からスタッフに加わった70歳前後の5人。私たち80歳代が苦手なパソコンやスマホを自由に操れるので、今後の活動の広がりが楽しみである。

　「人生100年時代」という言葉は広がったものの、定年後も年金だけでは暮らしが立ちにくい時代である。現役時代のようながむしゃらな働き方ではなく、自分の住むコミュニティのなかで、これまで蓄積した力を出し合って、居心地の良い小さな居場所を多く作れるといいなと思う。若手の高齢者が有償で運営を担い、自らの衰えを自覚したら緩やかに無償のボランティア、さらには「居るだけボランティア」として、これまでのつながりを切らずに継続参加できるのが理想だろう。実は筆者もそろそろ「居るボラ」へ移行するときが来ていると自覚している。

　2020年2月末から、コロナ禍のなか、休会、昼食なしの時短再開と2年近い自粛が続いている。同年6月の再開に向けて、こんなメッセージを月報「たまごの家」に添えて郵送した。「再開したら、あなたの物語を語ってくださいませんか？　大切にしているもの、大切にしていることを。ご縁があって「たまごの家」に集う、あなた、わたし、あの方、この方、互いによき聴き手を得て、よき語り手となり、『私たちの物語集』をともに編んでみませんか」と。

　なお続く縮小された活動のなかで、後の世代に何かを残せたらと、こんな企画を試行錯誤しながらで進めている。

（加藤美枝）

第 4 章

第 4 章

少子高齢時代の家族支援とコミュニティ・ソリューション
～歴史分析から現代を見る

馬場わかな

1. ヒューマンサービスとしての家族支援

1.1 出産・育児への不安

出産・育児は人生の一大イベントである．初めての出産なら，分娩に対する不安はもちろん，「プレママ・プレパパ教室で講義を聴いたり，お人形で練習したりしたものの，おむつ替えや沐浴はうまくできるだろうか」，「できれば母乳で育てたいが，母乳は出るだろうか，赤ちゃんは母乳を飲んでくれるだろうか，粉ミルクを足すほうがいいだろうか」，「妊娠中も心身の変化を日々感じてきたが，産後はどうなるのだろうか」といった不安があるかもしれない．第二子以降の出産で，分娩や産後の様子がある程度わかっていても，赤ちゃんが新たに加わった家族で営む生活は初めて経験するものであり，不安を一切感じない人は少数なのではないだろうか．待ち構えているのは育児だけではない．生活する以上は家事が不可欠であり，初めてづくしの，あるいは変化があったばかりの生活のなかでの家事に不安を抱く人も少なからずいるだろう．

日本には，妊産婦が出産前後に実家に帰り，実母を中心とする親族のサポートのもとで数週間から数ヵ月にわたって生活する里帰り出産という慣行が存在する．元来「里帰り」とは，他家に嫁いだ新婦が初めて実家に帰ることを指していた．第 2 次世界大戦後，「家」制度の解体に伴って，婚姻習俗としての「里帰り」という意味合いは希薄化したものの，上述のような出産への不安や

出産に伴う生活上の困難を緩和・解消したいという理由から，家族が夫婦関係を軸に構成されるようになった現在にあってもなお，一般的なものとして広範に実践されている（大賀・佐藤・諏訪 2005, 大賀 2009）．

　しかしたとえば，サポートの主な供給源である実母がフルタイムの稼得労働に従事している，父母（妊産婦の祖父母）の介護がある，里帰り先が遠方で移動が困難であるといった事情で里帰り出産ができない場合，妊産婦やその家族は家事育児をどうやりくりし，生活を維持していくのだろうか．当事者の望むサポートが適切なタイミングで得られないことが家事育児への負担感を生み出し，少子化をもたらす一因となっているのではないだろうか．出産以外にも，家事育児が十分に遂行できない状況を惹起するリスクファクターとして病気や高齢などがあるが，その場合は，誰から，どのようにして，どんなケアやサポートが得られるのだろうか．これが，本章の出発点となる問いである．

　この問いへの答えを模索するために，本章ではドイツに着目したい．ドイツでは，妊娠中や産前・産後のみならず，病気や高齢で家事が遂行できない場合，公的サポートによって家事支援を受けられる．病気の場合は，在宅での看護も受けられる．こうしたしくみが作られたのは，いまから 100 年以上も前の19/20 世紀転換期で，当初は「ホームケア（Hauspflege）」と呼ばれていた．当時のドイツでは，工業化という産業構造の変化とそれに伴う都市化によって地縁・血縁を媒介としたコミュニティが変容する一方，少子高齢化の兆候が見られ，現在の日本が抱える課題に早くも直面していた．

　もっとも，現在の日本が導出しようとしている解決策と当時のドイツで導出された解決策のフレームワークは異なっている．日本では，少子化なら少子化，高齢化なら高齢化といったように，「問題（イシュー）」ごとにアプローチがなされる傾向があるのに対して，ドイツでは，当事者やその家族全体の生活維持という観点から家事支援や在宅での病人看護を行うホームケアが構想された．ドイツにおけるホームケアは，第 1 章および第 2 章で示されている本書の視角，すなわち，ヒューマンサービスという「人の心身や将来に直接的に関わる対人サービス」を「人とその課題を分節化せずに包括的に捉え，当事者を中心に据える統合的アプローチ」として捉え返していく視角にまさに合致する事例なのである．本章ではさらに，こうした視角から捉えられるホームケアについて，

時間という軸を加えて把握する意義を示したい．ホームケアというヒューマンサービスに見られた包括性は，時間の経過に伴う変化を分析対象とする歴史学的な手法によってのみ捉えられるからである．

　本章ではまず，イシュー相互のつながりが明確に意識されず，個別のフレームワークごとに展開されている日本の家事支援の特徴を明らかにしたうえで，日本とは対照的に，ヒューマンサービスとしてのアプローチが一貫して志向されてきたドイツのホームケアについて詳しく見ていく．この事例から，日本社会における家族支援を模索するための示唆を得るのが本章の課題である．

1.2　進行する少子化とその対策

　日本において，出生率低下とそれに伴う子ども数の減少傾向が「少子化」という解決すべき社会的課題だと認識されるきっかけとなったのは，1990年の「1.57ショック」である．前年（1989年）の合計特殊出生率が，丙午（ひのえうま）により過去最低を記録した1966年の合計特殊出生率1.58を下回る1.57であったことが判明し，この事実は大きな衝撃をもって受け止められた[1]．

　政府は，子どもを産み育てやすい環境の整備に向けた対策の検討を開始し，「今後の子育て支援のための施策の基本的方向について（エンゼルプラン）」（1994年）や「エンゼルプラン」の施策を具体化する「緊急保育対策等5か年事業」（1995-99年度）を策定し，育児と仕事の両立支援などを図った．2003年には，少子化対策の基本理念を示す少子化社会対策基本法も制定・施行される．同法によって，少子化社会対策会議が内閣府に設置されただけでなく，翌年には少子化社会対策大綱も閣議決定された．少子化社会対策会議は2004年，より具体的な施策や目的を掲げた「少子化社会対策大綱に基づく具体的実施計画について（子ども・子育て応援プラン）」（2005-09年度）も決定している[2]．

　このように数々の政策が矢継ぎ早に策定・実施されたものの，少子化対策の着手が遅きに失したことは否めず（山田 2020），1997年には子ども数が高齢者人口よりも少ない少子社会となった．「少子社会」とは，人口が増加も減少もしない均衡した状態となる合計特殊出生率の水準（人口置換水準）である2.08を大幅に下回り，かつ子ども数が高齢者人口より少ない社会を指す．さらに2005年には，人口動態統計がとられるようになった1899年以来，初めて出生

数が死亡数を下回り，合計特殊出生率も 1.26 と過去最低を更新した．予想を
はるかに超えるペースで進行する少子化に対しては，新たな対策の策定・実施
がいまなお繰り返されている3)．

　2010 年代以降，一連の少子化対策と関連づけて推進されるようになったの
が地方創生である．少子化対策の起点ともいえる「エンゼルプラン」において
すでに，育児に伴う孤立感や不安感を緩和・解消する施策のひとつとして，地
域による子育てネットワークづくりの推進が掲げられたが，少子化社会対策基
本法や少子化社会対策大綱でも地域レベルでの子育て支援の重要性が示され，
「地方創生法」(2014 年) へと継承されていく．「妊娠期から子育て期にわたる
切れ目ない支援を実施する」ために「母子保健分野と子育て支援分野が（中略）
役割分担しつつ，一体的にサービスを提供」するものとして，「子育て世代包
括支援センター」（法律上の名称は「母子健康包括支援センター」）も法定化され，
市区町村単位でのセンター設置が努力義務となった．その一部をなすのが「産
前・産後サポート事業」と「産後ケア事業」である．

　現在，ガイドラインに基づいて産前・産後のケアやサポートが提供され，事
例の蓄積も進んでいるが，その一方で，いくつかの課題も指摘されている（林
2017）．ひとつは対象範囲の狭さである．「産前・産後サポート事業」や「産後
ケア事業」は特定のリスクを抱えた妊産婦に限定して提供されており，すべて
の妊産婦を対象としたものではない．もうひとつは，家事支援の整備である．
「不安や生活上の困りごと」の軽減を目的に掲げながらも，「産前・産後サポー
ト事業ガイドライン」には，家事支援の除外が明記されている．富山市や吹田
市のように，ガイドラインで定められた範囲を超えて，すでに家事支援に取り
組んでいる市区町村もあるものの，今後取り組むべき課題として家事支援をあ
げる市区町村は多く4)，心身の回復が最優先されるべき産後の女性やその家族
にとって，その整備の全国的展開が急務であることは明らかだろう．

1.3　家事の負担

　そもそも，一般的にどのぐらいの時間が家事に費やされているのだろうか．
日本に居住する 10 歳以上の人について 1 日の生活時間を調査した『社会生活
基本調査』5)によると，家事関連時間は週全体平均で男性が 44 分，女性が 3 時

● 図4-1　配偶関係別家事関連時間（週全体平均）

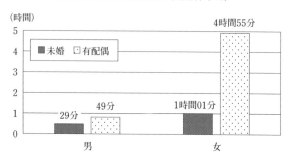

間28分となっている．過去20年間で，男性は増加傾向，女性は減少傾向にあり，男女差は縮小しているものの，依然として大きい[6]．15歳以上を対象に家事関連時間を男女別，配偶関係別に見たデータからも，有配偶女性の家事関連時間が未婚の男女や有配偶男性に比して突出して長いことがわかる（図4-1）．

　家事を効率化・省力化する電化製品の利用が拡大しつつあるにもかかわらず，依然として女性，とくに有配偶女性が家事に費やす時間が長いことについては，女性の労働参加促進という点からも批判がある．これまでの両立支援策は仕事と育児の両立のみに主眼があり，家事にも時間と労力を費やしている実態が等閑視されている，というものである．こうした問題意識から，「家事支援サービス」の整備が進められている（武田2017）．

　「家事支援サービス」とは，「サービスを提供するスタッフが，利用者宅を訪問し，（中略）家事に関する業務（清掃，洗濯，調理など）を（中略）行うサービス」を指す．経済産業省からの委託を請け，25-44歳の女性を対象として野村総合研究所が2014年に実施した調査によれば，「家事支援サービス」を利用していると回答した人の割合はわずか1％，過去に利用した人も含めた既存利用者の割合も3％に過ぎなかった．同調査からは，既存利用者の44％が世帯年収700万以上の共働き世帯であること，既存利用者の約9割がサービスに満足し，継続利用を検討していることが明らかになった一方で，サービス未利用者からは，所得に対する価格の高さや，他人に家に入られることや家事等を任せることへの抵抗感，サービス・商品の質への不安感等が利用しない理由としてあげられた[7]（武田2017）．

　政府は,「家事支援サービス」の利用を促進し, 家事負担を軽減することが必要だとして, 利用者負担の低い「安心な」サービスを供給する体制の構築に向け,「家事支援サービス推進協議会」を設置し, 品質確保について検討を行った[8]. 検討結果を踏まえて「家事支援サービス事業者ガイドライン」が策定されたのち, 2016 年には「安心・安全な」サービス事業者を認定・公表する第三者認証制度として「家事代行サービス認証」が創設され, 現在 11 事業者が認証されている[9]（武田 2017）. 家事支援に従事する外国人材の受け入れも, 東京都や神奈川県, 大阪府などの国家戦略特区で 2017 年から開始されたが, サービス利用世帯数は 2 万強, 回数は約 7 万回で, いずれも増加傾向にあるものの[10], 利用が広く浸透しているとはいいがたい状況にある.

　政府はさらに, 都道府県単位で展開している「子育て支援パスポート事業」[11]において, パスポートを提示すれば「子育て応援価格」で「家事支援サービス」が利用できるよう補助を行っている. しかし,「家事支援サービス」自体は市場を介して供給される民間サービスで, 平均的な所得の世帯には「高額商品」である. たとえば業界大手の I 社で利用したいときだけ利用する「スポット」を 90 分利用した場合, スタッフの移動費も含めて約 7,000 円かかる. 1 回につき 500 ～ 1,000 円の割引や, 定期利用を申し込んだ場合のみ 5% オフといった優待がサービス利用を十分に促進しているとは考えにくい.

　以上に概観したように, 日本の少子化対策は, 地域における育児の社会化を重要な視点のひとつに据えながらも, すべての子育て世帯, とりわけ妊産婦を対象とした, 日常生活にまで射程を広げた包括的なケアやサポートを, 地域というコミュニティの資源を活用しつつ提供するには至っていない. 日常生活のサポート, なかでも家事支援のニーズが生じる状況には病気なども想定されるが, そうしたケアやサポートを普遍的に提供する公的な制度や政策もない.

　本章ではこのような問題意識から, 家事を, 当事者やその家族が日常・社会生活を営むのに不可欠なものと位置づけ, 支援を展開してきたドイツに着目する. ドイツでは, 家事支援と在宅での病人看護がホームケアという名称のもと, 地域をはじめとするコミュニティを単位としたヒューマンサービスとして実践されてきた歴史があるからである.

2. 歴史分析の有効性

2.1 歴史学はいかなる学問か

　歴史学とは，自己を取り巻く現実への何らかの問題関心から出発し，過去との対比を通じて，現在をより良く理解するための学問である．対象となるのは人間の営みに影響を及ぼすものすべてで，他の人文・社会諸科学の対象となるものはもちろんのこと，近年では自然環境など，自然科学の対象も歴史学の射程に入っている（遅塚 2010）．

　歴史学が経済学や法学，政治学，社会学といった隣接する他の学問と異なるのは，対象の取り扱い方である．これらの学問も現実への問題関心を出発点とし，その問題が生じた時点から現在に至るまでの一定の時間幅を分析対象にしている．その点では歴史学と違いはないものの，「対象の歴史性を捨象」する，すなわち，分析のために設定した時間幅を，変化のない均質なものと想定して現状分析や理論・モデルの構築，政策提言を行うのが目的であるのに対して，歴史学は対象を「その歴史性において追求する」，すなわち，時間の経過とともに変化するものと捉え，過去との対比から現実を把握することを目的としている（遅塚 2010）．どれだけ時間が経過しても変化しないものは，その対象の本質と捉えることができるだろう．

　歴史学においては，限りなく現在に近い過去を対象としていても，過去と現在は常に異質なものとして取り扱われるため，現状分析もそれを前提とする政策提言も行うことはできない．その意味で，これらを旨とする学問と歴史学は大きく異なるものの，両者には重なり合うところもある．たとえば，歴史学に隣接する経済学や法学，政治学などの学問には，経済史や法制史，政治史という，それぞれの学問の対象が形成された歴史的過程を研究する下位部門（subdivision）がある．他方，歴史学には，地域や時代，対象ごとに区分された分野（field）がある．つまり，歴史学と隣接する他の学問には共通項があり，相互に補助し合う関係にあるのである（遅塚 2010）．

2.2　データと分析手法

　歴史学で分析に用いられるデータは史料と呼ばれ，文献（文書，書簡，日記など）から統計，画像（絵画，ビラ，ハガキ，地図など），考古資料（遺跡，遺物など）まで，さまざまなものが史料となりうる．分析対象やその対象をよく知る人に対してインタビューを実施し，そこで得られた口頭データを史料として用いるオーラルヒストリーという手法も存在する．史料はまた，一次史料と二次史料に大別されることもある．一次史料とは，ある事象が起こった時代にその時代を生きる者が作成したものを，二次史料とは，後世に生きる者が一次史料をもとに編纂・記述したものを指す．

　歴史学では一般的に，二次史料よりも一次史料が重視される．二次史料は，編纂・記述にあたって一次史料に含まれる情報が取捨選択されるなど，それを編纂・記述する者の主観を介したものとなるからである．もっとも，一次史料もそれを作成した者の主観から完全に自由なわけではなく，さらに歴史研究者が史料に依拠して「歴史的事実」を再構成する際，その主観も介することになる．つまり，「歴史的事実」は「真実」とイコールではない（遅塚 2010）．そのため，複数の史料を照合しながら，最も蓋然性の高い「歴史的事実」を再構成していくのが歴史研究者の仕事となる．その際求められるのは，誰がいつ，どこで，どのような意図でどうやって残したのかという記録のコンテクストも含めて，批判的に史料を検証する態度である．

　歴史研究者は多くの場合，分析対象とする国や地域の公文書館で史料収集を行う．現在とは異なる字体を用いて手書きで記された史料は判読が困難なことがあるため，活字に起こして出版する翻刻が行われたり，昨今では史料のデジタル化も急速に進められたりしているが，現地でしか閲覧・収集できない未公刊のアナログ史料も多いためである．学術的に，より客観的な成果をあげるために行うという意味において，現地での史料収集は歴史学におけるフィールドワークといえるだろう．しかし，史料収集には往々にして大きな困難が伴う．とりわけ，当事者の生活に密着した場でインフォーマルに提供されることも多いヒューマンサービスの領域では，詳細な記録が残されていなかったり，一定期間を経て個票データが破棄されたりすることがある．戦争で焼失した場合もある．

　次節で示す19/20世紀転換期ドイツを中心とした分析は，そうした制約のあるなかで，ホームケアを提供したアソシエーション（ある目的のもと，自発的に結成された民間主導の団体）の活動報告書や行政当局とやりとりした文書，専門家による論考やそこに掲載された図版，人口や行政当局による施策に関する統計など，ホームケアとの関連が予想される一次史料を網羅的に閲覧・収集し，批判的に検証しながら，「歴史的事実」を再構成した結果である．歴史学の視点から分析を行うのは，長い時間幅を設定し，そのなかで生じた変化を明らかにすることで，現状分析のみでは的確に把握できない社会の諸相を照射し，ホームケアというヒューマンサービスの包括性を浮き彫りにできるからである．

3. 19/20世紀転換期ドイツのホームケア[12]

3.1　ドイツ社会国家と「補完性原則」

　ドイツでは現在，一定の条件を満たせば，公的疾病保険の給付として，妊娠中や産前・産後に自己負担なしで家事支援を受けられる．病気や高齢で家事の遂行が困難な場合も，費用の10%（1日あたり最低5ユーロ，最高10ユーロ）を自己負担すれば家事支援を受けることが可能である[13]．ドイツの公的疾病保険は，職域ごとに形成されてきた互助のしくみを踏襲するかたちで構築されており，現在も地域疾病金庫や企業疾病金庫，農業者疾病金庫など，複数の保険者によって運営されている．このうちたとえば，人口のほぼ3分の1をカバーする地域疾病金庫[14]の被保険者がケアサービスの利用を希望する場合，ホームページ上で郵便番号を入力すると，その郵便番号のカバーする地域から近い順にケアサービス施設の所在地やサービスの詳細，その評価が表示され，これらの情報をもとに自由に選択できるようになっている[15]．100万人の被保険者を擁するドイツ最大の企業疾病金庫のひとつであるモービル疾病金庫では，被保険者が自身の隣人や親族に家事支援を委託し，その「対価」を疾病金庫が補償する給付もある[16]．同様の給付は介護金庫にも存在し，要介護者が家事支援も含めた在宅介護を受けた場合，介護保険給付のひとつである介護手当から，家族や親族，隣人などの介護者に対して「対価」を支払うことができる（齋藤 2013, 森 2020）．

　このようにドイツでは，人びとを生活リスクから直接的に救済するケアやサービスが社会保険を軸に提供されている一方で，当事者の意思を尊重し，見ず知らずの事業者ではなく，隣人や親族によるケアを望む場合はそれを保障するなど，社会保険が地縁や血縁によるセイフティネット機能を活性化させる触媒として機能し，コミュニティのなかで問題解決を図ることも可能になっている．こうした当事者の主体性を重んじる制度の原型ができたのは19/20世紀転換期だが，その根拠となるのが「補完性原則」である．

　「補完性原則」とは，ローマ教皇ピウス11世の回勅『社会秩序の再建（Quadragesimo anno）』（1931年）に端を発するカトリックの社会教義を通じて，国家論に導入されたものである．あるイシューが生じた際，まず個人で対処しなければならないが（自助），個人で解決できなければ，家族や地域といった「より小さく従属的な共同体」で連帯して助け合い（互助），それでも解決不能なイシューのみ，「より広範で上位の共同体」である公権力に支援を要請できるものの（共助，公助[17]），その場合も，自治体，州，連邦（国家）という順でより下位のレベルの取り組みが優先される，というものである．国家の役割は限定され，自己責任が基本に据えられるが，政治に求められるのは，人びとに自己責任を突きつけて放任することではなく，人びとが自己責任を行使できる条件を整えることである[18]（山田 1999）．

　「補完性原則」によって自助や互助が優先されるために，ドイツの社会国家（福祉国家）[19]はしばしば，家族主義を特徴のひとつとしているといわれる．こうした議論を展開する代表的な研究者がイェスタ・エスピン゠アンデルセンである．エスピン゠アンデルセンは福祉国家三類型論を提起し，国際的にも大きな影響を及ぼしたが，その影響力の大きさゆえに，数々の批判を惹起することにもなった．批判を受け，改めて展開したのが「福祉レジーム論」である（Esping-Andersen 1999=2000, 1990=2001, 2009=2011）．

　福祉レジーム論では，福祉を生産・供給する主体には国家，市場，家族があり，これら3つの主体が占める比重に応じて福祉レジームの制度構造が決まっていく，という考え方が示された．彼はこのうち，「家族がその成員の福祉に対して最大の責任をもつ」ことを前提とする福祉レジームを「家族主義」と定義した．ドイツは家族主義レジームには含まれないものの，家族の果たす役割

が大きい福祉レジームという評価が一般的である．しかし，「補完性原則」を掲げるドイツ社会国家のもとで想定される互助は，必ずしも世帯や同居の家族によるものだけではない．家事支援の事例が示すように，親族や隣人など，世帯や同居の家族よりは範囲が広く，しかし自治体ほどの規模ではないコミュニティもまた，互助の担い手と位置づけられている．家族にその成員の福祉を丸投げするのではなく，家族の支え合いを前提としながらも，親族や隣人なども含めたコミュニティによる問題解決力を最大化する方向に制度設計がなされているという点で，日本をはじめとした，「家族主義レジーム」にカテゴライズされる他の諸国とは異なっている．

3.2　ホームケアの成立

　ドイツ社会国家の原型となる福祉の取り組み，なかでも家族を対象とした支援が自治体レベルで展開されるようになったのは，1890年代のことである．それまでも，教会の教区を単位とする慈善活動のひとつとして病人看護，とりわけ病気の主婦に対するケアや，その家族の生活維持を目的とした支援が実践されていたが，教区という地理的に限定された地域ではなく，自治体全域で，また，病気の際のみならず，出産などの際にも支援員を派遣すべきだという声の高まりに応じて開始された．当初は「ホームケア」と総称されていたが，現在では「在宅病人看護（Häusliche Krankenpflege）」と「家事支援（Haushaltshilfe）」に分けられ，それぞれ社会法典第5編37条，38条で規定される保険給付である[20]．

　商業・金融の中心都市フランクフルト・アム・マインにおいて，市域全体でホームケアを実践するボランタリー・アソシエーションが1892年に創設されたのを端緒として，首都ベルリン（1897年）やベルリンに次ぐ第二の大都市に発展したハンブルク（1899年），ザクセン王国の首都として栄えていたドレスデン（1902年），日本の方面委員（現在の民生委員）制度のモデルとなった救貧制度が考案されたことで知られているエルバーフェルト（1907年），ドイツの工業化を牽引した都市のひとつであるデュッセルドルフ（1909年）などでも同様のアソシエーションが立ち上げられ，第1次世界大戦前夜には40を超える自治体でホームケアが実践されるに至った．組織化が生じた背景には，社会保

険制度の成立がある.

　ドイツでは, 工業化とそれに伴う都市化の進展によって生じた政治や経済, 社会の変化に対応するために, 世界に先駆けて近代的な社会保険制度, すなわち, ①疾病保険, ②労災保険, ③廃疾・老齢保険（のちに「年金保険」となる）という 3 つの社会保険が 1880 年代に整備された. しかし,「労働者保険」とも呼ばれたように, 成立当初の社会保険は男性を中心とした労働者本人のみを被保険者とするもので, その範囲は限定されており, 被保険者となりえた女性はごく少数だった. しかも, 労働者保護という観点から産前・産後の労働を禁止した営業法も, 病気に起因する労働不能時の所得を保障する疾病手当や産前・産後の労働禁止期間中の所得を保障する出産手当を規定した疾病保険法も, 家庭外での稼得労働に対するものであり, 産前・産後や病気であっても, 家事育児という家庭内のアンペイド・ワークから解放されるわけではなかった. なかでも, 自らの経済力では家政婦を雇えない低所得層の既婚女性にとっては, 家事育児のやりくりが切実な問題となっていた. こうした状況を改善するために, 食事の準備や掃除, 洗濯に加え, 産前・産後や病気の女性やその子どもの世話なども担う支援員を派遣したのがホームケアである.

　支援員は, どのようなプロフィールの人たちだったのだろうか. たとえばハンブルクでは, 要支援世帯と同じ社会階層に属する年配女性が有給で雇用された. その多くは, 近隣に居住する住民であった. 支援員の選出にあたって同じ社会階層出身であることが重視されたのは, 同じ社会階層の支援員であれば, 要支援世帯の家政を熟知していると考えられたからであり, 一方的な支援によってその世帯の生活様式が大きく変わることがないよう配慮がなされた. あくまでも当事者である世帯の目線から支援が構想されたのである. 支援員は専門的知識を有していなかったため, 必要に応じて看護師や助産師が派遣されることもあった. デュッセルドルフのように, 支援員として採用する前提として, 養成コース受講を課していた事例も存在する. デュッセルドルフでは, 貧困化リスクの高い低所得層の年配女性を雇用することで, 支援員自身の貧困を予防するという副次的効果も期待された. ソーシャルワーカーなど, 女性の専門職化が進む前の第一次大戦前夜にあって, 支援員という雇用の創出は女性たちのエンパワメントという側面ももっていたのである.

　紙幅の都合で過程を詳しく示すことはできないが, 分析・考察の結果, 産前・産後の家事支援を中心に展開された第 1 次世界大戦前夜のホームケアは, 工業化や都市化に伴って他の都市や農村からある都市へ移住してきた, あるいはその都市のなかで転居したものの, 同居・近居する血縁者もいなければ, 近隣住民とのつながりもいまだもちえない孤立した家族をターゲットに, 同じ社会階層出身という当事者性を担保しつつ, 地域による支援のネットワークに包摂する試みであったことが明らかになった (馬場 2021). このように特徴づけられるホームケアが予防のための公助から権利性を伴う共助へと再定義されるきっかけとなったのは, ライヒ保険法である.

3.3　社会保険の普遍化とホームケア

　1911 年に公布されたライヒ保険法は, 今日に至るまでいく度にも及ぶ追加や修正がなされたものの, ドイツの社会保障の基軸となっている法律である. 1880 年代に成立した疾病, 労災, 廃疾・老齢の 3 つの社会保険立法において相互の関連性や整合性が欠如している点などへの批判から改正がなされ, 成立したものだが, 同法第二編「疾病保険」の規定する疾病手当や出産手当にホームケアが組み込まれ, 被保険者の権利として保障されたのである (図 4-2). 被保険者男性の妻に対する出産手当や, 被保険者家族に対する病人看護も規定され, 被保険者でなくともホームケアを受けられる可能性も拓けた. これらはいずれも, 疾病金庫の裁量に任された任意給付であり, 運用実態は疾病金庫により異なっていたが, 給付の拡充はその後も進展し, 第 1 次世界大戦を経て 1920 年代には, 被保険者本人の疾病, 労災, 廃疾・老齢, 失業に加え, その家族・遺族の疾病や出産などもカバーする, 包括的な社会保険を核とした社会国家が整備されるに至る.

　社会保険給付が拡大するプロセスで着目すべきなのは, 労働観の転換である. 成立当初の社会保険は, 一定の要件を満たす稼得労働に従事する者のみを対象としていたが,「家事育児を担う女性が稼得労働に従事している男女より価値がないわけではない」ため, 稼得労働になぞらえて, 出産や病気などで家事育児を遂行できない状態が「労働不能」と捉えられるようになり, その間の保障, すなわち家事育児を代行する支援員を派遣するホームケアが給付に組み込まれ

●図4-2　社会保険とホームケアの関係

注：ある生活リスクが貧困をもたらした後に公的支援を行ったのが公的救貧である.

た. アンペイド・ワークの社会的承認が進んだのである（馬場 2021）.

　1910 年代，とりわけ第 1 次世界大戦の前後に生じた動きとしてもう一点指摘できるのは，ホームケアの主な対象がシフトしたことである. 大戦前は妊産婦のいる家族への家事支援や産前・産後のケアを行ったケースが多かったのに対して，大戦後は病人のいる家族への家事支援や病気の際のケアが主眼となった. 高齢で家事を遂行できなくなった家族に対する家事支援の割合も増大した.

　その背景にあったのは，人口動態の変化である. コレラや腸チフスなどの急性感染症が減少する一方で，循環器疾患や悪性新生物などの慢性疾患が増加する，疾病構造転換が進展したのである[21]. 急性感染症の減少は死亡率を低下させ，平均寿命の伸長をもたらした一方で，19/20 世紀転換期から生じていた出生減少の影響で，高齢化も進展させた. 高齢者単居や高齢夫婦世帯の割合が急増するなか，施設への入所や生活の崩壊を回避するために，高齢で家事が遂行できなくなった家族にも家事支援を提供すべきだという認識が生じた.

　在宅病人看護としてのホームケアの役割も増大した. 直ちに死に至ることはないものの，発生から終息まで数ヵ月から数年を要する慢性疾患に罹患している人の割合が上昇し，そうした患者が長期入院することで，治療や入院がより必要な患者を病院に収容する余裕がなくなってきた点が問題視されたからである. こうして，急性だが経過が穏やかな非感染性疾患の患者や，ケアは必要だが入院の必要はない慢性疾患の患者，病院での治療が終了した回復期の患者は極力家庭でケアすることが推奨された. たとえばベルリンでは，行政を統括す

る市参事会で 1926 年に可決された決議に基づき，医師の監視のもと，病人看護の専門教育を受け，国家資格を取得した看護婦が患者の家庭に派遣され，ケアが実践されるようになった．

　以上，ホームケアという事例を通じて，ドイツでは，事業者より家族や隣人，施設より在宅という原則のもと，家族や隣人，地域の役割を重視しながら，当事者の生活に即してサポートを行うヒューマンサービスが展開されてきたことを歴史的に紐解いた．この一連の過程から，ホームケアというヒューマンサービスの起源が 19/20 世紀転換期にあったことを理解できるのである．

4. 歴史分析から見るヒューマンサービスとコミュニティ

4.1　日本への示唆

　ドイツでは，19/20 世紀転換期から漸次的に減少していた出生数が 1960 年代半ばに急激に減少し，1970 年代に入ると人口減少の局面に突入した．合計特殊出生率も人口置換水準を大幅に下回る 1.5 を割り込み，それ以来多少の増減はあるものの，少子化の著しい改善は見られていない[22]．高齢化対策も万全とはいえず，1970 年代以降の社会国家は常に「危機」と隣り合わせの状態にある．その意味で，ドイツは決してパラダイスでないことに留意する必要があるだろう．

　しかし，出産や病気，高齢などのライフステージの変化や，それに伴う生活リスクに直面した当事者を中心に据え，当事者が可能な限り在宅で自立し，自己決定に基づいた生活を送れるよう支援を構想している点，その際，制度的には疾病保険や介護保険という共助の枠組みではありながらも，家族や隣人，地域といったコミュニティの役割を重視し，可能な限り互助を促進するものとしてヒューマンサービスを提供する視座は，今日の日本に有益な示唆をもたらすのではないだろうか．そこで尊重されるのは，支援する側からされる側への一方通行的な支援ではなく，支援する側とされる側の権利を相互に認め合う対等な関係であり，その相互作用のなかで展開される支援のあり方である．

　もちろん日本でも，高齢者を対象とする地域包括支援センターや第 1 節で言及した子育て世代包括支援センターなど，地域というコミュニティを単位とし

た支援・サービス体制は整備されつつある．現時点では利用が一般的になって
いるとはいえない市場ベースの家事支援サービスについても，その利用を促進
する公的サポートが存在する．しかし，支援される側から見ると，支援によっ
て生活上の困難がすべて十分に解決しているわけではなく，また，支援する側
から見ても，社会保障費をさらに増大させての充当は非現実的であり，現在あ
る資源を活用することでしか，次の一手を打ち出せない状況にある．このよう
な状況に鑑み，社会保険という国家レベルの制度の枠内であっても，実質的な
サービス提供における国家の役割が限定され，コミュニティの連帯を通じてイ
シューの解決を図ってきたドイツの事例を参照しながら，国家や市場，家族と
いう福祉供給主体の比重や，互助・共助・公助の役割分担と優先順位をいま一
度検討してもよいのではないだろうか．誰もが当事者になりうるという想定の
もと，生活維持という最も基本的なニーズに応えることを最優先した制度設計
は，今後の日本にとって大いに参考になると筆者は考えている．

4.2　歴史分析の意義

　もう一点強調したいのが，長い時間幅で社会の諸相を捉えることの重要性で
ある．ある事象の本質は，5 年，10 年といった短い時間で切り取って注目した
だけでは見えてこないことも多い．たとえばドイツの介護保険が 1995 年の制
度開始時点から介護手当という現金給付を導入し，家族による介護を中心に据
えつつ，それを支援するものとして介護サービスを位置づけたことについて，
宮本（2017）は，「将来の介護需要の動向を見据えた制度設計であり，それに
よって介護保険費の抑制が可能になった」という評価をしている．

　しかし，介護手当の導入は，「将来の介護需要の動向を見据えた」から行わ
れたわけではない．本章で示したように，ドイツでは，私領域におけるアンペ
イド・ワークが公領域での稼得労働に匹敵するものとみなされていた．その対
価として賃金が支払われることはないものの，給付を受給する権利として正当
化し，ケアの担い手を社会的に承認するという理念のもと，社会国家が構想さ
れてきたのである．こうした視点は現状分析から明らかにするのは難しく，歴
史分析によってのみ見えてくる．

　本章では，歴史学の分析手法を用いて，長いスパンで社会を捉えることの有

効性を示しつつ，日本とは異なるフレームワーク，すなわち当事者の生活維持を起点としたヒューマンサービスを展開してきたドイツとの比較から，日本が現在抱えるイシューを解決するための示唆を得ることを試みた．歴史学は，現状分析や政策提言に直接的にコミットすることはできない．とはいえ，歴史学の営みと，ヒューマンサービスとコミュニティという領域の研究者・実践者が立脚する他の学問の営みは重なり合っており，互いに参照し，利用し合うことで見えてくることも多い．本書の読者の皆さん自身が歴史分析を行う必要は必ずしもないし，歴史分析から得られた示唆がすぐさま研究や実践に役立つとは限らないかもしれない．しかし，ある事象の時間の経過に伴う変化を重視する歴史学の視点をとり入れることで，新たな研究の着想や解決策の手がかりが得られることもあるだろう．それぞれの社会の経路依存性を踏まえつつ，日本なりの解決策を模索していくことが，いま求められているのではないだろうか．

【注】

1）内閣府（2004），『平成 16 年版少子化社会白書』（https://www8.cao.go.jp/shoushi/shoushika/whitepaper/measures/w-2004/pdf_h/pdf/g1010100.pdf）.

2）内閣府（2020），『令和 2 年版少子化社会対策白書』（https://www8.cao.go.jp/shoushi/shoushika/whitepaper/measures/w-2020/r02pdfhonpen/pdf/s2-1-1.pdf）.

3）内閣府（2004），『平成 16 年版少子化社会白書』，内閣府（2020），『令和 2 年版少子化社会対策白書』.

4）厚生労働省『令和元年度子育て世代包括支援センターの事例集』（https://www.mhlw.go.jp/content/000608952.pdf）.

5）総務省統計局（2017），『平成 28 年社会生活基本調査―生活時間に関する結果―結果の概要』（https://www.stat.go.jp/data/shakai/2016/pdf/gaiyou2.pdf）．なお，「家事関連時間」とは家事，介護・看護，育児，買い物にかかった時間の合計を指す.

6）1996 年：男性 24 分，女性 3 時間 34 分，2001 年：男性 31 分，女性 3 時間 34 分，2006年：男性 38 分，女性 3 時間 35 分，2011 年：男性 42 分，女性 3 時間 35 分，2016 年：男性 44 分，女性 3 時間 28 分となっている.

7）経済産業省（2014），「平成 26 年度女性の活躍推進のための家事支援サービスに関する調査報告書」（https://warp.da.ndl.go.jp/info:ndljp/pid/11473025/www.meti.go.jp/meti_lib/report/2015fy/000144.pdf）.

8）首相官邸（2014），「『日本再興戦略』改訂 2014 ―未来への挑戦―」（https://www.kantei.go.jp/jp/singi/keizaisaisei/pdf/honbun2JP.pdf），経済産業省（2014），「家事支援サービスについて」（https://www.kantei.go.jp/jp/singi/keizaisaisei/bunka/koyou/dai7/siryou8.

pdf）.

9）2021 年 7 月末時点．一般社団法人全国家事代行サービス協会「家事代行サービス認証事業者一覧」（http://kaji-japan.com/nintei_entry.php）.

10）2021 年 7 月末時点．内閣府国家戦略特区「外国人家事支援人材の活用」（https://www.chisou.go.jp/tiiki/kokusentoc/pdf/punch/t3-1.pdf; https://www.chisou.go.jp/tiiki/kokusentoc/pdf/punch/y3-1.pdf; https://www.chisou.go.jp/tiiki/kokusentoc/dai43/shiryou2_1.pdf）.

11）内閣府「子育て支援パスポート事業」（https://www8.cao.go.jp/shoushi/shoushika/passport/pass_tenkai.html）.

12）本章第 2 節および第 3 節の叙述は，拙著・馬場（2021），『近代家族の形成とドイツ社会国家』晃洋書房の序章，第三章，第四章に依拠している．史料の出典や詳しい分析・考察については拙著を参照されたい．

13）ただし，介護保険における要介護度 2 を超えない場合のみで，これを超える場合は介護保険の対象となる．病気の場合には，在宅病人看護という選択肢も用意されている．Bundesgesundheitsministerium（https://www.bundesgesundheitsministerium.de/schwangerschaft-krankenversicherung.html; https://www.bundesgesundheitsministerium.de/haushaltshilfe.html）; AOK（https://www.aok.de/pk/uni/inhalt/haushaltshilfe-1/）

14）AOK（https://zuwanderer.aok.de/startseite/gesund-in-deutschland/ihre-gesundheitsshyversorgung-in-deutschland/krankenversicherung-in-deutschland）.

15）AOK（https://www.pflege-navigator.de/）.

16）ただし，2 親等以内の血縁または婚姻関係にある人から家事支援を受けた場合，疾病金庫は必要な旅費と家事支援への従事によって損失した所得のみを補償．Mobil Krankenkasse（https://mobil-krankenkasse.de/unsere-leistungen/pflege/haushaltshilfe.html）.

17）共助とは互助を制度化したもので，社会保険制度など，費用負担をもとに相互に支え合うしくみを，公助とは，自助や互助，共助では対応できない場合に，公的機関が税などを投じて支援するしくみを意味する．

18）AOK（https://aok-bv.de/lexikon/s/index_06437.html）.

19）「福祉国家」という語には庇護的な意味合いが伴うため，ドイツではあまり用いられず，「社会国家」と呼ばれる．

20）Bundesministerin der Justiz und für Verbraucherschutz（https://www.gesetze-im-internet.de/sgb_5/__37.html; https://www.gesetze-im-internet.de/sgb_5/__38.html）.

21）日本では，疾病構造転換が生じたのは第 2 次世界大戦終結後だといわれている．

22）Statistisches Bundesamt（2019），Statistisches Jahrbuch 2019（https://www.destatis.de/DE/Themen/Querschnitt/Jahrbuch/statistisches-jahrbuch-2019-dl.pdf.jsessionid=3EAF5DC3F5D0DD9AD269E952644A17AE.live712?__blob=publicationFile）.

コラム7　新たな発想に基づく社会保障行政の展開

　社会保障とは何か．これについては，1993年の社会保障制度審議会社会保障将来像委員会第一次報告の「国民の生活の安定が損なわれた場合に，国民にすこやかで安心できる生活を保障することを目的として，公的責任で生活を支える給付を行うもの」という定義がよく引用されてきた．医療保険であれば主として医療サービス，年金であれば現金という保険給付が行われるのであり，たとえば健康保険法の目的も「保険給付を行い，もって国民の生活の安定と福祉の向上に寄与すること」（第1条）だとされている．つまり「給付」が社会保障の中核と位置づけられてきたわけである．

　しかしながら，現在のわが国においては，この定義・枠組みを超える，つまり「給付がその中核ではない」社会保障が次々と展開されている．

　その一例は2015年にスタートした「生活困窮者自立支援制度」である．厚生労働省ホームページ「制度の紹介」では「生活全般にわたるお困りごとの相談窓口が全国に設置されています」と説明されている．根拠法である生活困窮者自立支援法第3条に「生活困窮者」等の定義規定があるにはあるが，さまざまな人が含まれるよう広く解釈できる形で書かれている．このように，理由を問わず困っている人の「お困りごとの相談」を受け付け，単なる現金給付という解決法ではなく，行政や地域がもつリソースを駆使してその課題について長期的かつ本質的な解決に導くための支援をするという制度であるが，他にも大きな特徴がある．厚生労働省が公表している「自治体事務マニュアル」では，「地域ネットワークから支援対象者に関する情報を把握できるようにし，必要に応じて訪問支援（アウトリーチ）を行うことが重要」とされている．言い換えれば，相談に来ない人であっても困っていれば行政の側が把握して支援しにいくべきということである．つまりこの制度はどの観点から見ても「定義・限定された対象者に対してのみ定められた給付を行う」という従来型の制度ではないのだ．同法の目的も「自立の支援に関する措置を講ずることにより，生活困窮者の自立の促進を図ること」（第1条）とされ，「給付を行う」という他法の文言と書き分けられている．

　こういったいわば「新しい」社会保障のなかで，地域コミュニティと最も関わりが深く，人々の身近な存在となりつつあるのが「地域包括ケアシステム」である．厚生労働省のホームページでは次のように説明されている．「2025年（令和7年）を目途に，高齢者の尊厳の保持と自立生活の支援の目的のもとで，可能な限り住み慣れた地域で，自分らしい暮らしを人生の最期まで続けることができるよう，地域の包括的な支援・サービス提供体制（地域包括ケアシステム）の構築を推進しています．」　要するに，人生の終期を施設等に長期間入所して「世話をされる人」として過ごすのではなく，生活者としてできる限り地域で生活し続けましょうという方向性である．

　地域包括ケアシステムを推進する背景について，厚労省自身が上記と同じページで，

75歳以上の高齢者が今後も中期的には増加し続け，それに伴い医療と介護の需要も増加し続けることを挙げている．しかし，「今後進行する（少子）高齢化社会において病院や介護保険施設で医療・介護サービスを提供し続けることは困難なので，このような新しいコンセプトが必要になった」という理解は一面的過ぎる．より大きな文脈でいえば，先ほど例にあげた生活困窮者自立支援制度が必要になったのと同様，「ある特定の社会課題（貧困，医療の必要性，子育ての困難性等）を個々に解決するため，対象者に個別の給付（金銭，医療サービス等）を行う」という社会保障の従来の政策手法が限界を迎えたということである．

　そもそも社会保障制度，ひいては政府の究極の目的は，給付を行うことではなく「国民をより幸福にすること」である．かつては「病気や怪我を治療する制度・施設」「介護が必要な高齢者への介護サービスの提供」といった課題への個別対応により，人びとの幸福度は増した．しかしながら，かなりの長寿化が達成され，また各分野をカバーする社会保障各システムも相当程度整備された現在のわが国において，残された課題は従来の発想では対応できないものが多くなっている．例外的に長生きをしたごく一部の人ではなく，ほとんど皆が人生の終期に介護を必要とするようになったいま，「施設で世話をされるのではなく，自分でできることをして生活し続ける」という人びとの普通の願いを実現することが必要になった．そのための地域包括ケアである．つまり地域包括ケアは，施設不足への対応と，高齢者に対するより人間らしい生活の保障すなわち人びとのより幸福な人生の実現の両方を同時に達成する切り札となる施策である．

　この施策の実現には，在宅医療の提供体制や介護サービスのキャパシティを拡充すること，さらに医療と介護に当たる医師・看護師・介護士の連携・情報共有がスムーズに行われることが肝となる．しかしこれらのことは「適切なサービスが受けられる」という，地域包括ケアの実現の必要条件に過ぎない．高齢者が地域で過ごし続けるには，その地域はバリアフリーといった観点からも住みやすいものでなくてはならないし，高齢者が社会と関わり続けることができる居場所や就労の場が必要である．これは，「高齢者に対し，医療保険と介護保険でどのような医療・介護サービスを提供するか」という次元を超えて，地域そのもの，コミュニティそのものをデザインするという発想が，社会保障行政に必要になってきたということを意味する．

　社会保障は，もはや「定義された対象者に対して定められた必要な給付を行う」というものではなく，「困っている人みなを救う」（生活困窮者自立支援制度），「人びとをより幸福にするために地域とコミュニティ自体をデザインする」（地域包括ケア）といった，まったく新しい発想に基づいたものにかたちを変え，すでにそのような施策が展開されているのだ．わが国の社会保障行政は新たなステージに入ったといえるだろう．

（星田淳也）

コラム8　シェアハウスでの子育て

　地域コミュニティのなかで子どもが育つということが，現代社会において見られにくくなってきた．また，核家族化や家族の多様化が進むなかで，いわゆる「ワンオペ育児」「孤育て」という育児環境の課題に関するフレーズもよく聞かれる．そうしたなかにあって，家族以外の他者と共同生活を送りながら育児をするケースが近年見られるようになってきた．こうした可能性を示す事例が「シェアハウスでの子育て」である．

　そもそも「シェアハウス」とは何だろうか．定義はさまざまあるが，一般的には「台所，風呂，トイレを協同で利用する Shared Housing の形態」で他人がともに住む住居形態だと捉えられる（上野ほか 2011）．これらは事業者が住戸を用意し，運営にも介在する形態（事業者介在型）と，複数人が自発的に住戸を借り，生活も自ら運営する形態（自主運営型）の2種類に大別される．現在，事業者介在型のシェアハウスだけでもおよそ 5,000 棟，ベッド数はおよそ 60,000 床あるという（一般社団法人日本シェアハウス連盟「シェアハウス市場調査 2021 年度版」）．仮に稼働率が 75% だとすると，およそ 45,000 人が暮らす計算だ．その多くが 20 代の若者単身者である（国土交通省住宅局（2018）「共同居住型住宅の居住・運営実態調査報告書」）．こうした広がりのなか，近年では，結婚，出産とライフステージが変わっても他者との暮らしを選び，とくに自主運営型のシェアハウスで共同生活をするケースが見られるようになってきた．

　シェアハウスでの暮らしは，現代社会で課題化した育児への多様な解決策を示唆している．実際，孤立した育児環境では，日頃ひとりでの外出はおろか，トイレさえままならない．さらに，外部から遮断された生活のなか，親が孤独を感じ，言うことを聞かない子どもに対して，イライラして大きな声をあげてしまう，最悪の場合，虐待などの悪循環につながりかねない．何より自身に何かあった際の緊急時に，助けが求められない．シェアハウスでの育児のひとつの意義は，こうした困難に対し複数の大人のなかで育児をする点にある．筆者は，シェアハウスでの育児の生活実態を把握するため，主に都市圏の5ヵ所のシェアハウスの住人（主に2～5歳の幼児を育てる親と，子どもにとって親族ではない住人）に対するインタビュー調査と参与観察を 2019 年に実施した．その結果から，こうした暮らしが親にもたらす意義として「手段的サポート」と「情緒的サポート」が豊富にあることが見えてきた．

　手段的サポートとしては，日常的に住人が子どもの遊び相手となり親の負担が減るだけではなく，たとえば親が救急車で運ばれた際，親以外の住人が子どもを保育園まで迎えに行き，食事を与えたなどの事例や，コロナの影響で保育施設が休みとなるなか，住人含めて交代で子どもの面倒を見るなどして乗り切ったなど，緊急時のサポートの話も聞かれている．また情緒的サポートとしては，子どもが癇癪をおこしても複数の大人がいることで親自身が落ち着いて子どもと接することができること．また，乳幼児の育児

中は移動に制限があるため，交友関係が近所のママ友などの限定されたコミュニティとなりがちだが，シェアハウスでは，自宅内で子どもとは無関係な会話ができるため，とくに仕事をもつ母親たちからは社会からの孤立感が軽減されるなどの声が聞かれた．

　一方で興味深いのは，親ではない住人にもこの暮らしのメリットがある点だ．兄弟や親戚付き合いが減った現代社会では，育児を間近で見る経験がほとんどなく，育児の大変さがわからないまま育児本番を迎える．対して，シェアハウスでは事前にその生の経験が共有できる．親族ではない住人も，「育児と仕事の両立の大変さを目の当たりにして，現職の育児休業制度について調べるなど，将来を具体的にイメージするようになった」，「電車で子どもが泣いていても，"うるさいな"ではなく"大丈夫かな"という気持ちに変わった」など，育児の大変さを身近に感じることで，自身の将来に向けての準備や，社会にいる子どもに対しての気持ちの変化へとつながっていると話す．

　ただ「育児負担」という点だけを見れば，その親と親族ではない住人とでは，片務的で不公平な関係にも見える．たとえば，住人が親の代わりに子どもと遊び，親の負担が減った場合にも，親が住人に対して金銭を支払うことや，住人の分まで家事を多く行うなどは見られない．またそもそも子どもは日常的に大きな声を出す，散らかす，走り回るなどをするため，集合住宅などでは住戸間での騒音トラブルなどが頻繁に発生する．実際，シェアハウスにおいても，休日の早朝に子どもの声で起こされるなどの声が聞かれた．つまり，幼児と同じ空間に暮らしているだけで，親ではない住人は負担を強いられていると考えられる．それなのに，その生活のなかで育児負担はギブアンドテイクではなく，むしろ不等価な交換関係が許容されている．

　それだけではない．自主運営型のシェアハウスでは，ゴミ出し，共用部の清掃，消耗品の買い出しなどを自分たちで行う必要があり，育児のみならず，家事負担などをめぐり多くの不等価な交換が発生している．たとえば，共用の風呂の掃除は交代で行うことはせず，気になった人がその都度行うというシェアハウスが多い．結果として特定の人物が毎回行うことになっても許容しあう．なぜなら，役割分担を厳しく課すことで監視し合う窮屈な関係性となれば，結果として退去者が増えるからである．実際，取材先のシェアハウスでは，シェアハウス開始直後，家事分担などの不公平さから，一時的に住人の関係が不和になる経験をしていた．しかしその後，そのような状況を打開するために，公平さを追求するのではなく，家事や育児の不等価な交換関係に寛容であることが，シェアハウスの価値観（規範）として選択される．この価値観があるがゆえに，他者の育児負担をも寛容に受け入れることができて，その共同生活が成立する．

　ともすれば「育児＝自己責任」論が当たり前に叫ばれる現代社会．親族が身近にいない場合，近隣住人にも頼れず，親子だけでその育児を抱えがちだ．そうではなく，親子が身近な他者に甘えることが可能となり，他者もそれに寛容となれば，育児課題解決の糸口となる．その可能性をシェアハウスでの育児のなかに見出すことができる．

（福澤涼子）

第5章

健康でいきいきと働くための支援
〜職場と地域での実践プログラムの立案と評価

島津明人

1. 働くことと健康

1.1 職場のメンタルヘルス対策の変遷

職場におけるメンタルヘルス対策では，うつ病などのメンタルヘルス不調の未然防止（第一次予防），早期発見・早期対応（第二次予防），メンタルヘルス不調により休業した従業員の適切な復職支援・再発予防（第三次予防）が行われている．事業所のなかにも，厚生労働省の「労働者の心の健康保持増進のための指針」などに基づいて，従業員や管理監督者への教育・研修，相談体制の整備，職場復帰支援体制の整備など，メンタルヘルス対策に取り組む企業が増えてきた．最新の調査[1]では，全国の事業所のうち 61.4％がなんらかのメンタルヘルス対策を行っており，とくに，従業員数 1,000 人以上の事業所では，その実施率が 98.2％以上に達している．

一方，わが国では，日本再興戦略において健康経営[2]の推進が重点化されるなど，経営戦略の一部として労働者の健康支援に取り組む動きが加速している．その他，働き方改革，治療と就労の両立支援，仕事と子育て・介護との両立支援，高齢者や女性の就労促進などの動きが活発化しており，多様な人材が「いきいきと働く」ことができる環境整備が，これまで以上に求められるようになった．

国際的に見ると，国際連合（国連）[3]による持続可能な開発目標では，「3.

すべての人に健康と福祉を」「8. 働きがいも経済成長も」に見られるように，健康，働きがい，経済成長は世界共通の開発目標に位置づけられている．また，世界保健機関[4)]は，2017 年の世界メンタルヘルスデーのテーマとして「職場のメンタルヘルス」を取り上げ，経営者や管理職は，健康の増進と生産性の向上に関わる必要があると述べている．

　これらの変化は，2 つの重要なことを意味している．ひとつは，働く人のメンタルヘルス問題は，労働者個人の問題としてではなく，職場や地域などのコミュニティ，さらには社会全体の問題として取り組む必要があること．もうひとつは，職場のメンタルヘルス活動の目的を，精神的不調への対応やその予防にとどめるのではなく，組織や個人の活性化も視野に入れ，広い意味での労働者の「こころの健康」の支援につなげることである．

1.2　ワーク・エンゲイジメントへの注目

　心理学では 2000 年前後から，人間の有する強みやパフォーマンスなどポジティブな要因にも注目する動きが出始めた．このような動きのなかで新しく提唱された概念のひとつが，ワーク・エンゲイジメント（Work Engagement: Schaufeli, et al. 2002, 島津 2014）である．

　ワーク・エンゲイジメントとは「仕事に誇りややりがいを感じている」（熱意），「仕事に熱心に取り組んでいる」（没頭），「仕事から活力を得ていきいきとしている」（活力）の 3 つがそろった状態であり，バーンアウト（燃え尽き）の対概念として位置づけられている（Maslach and Leiter 1997）．バーンアウトした従業員は，疲弊し仕事への熱意が低下しているのに対して，ワーク・エンゲイジメントの高い従業員は，心身の健康が良好で，生産性も高いことが明らかにされている（Goering, et al. 2017, Halbesleben 2010）．

　図 5-1 は，ワーク・エンゲイジメントと関連する概念（バーンアウト，ワーカホリズム）との関係を図示したものである．図 5-1 では，ワーカホリズムとバーンアウトとが，「活動水準」と「仕事への態度・認知」との 2 つの軸によって位置づけられている．図 5-1 を見ると，ワーク・エンゲイジメントは，活動水準が高く仕事への態度・認知が肯定的であるのに対して，バーンアウトは，活動水準が低く仕事への態度・認知が否定的であることがわかる．つまり，ワ

●図5-1　ワーク・エンゲイジメントと関連する概念

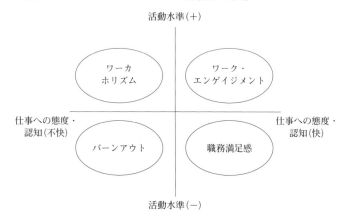

ーク・エンゲイジメントの高い人は，仕事に誇りややりがいを感じ，主体的に取り組み，いきいきと働いているのに対して，バーンアウトした人は，仕事でエネルギーを使い果たし，疲れ果て，仕事への熱意や自信が低下しているのである．また，「過度に一生懸命に強迫的に働く傾向」を意味するワーカホリズム（Schaufeli, Shimazu, and Taris 2009）は，活動水準は高いものの仕事への態度が否定的である点で，ワーク・エンゲイジメントと異なることがわかる．両者の違いは，仕事に対する（内発的な）動機づけの相違によっても説明することができる（Schaufeli, et al. 2002）．すなわち，ワーク・エンゲイジメントは「仕事が楽しい」「I want to work」という認知によって説明されるのに対して，ワーカホリズムは「仕事から離れたときの罪悪感や不安を回避するために仕事をせざるをえない」「I have to work」という認知によって説明される（Shimazu and Schaufeli 2009, Shimazu, et al. 2012, 2015）．ワーク・エンゲイジメントは「夢中型の努力」によって，ワーカホリズムは「我慢型の努力」によって記述されるといってもよいだろう．

2.　ワーク・エンゲイジメントを高めるには

ワーク・エンゲイジメントは，心身の健康と生産性の両方に関連する概念で

ある．つまり，ワーク・エンゲイジメントを高めることで，健康の維持増進と
生産性の向上を同時に進められるのである．そのため，ワーク・エンゲイジメ
ントは，産業保健と経営とをつなぐ鍵概念として，近年，とくに注目されてい
る．

　では，どのようにしたらワーク・エンゲイジメントを高めることができるだ
ろうか？　その鍵となるのが，仕事の資源と個人の資源である．これらは，仕
事や個人のもつ強みといってもよいだろう．仕事の資源とは，仕事において，
(1) ストレッサーやそれに起因する身体的・心理的コストを低減し，(2) 目標
の達成を促進し，(3) 個人の成長や発達を促進する機能を有する物理的・社会
的・組織的要因である（Schaufeli and Bakker 2004）．他方，個人の資源とは「自
分を取り巻く環境を上手にコントロールできる能力やレジリエンスと関連した
肯定的な自己評価（Hobfoll, et al. 2003）と定義されている．これまでの理論研
究では，それぞれの資源が充実するほどワーク・エンゲイジメントが高まり，
その結果，健康や生産性の向上につながることが明らかにされている（Goer-
ing, et al. 2017, Halbesleben 2010）．つまり，仕事や個人のもつ強みを伸ばすこと
で，ワーク・エンゲイジメントが高まり，健康や生産性の向上につながるので
ある．

2.1　仕事の要求度 – 資源モデル

　図5-2 は，ワーク・エンゲイジメントを鍵概念とする「仕事の要求度 – 資源
モデル」（Schaufeli and Bakker 2004）を示したもので，「動機づけプロセス」と
「健康障害プロセス」の2つのプロセスから構成されている．上で述べた仕事
の資源／個人の資源→ワーク・エンゲイジメント→健康・組織アウトカムの流
れは，「動機づけプロセス」といわれ，図の下半分に描かれている．一方，仕
事の要求度（仕事のストレス要因）→ストレス反応→健康・組織アウトカムの
流れは「健康障害プロセス」といわれ，図の上半分に描かれている．

　従来の産業保健では，この「健康障害プロセス」に注目し，仕事の要求度に
よって生じたストレス反応を低減させ，健康障害を防ぐことに専念していた．
つまり，仕事のなかでストレスの症状を引き起こしそうな要因を同定し，それ
らを取り除くことで，健康への悪影響を防ごうとしていたのである．しかし，

●図5-2　仕事の要求度−資源モデル

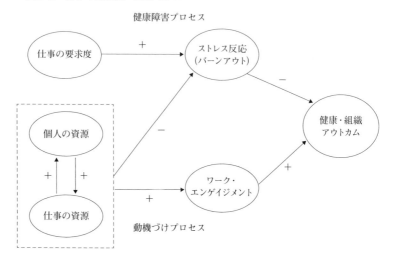

今後，持続可能な働き方を実現するには，「動機づけプロセス」にも注目し，仕事や個人の資源，いわば強みを伸ばすことでワーク・エンゲイジメントを高め，一人ひとりがいきいきと働き，組織の活性化につなげることが重要と考えられる．

2.2　支援方策の科学的根拠

　ワーク・エンゲイジメントの向上を目的とした支援方策の開発は国内外で増えているものの，その効果を科学的に検証した研究数は，多いとはいえない．ワーク・エンゲイジメントは生産性だけでなく労働者の健康にも関わることから，適切な方法で有効性が確認された方策を採用することが重要である．

　どのような支援方策がワーク・エンゲイジメント向上にどの程度有効かを検証したものに，Knight, et al.（2019）の系統的レビューがある．系統的レビューとは，明確に設定されたクエスチョン（例：ある支援方策はワーク・エンゲイジメントの向上にどの程度有効か？）に対して，適切に計画された研究を同定・選択し，評価を行うことをいう．Knight, et al.（2019）によると，ワーク・エンゲイジメントの向上を目的とした支援プログラムを計画する際には，

集団で行う要素（グループワークやディスカッションなど）と個人で行う要素（個人ワーク）の両方を含め，専門家が参加者のニーズをとり入れ，参加・継続しやすく満足度を高める工夫が必要である．グループワークやディスカッションは，自らの経験を客観視する機会，他の参加者の意見や生活上の工夫を見聞きする機会，周囲から意見やアドバイスを得る機会などを提供してくれる．支援プログラムの計画や実施に際しては，このような集団がもつ利点を十分に活用することが重要である．

2.3　ワーク・エンゲイジメント向上の進め方

　ワーク・エンゲイジメントを高めるには，関係者がその方策について共通の枠組みをもつことが重要である．上述した「仕事の要求度 – 資源モデル」（図5-2）は，ワーク・エンゲイジメントを基軸として，健康と組織に良い影響を及ぼすことが示されていることから，産業保健と経営とが協調して活動する際の良いガイドとなる．

　実際に，ワーク・エンゲイジメントを高めるための対策を職場で展開するには，活動に対する経営層の理解を得ることが最初のステップとなる．就業時間内にプログラムを実施する場合，参加者は職場を離れ，仕事を中断してプログラムに参加する．経営層や管理職は，仕事の中断による作業の遅れ，労働コストの上昇を懸念する．そのため，ワーク・エンゲイジメントを高めることのメリット，プログラム受講の必要性，同業他社の好事例などを紹介することで，経営層の理解と協力を得るように努める．

　次に，関連する部門が連携しながら，ワーク・エンゲイジメントを高める対策を計画する．企業内には，企業全体のマネジメントに関わる経営部門，労働者の健康や安全に関わる産業保健部門，採用・配置・教育・労務管理に関わる人事労務部門，労働条件の向上に関わる労働組合など，さまざまな関係部門がある．ワーク・エンゲイジメントの支援は，「健康でいきいき働く」ことを目的とするため，上で述べた関係部門が緊密に連携することが必要である．これらの基盤が整ったうえで，実際の対策を行う．ここでは，ワーク・エンゲイジメントを高める2つの資源，すなわち，仕事の資源と個人の資源の向上に焦点を当てた対策を行うことになる．

2.4　ワーク・エンゲイジメント向上のための方法

　ワーク・エンゲイジメントを高めるための方法は，組織ができる工夫と従業員個人ができる工夫とに整理することができる．組織ができる工夫では，従業員の「外的資源」，つまり職場内の仕事の資源を増やすことで，従業員一人ひとりの，さらには組織全体のワーク・エンゲイジメントを高めることをねらいとしている．これに対して，従業員個人ができる工夫では，一人ひとりが「内的資源」，つまり個人の資源（心理的資源ともいう）を強化することで，ワーク・エンゲイジメントを高めることをねらいとしている．

　厚生労働省の研究班「労働生産性の向上に寄与する健康増進手法の開発」（主任：島津明人）[5]では，ワーク・エンゲイジメントの向上を目的とした組織と個人の活性化手法を開発し，その成果物としてガイドラインとマニュアルを公表している（島津 2020）．この研究班では，ワーク・エンゲイジメントの先行要因である仕事の資源と個人の資源に注目し，これらの資源を高めるための介入が，ワーク・エンゲイジメントの向上を通じて，健康と生産性の向上につながることを仮定している（図 5-3）．

　マニュアルは全部で4種類開発されており，仕事の資源に注目した「職場環境へのポジティブアプローチ」「CREW（Civility, Respect, and Engagement in the Workplace）プログラム」，個人の資源に注目した「ジョブ・クラフティング研修プログラム」「思いやり行動向上プログラム」がある．職場環境へのポジティブアプローチでは，ストレスチェック制度を活用し，仕事の資源の向上を図るための活動を従業員参加型で行う．CREW プログラムでは，職場内の継続的なミーティングを通じて，メンバーが相互に尊重し合う関係構築を目的としている．ジョブ・クラフティング研修プログラムは，やらなければいけない仕事を，従業員自身がやりがいのある仕事となるよう工夫を加えるアプローチである．思いやり行動向上プログラムは，職場内のメンバーが利他的な行動を増やし，職場全体の相互支援を高めることを目的としている．

　このうち，ジョブ・クラフティング研修に関しては，1回2時間の集合研修を2回行い，研修の前後に実施した質問紙調査の結果を比較することで，研修効果を検証した（Sakuraya, et al. 2016）．この研究では，2つの事業所の管理職50名が参加した．1回目の研修では，ジョブ・クラフティングの考え方を事例

●図5-3　研究班で仮定した概念モデルと新しく開発したマニュアル

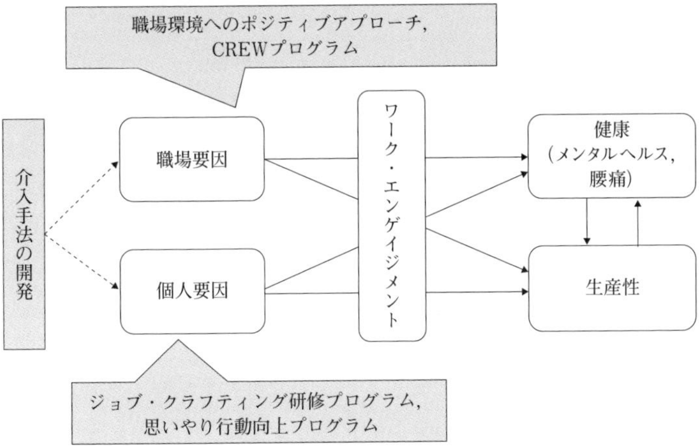

職場環境へのポジティブアプローチ，
CREWプログラム

介入手法の開発

職場要因

個人要因

ワーク・エンゲイジメント

健康
（メンタルヘルス，腰痛）

生産性

ジョブ・クラフティング研修プログラム，
思いやり行動向上プログラム

出典：H28-30年度厚生労働科学研究「生産性の向上に寄与する健康増進手法の開発」
（研究代表者：島津明人）.

を通じて学び，参加者自身のジョブ・クラフティングを他の参加者と共有したうえで，ジョブ・クラフティング向上計画を作成した．参加者は，2回目の研修までの2週間で，作成した計画を普段の仕事のなかで実践することが求められた．2回目の研修では，2週間の実践期間を各自で振り返ったうえで，ジョブ・クラフティングの実践内容をより望ましくするための意見交換をグループで行い，修正計画を作成した．1回目の研修前，2回目の研修終了直後，2回目の研修終了1ヵ月後のワーク・エンゲイジメントと心理的ストレス反応の変化を比較したところ，研修前に比べて，研修終了直後と研修終了1ヵ月後のワーク・エンゲイジメント得点が上昇したのに対して，心理的ストレス反応得点は低下することが明らかにされた．

　その後，Sakuraya, et al. (2020) は，2回の研修間隔を1ヵ月に拡張し，各回の研修後にフォローメールを送るとともに，ジョブ・クラフティング事例集を配布するなどの改善を行ったうえで，より厳密な方法（無作為化比較試験：介入するグループと介入しないグループとを無作為に割り当て，介入前後の指標を2つのグループ間で比較することで効果を検証する方法）で研修効果を検

証している．研修前，1回目調査の3ヵ月後，同6ヵ月後のワーク・エンゲイジメントへの効果を検証したところ，参加者全体での効果は認められなかったものの，研修前のジョブ・クラフティング得点が低かった参加者では，3ヵ月後のワーク・エンゲイジメントに介入効果が認められた．本プログラムはジョブ・クラフティング水準が低い者に限定して効果が認められたことから，参加者を募集する際には，ジョブ・クラフティング水準の低い者に限定した方がよいかもしれない．一方，ジョブ・クラフティング水準がすでに高い者には，彼／彼女らのニーズに応じてプログラムの内容や形式を調整したうえで，プログラムを提供する必要があるだろう．

思いやり向上プログラムは，職場内で誰かが困っていたり，忙しそうにしていたときに，自発的にその人を助ける利他的な行動を増やし，職場内でやりとりされるソーシャルサポート（社会的援助）を増やすことで，良好な人間関係，職場環境の改善，ワーク・エンゲイジメントの向上とストレス反応の低減につなげることを目的に開発された．このプログラムは，2回のグループワーク（1回目60分，2回目70分）と，職場内で実践した思いやり行動のホームワーク帳への記入（業務終了後5分程度×4週間）で構成されている．看護師を対象とした検証では，同僚に対する援助，上司に対する援助，同僚からのサポートが向上したほか，企業従業員を対象とした検証では，同僚に対する援助，上司に対する援助，職場の一体感が向上した．

なお，これら4つのプログラムのマニュアルは，すべて筆者の研究室WEBサイトから無料でダウンロードすることができる[6]．

3. 職場以外の要因への注目

ここまでは，働く人の健康についてワーク・エンゲイジメントに注目し，ワーク・エンゲイジメントを高めるために，組織ができる工夫と従業員個人ができる工夫を紹介した．しかし，働く人の健康は，組織のあり方や働き方だけによって決まるわけではない．情報技術の進歩に伴う仕事と私生活との境界の不明確化，少子高齢化，共働き世帯の増加などに伴い，職場外（家庭，余暇など）の要因も視野に含めないと，労働者の健康を支援することが難しくなって

きた．本節では，仕事と仕事外の要因（家庭生活，余暇）とのバランスをワーク・ライフ・バランスとして捉え，その考え方とこれまでの実証研究，支援プログラムを紹介する．

3.1 ワーク・ファミリー・バランスの考え方

ワーク・ライフ・バランスのうち，本章でとくに注目したいのが仕事と家庭生活とのバランス，いわゆる「ワーク・ファミリー・バランス」である．ワーク・ファミリー・バランスの考え方は，女性の社会進出やシングルマザーの増加など家族の多様化が日本より早く始まったとされる欧米の社会的背景のなかで生まれた（渡井ほか 2006）．日本では，1986 年に施行された雇用機会均等法に伴う女性の社会進出，2004 年に施行された次世代育成支援対策推進法による少子化対策などを背景に，この概念が注目されるようになった．

では，ワーク・ファミリー・バランスのあり方は，私たちの（家庭）生活にどのような影響を及ぼし，その影響はどのようなプロセスを経て現れるのだろうか？　日常生活での負担や負担に伴うストレス反応が，ある領域から別の領域へともちこされるには，2 つの経路がある（Bakker, et al. 2013）．そのうちのひとつがスピルオーバー（流出効果），もうひとつがクロスオーバー（交差効果）である（図 5-4）．

スピルオーバーは，ある個人の一方の役割での状況や経験が，その個人の他方の役割での状況や経験に影響を及ぼすことをいう．たとえば，残業続きで余暇の時間がとれない状態，仕事で不公平なことを経験して帰宅後もイライラが収まらない状態，などがその例である．このように，スピルオーバーの影響は，「仕事から家庭へ」の方向に多くの注目が集められているが，「家庭から仕事へ」の方向にもスピルオーバーの影響は認められる．たとえば，家事や育児に追われて仕事に十分な時間がとれない状態，出勤前の夫婦げんかのために不快な気分で仕事に向かう状態，などがその例である．スピルオーバーでは，複数の役割に従事することによるネガティブな状態のほか，ポジティブな状態にも焦点を当てている（McNall, et al. 2010, 島田・島津 2012）．たとえば，「仕事がうまくいったので家でも気分が良い」「家族と楽しい週末を過ごせたので仕事に多くのエネルギーを注ぐことができる」などがその例である．このように，ス

●図 5-4　スピルオーバーとクロスオーバーの関連

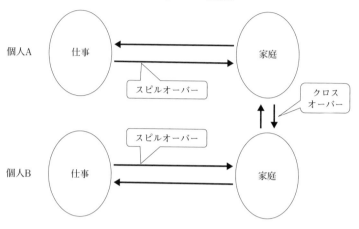

ピルオーバーの影響を考える際には，流出の方向性（仕事→家庭，家庭→仕事）と内容（ネガティブ，ポジティブ）の 2 つの視点から捉えることが重要になる．

　他方，クロスオーバー（交差効果）は，ある生活領域で経験した感情・行動・ストレス反応などの状態が，その人と密接な関わりのある他の人（例：家族，上司，同僚，部下など）に伝播されることを言う（Westman 2001）．たとえば，慢性的な疲労を感じ，仕事に「冷めて」きた人は，そのような気分や姿勢を，パートナーとの会話を通じて「うつして」しまうことがある．実際，バーンアウトした（燃え尽きた）パートナーと頻繁に接していると，自分自身もバーンアウトしてしまうことが示されている（Demerouti, et al. 2005, Westman, et al. 2001）．逆に，パートナーのワーク・エンゲイジメントが高いと，自分自身のワーク・エンゲイジメントも高くなることもわかっている（Bakker, et al. 2011）．

　では，夫婦やパートナーの間のクロスオーバーは，どのようなメカニズムで生じるのだろうか？　Westman（2001）は，次の 3 つのプロセスを提示している．第 1 のプロセスは，直接クロスオーバーといわれ，共感性を通じて，夫婦やパートナー間で直接的なクロスオーバーが生じるものである．共感とは，

「他者の状況に心理的に身を置くことで，他者の気分を共有すること」といわれている（Lazarus 1991）．つまり，相手の立場に立ちながら気持ちを分かち合うことといってもよいだろう．夫婦やパートナーは，一緒に過ごす時間が長いため，相手の感情状態を認識し，その感情に影響を受けやすい．第2のプロセスは，夫婦やパートナーが同じ経験（たとえば，経済問題や生活上のイベント）を共有する結果，同じような感情（ストレス反応など）を経験するというものである．第3のプロセスは，間接的なプロセスであり，夫婦やパートナーとの間でやりとりされるコミュニケーションや相互作用（相手への攻撃的な態度，ソーシャルサポート）によって媒介されるものである．

　クロスオーバーの影響を考える際も，交差の方向性（誰から誰への影響か）と内容（ネガティブ，ポジティブ）の2つの視点から捉えることが重要である．クロスオーバーに関する研究は，これまで夫婦関係や上司－部下関係を中心に行われてきた．しかし，少子高齢化・核家族化が急速に進み，育児や介護の問題が重要になっているわが国では，育児や介護に伴うストレスや生活上の充実が，子どもへの養育態度や親の介護の質にどのような影響を及ぼすのかなど，世代間のクロスオーバー効果についても知見の集積が望まれている．

3.2　ワーク・ライフ・バランスと健康：日本での実証研究

　ここでは，スピルオーバーとクロスオーバーとを組み合わせたスピルオーバー－クロスオーバーモデル（図5-4）に注目しながら，筆者らが行っているTWIN study（Tokyo Work-life INterface study：図5-5）というプロジェクトで得られた成果をいくつか紹介する（島津 2018）．スピルオーバー－クロスオーバーモデルは，仕事に関連して生じた経験が家庭領域に流出（スピルオーバー）し，社会的相互作用を通じて家族メンバー（主にパートナー）に伝播（クロスオーバー）することを提唱したモデルである．

　最初に，TWIN study を立ち上げた背景について言及したい．日本では1996 年以降，共働き世帯数が片働き世帯数を上回り，夫と妻のそれぞれが仕事と家庭の2つの生活領域を適切にマネジメントするワーク・ライフ・バランス（WLB）が一層重要になってきた．とりわけ，育児期の共働き夫婦は，仕事と家事のほかに育児の役割が加わることで，WLB が悪化しやすく，ウェルビ

●図 5-5　TWIN study（Tokyo Work-family INterface study）の概要

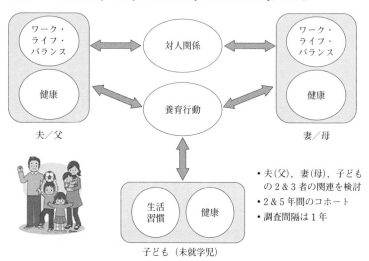

夫／父

妻／母

子ども（未就学児）

• 夫(父)，妻(母)，子ども
　の2＆3者の関連を検討
• 2＆5年間のコホート
• 調査間隔は1年

出典：hp3.jp/twin/research

ーイングも阻害されやすい．たとえば，仕事と家庭生活との間のネガティブな
スピルオーバーに関しては，仕事の負担が家庭生活の負担を増やす，あるいは
家庭生活の負担が仕事の負担を増やし，その結果，労働者のウェルビーイング
に悪影響を及ぼす．しかし，WLBのあり方は，労働者のウェルビーイングだ
けでなく，パートナーや子どものウェルビーイングにも影響を及ぼす（クロス
オーバー）ことが知られているが，WLBに注目しながら夫婦間，親子間のク
ロスオーバーを実証的に明らかにした研究は，国内外ともに不足していた．

　このような背景から，筆者らは2008年に育児期の共働き夫婦を対象とした
ワーク・ライフ・バランスと健康に関する世界最大規模の疫学研究（TWIN
study）を立ち上げた．このTWIN studyは，TWIN study ⅠとⅡとに分ける
ことができる．TWIN study Ⅰでは，2008-09年にかけて，都内某区の区立・
私立保育園に子どもを通わせている共働き夫婦を対象に，夫婦それぞれのワー
ク・ライフ・バランスと健康（自分，パートナー）との関連を2年間にわたっ
て追跡した．ベースラインの2008年調査では，約1,500世帯（約3,000名）か
ら回答が得られた．TWIN study Ⅱでは，2010-13年にかけて，都内某区の区

Book review

JANUARY 2022

1月の新刊

〒112-0005 東京都文京区水道2-1-1
営業部 03-3814-6861 FAX 03-3814-6854
ホームページでも情報発信中。ぜひご覧ください。
https://www.keisoshobo.co.jp

テトラローグ
こっちが正しくて、あんたは間違ってる

ティモシー・ウィリアムソン 著
片岡宏仁 訳 一ノ瀬正樹 解説

同じ電車に乗り合わせた、考え方がまったく異なる4人の会話が繰り広げられていく。あなたは誰が正しく、誰が間違っているとと思いますか？

四六判上製 224頁 定価2750円
ISBN978-4-326-15483-8

定時制高校の教育社会学
教育システムの境界と包摂

佐川宏迪

生徒が多様化する定時制高校においていかにして彼らを「包摂」することが可能になっていったのか。教師の語りから明らかにする。

A5判上製 160頁 定価3850円
ISBN978-4-326-25159-9

道徳教育と中国思想

井ノ口哲也

東アジアに根ざした道徳観念は、日本の思想や教育にどのような影響を与えたのか。中国思想に基づく道徳教育史を描きだす気鋭の一書。

A5判並製 280頁 定価3080円
ISBN978-4-326-29932-4

競争入札は合理的か
公共事業をめぐる行政運営の検証

渡邉有希乃

キャリア教育と社会正義
ライフキャリア教育の探究

前田信彦

今求められるライフキャリア教育とは何か。大学生への質的調査をもとに、社会正義や社会的公正を志向するキャリア教育を論じる。

A5判上製 248頁 定価4180円
ISBN978-4-326-25156-8

学校組織の解剖学
実践のなかの制度と文化

鈴木雅博

学校の実践に埋め込まれた「制度」と「文化」。いかにして秩序がなされているのか。秩序を生きる教師の方法の論理を実践に即して解明する。

A5判上製 308頁 定価7150円
ISBN978-4-326-25160-5

統治のエコノミー
一般意志を防衛するルソー

西川純子

ルソーにおける「統治」とは何か。「一般意志」は主体主義と結びつく〈悪なのか〉。フーコーの統治論を援用し、新しいルソー像を示す。

A5判上製 304頁 定価4950円
ISBN978-4-326-30309-0

意匠法コンメンタール〔新版〕

茶園成樹・青木大也・上野達弘・愛知靖之・奥邨弘司・

立・私立保育園に子どもを通わせている共働き夫婦とその子どもを対象に調査を行い，労働者自身の仕事・家庭状況，ワーク・ライフ・バランスや健康に加えて，子どもの生活習慣，健康状態，養育行動について尋ねた．いずれも年1回ずつ調査を行った．TWIN study の詳細についてはホームページ[7]を参照されたい．

　TWIN study Ⅰでは，本人のワーク・エンゲイジメントのパートナーへの伝播（クロスオーバー効果：Bakker, et al. 2011）が認められ，本人のワーク・エンゲイジメントが高いほど，パートナーのワーク・エンゲイジメントも高くなることが明らかにされた．一方，ワーカホリズムのパートナーへの影響には，性差が認められた．ワーカホリックな妻をもつ夫は，家庭→仕事ネガティブ・スピルオーバーをより多く経験していたが，ワーカホリックな夫をもつ妻には，そのような悪影響は認められなかった（Shimazu, et al. 2011）．ワーカホリックな妻は，家事・育児への関与が少なくなるため，夫自身が慣れない家事や育児を行う必要性が高まり，家庭から仕事への悪影響が生じるのかもしれない．しかし，ワーカホリックな夫をもつ妻は，すでに家事・育児に習熟しているため，夫がワーカホリックであろうとなかろうと悪影響は受けないのである．そのほか，ワーカホリズムにより，心理的ストレス反応が高まり職務満足感が低下すると，パートナーとの間で交わされる会話がネガティブな内容に偏るため，パートナーの心理的ストレス反応の上昇と生活満足感の低さにつながることも明らかになっている（島田ほか 2016）．

　TWIN study Ⅱでは，親の働き方と子どもの健康との関連が検討されている．たとえば，親のワーク・エンゲイジメントが高いと，親自身の幸福度が高まり，子どもの情緒・行動問題が低くなる一方，親のワーカホリズムが高いと，親自身の幸福度が低下し，子どもの情緒・行動問題が増えることも明らかにしている（Shimazu, et al. 2020）．詳細なメカニズムは未検討だが，親がいきいきと働き幸福度が高まると，子どもへの養育態度がより温かく受容的になり，子どものストレスが低減するためかもしれない．そのほか，父親のワーカホリズムは1年後の子どもの肥満につながるのに対して，母親のワーカホリズムは1年後の肥満とは無関係であることも明らかにされている（Fujiwara, et al. 2016）．子どもと過ごす時間と肥満との間には父親・母親ともに関係がなかったことを考

慮すると，父親が子どもと過ごす時間の「質」が，子どもの肥満の上昇になんらかの影響を及ぼしていたことが推察される．たとえば，ワーカホリックな父親は帰宅後や週末にも仕事を持ち帰ることが多いため，子どもと身体を使った遊びをすることが少なく，子どものエネルギー消費量の少なさが肥満につながった可能性がある．

3.3　WLB 支援プログラムの開発と効果

　筆者らは，TWIN study ⅠおよびⅡで得られた知見を発展させ，未就学児をもつ共働き夫婦のワーク・ライフ・バランスに注目した健康支援プログラムを新たに開発し，その効果を大規模な無作為化比較試験によって評価するTWIN study Ⅲ を 2015 年に立ち上げた．TWIN study Ⅲ で提供されるプログラムは，セルフマネジメント，夫婦マネジメント，親子マネジメント，の3つの要素から構成される．

　TWIN study Ⅲ の最大の特色は，乳幼児期の子どもをもつ共働き夫婦を対象とし，労働者自身のワーク・ライフ・バランスに注目したセルフマネジメント，夫婦間の相互作用に注目した夫婦マネジメント，夫（父親）と妻（母親）の養育行動に注目した親子マネジメント，の3側面から構成される極めて新しいプログラムを開発し，その効果を無作為化比較試験により検証する点にあった．

　プログラムの開発に際しては，企業の人事担当者やダイバーシティ担当者，当事者（乳幼児をもつ共働き労働者）などを対象としたヒヤリングやインターネット調査，先行研究のレビューを行い，プログラム提供形式や内容に関する情報を収集した．その結果，プログラム提供形式について，講義，個人ワーク，グループワークから構成される1回3時間×2回の参加型研修とした．研修ではパワーポイントとそのハンドアウト，新たに作成したテキストのほか，復習用にパイロット研究で作成したeラーニングを行った．プログラム内容については，セルフマネジメント（イライラとの付き合い方，キャリア開発），夫婦マネジメント（夫婦によるストレス対処，コミュニケーション），育児マネジメント（子どもとの関わり方）の3領域をカバーした．

セルフマネジメント：日々の生活から発生するイライラについて，イライラが発生する心理的機序を伝え，対処法としてカウンティング，呼吸法，イメージ法，自己会話法を紹介し，体験をしてもらった．また，キャリア理論をふまえて自分のキャリアの長期的な展望を考えてもらい，キャリアレインボーのワークを通じて理解を深めた．

夫婦マネジメント：コミュニケーションがずれる原因（産後のホルモン変化，ストレス対処タイプ），両立のコツ（家事育児の分担・省略効率化・外部資源の活用）を説明した．また，コミュニケーションの方法としてアサーティブ・スキル（相手を尊重しながら自らの意見を伝えるためのスキル）の基本を説明し，共働き夫婦に起こりがちな事例を通じて理解を深めた．個人ワークに加え，実際の活用法や工夫について実施担当者や参加者間でのグループワーク・情報交換を行った．

育児マネジメント：安全・安心な育児環境づくり，子どもの問題行動への対処，モデルを示した行動形成，スキンシップの有効性について情報提供を行った．

　いずれの内容も，講義，モデル事例の視聴（映像ドラマ），個別演習とグループワークを組み合わせて提供した．また，受講後に家庭で復習できるように e ラーニングや情報ウェブサイトを紹介した．3 時間のプログラムの途中に休憩をはさみ，茶菓子を用意して参加者間の交流を図った．参加者には，育児方法，仕事と家事・育児との両立などについて，他の参加者と積極的に情報交換をしたいとのニーズが高かったこと，当事者どうしの交流が WLB に関するより具体的・実践的な知識やスキルの獲得につながることを意図したからである．プログラム内容の情報を集約したウェブサイト[8]も新規に作成した．研修のファシリテーターは，対人援助職の有資格者（臨床心理士，公認心理師，保健師，助産師，医師など）が担当し，事前に養成トレーニングを 2 回受講した．

　研修の参加者は，全国 6 地域（神奈川，福井，長野，静岡，名古屋，長崎）ごとにリクルートした．地域ごとに説明会を実施し，参加への同意が得られた対象者に，研修前，研修終了 1 ヵ月後，研修終了 3 ヵ月後の 3 時点で質問紙調査を行った．研修効果を検証した結果，ワーク・エンゲイジメントには介入効果が認められなかったものの，心理的ストレス反応には介入効果が認められ，

研修前から研修終了 3 ヵ月後にかけてストレス反応得点が低下していた.

　周知のように，新型コロナウイルス感染症（COVID-19）のパンデミックにより，人と人との間の物理的距離の確保が推奨され，ソーシャルサポートの低下，孤立・孤独の拡大が懸念されている. とくに，核家族化や地域のつながりの希薄化により，周囲から孤立し，子育てや WLB に不安を感じている家族が増加しており[9]，困りごとをいつでも気軽に相談できる機会が必要となっている. しかし，育児期の共働き労働者は，仕事・家事・育児という複数の役割を担い日常生活での時間的制約が大きいため，適切なタイミングで支援を提供することが難しい. このように，育児期の共働き労働者に対して，個人に最適化された支援内容を，適切なタイミングで，気軽に活用できる形態で，より多くの当事者に提供できる支援方策の確立とその有効性の科学的検証が，喫緊の課題である. 今後，TWIN study III の成果をオンライン化，デジタル化するなど，当事者のニーズに合わせて適切に届ける工夫が必要である.

4.　まとめと今後に向けて

　本章では，働く人が健康でいきいきと働くための支援について，職場や地域で実施されているプログラムの紹介を行った. 具体的には，職場の強みや従業員の強みを伸ばすためのプログラム，乳幼児期の共働き夫婦を対象としたワーク・ライフ・バランス支援プログラムを取り上げ，それらの理論的背景，内容，実践事例を紹介し，その効果を科学的に検証した結果についても言及した.

　COVID-19 のパンデミックにより，テレワークや在宅勤務，時差出勤，ローテーション勤務，人と人との距離を保ったオフィス，会議のオンライン化など，新しい働き方が急速に広がっている. これらの変化は，従来の集合型の働き方から非接触型の働き方へと変革を促すものであり，時間や場所に制限されない働き方，そして，自律・分散・協働型の働き方を促している. このような働き方の変化は，同時に，上司や部下との関係，家族との関係，コミュニティとの関係を変化させ，労働者のウェルビーイングにさまざまな影響を及ぼすことが予想される.

　この機会に，「いつ」「どこで」「誰と」「どのように」働けば，ウェルビーイ

ングの向上につながるのか，改めて考えてはどうだろうか？　コミュニティ（職場や地域などの人間関係や場）の視点から，これらの問いに答えることで，新しい働き方のヒントを得ることができるのではないだろうか．

【注】

1）厚生労働省「令和2年労働安全衛生調査（実態調査）事業所調査　結果の概要」（https://www.mhlw.go.jp/toukei/list/dl/r02-46-50_kekka-gaiyo01.pdf）.

2）特定非営利活動法人健康経営研究会「健康経営とは」（http://kenkokeiei.jp/whats）.

3）United Nations, "Sustainable development knowledge platform"（https://sustainable development.un.org/sdgs）.

4）World Health Organization, "World Mental Health Day 2017: Mental health in the workplace"（https://www.who.int/news-room/events/detail/2017/10/10/default-calendar/world-mental-health-day-2017）.

5）慶應義塾大学総合政策学部島津明人研究室「労働生産性の向上に寄与する健康増進手法の開発」（https://hp3.jp/project/php）.

6）同上.

7）慶應義塾大学総合政策学部島津明人研究室「TWIN study」（https://hp3.jp/twin/）.

8）同上.

9）国立成育医療研究センター「コロナ×こどもアンケート」第5回調査報告～身体的・精神的健康低下の可能性も～」（http://www.ncchd.go.jp/press/2021/210525.html）.

コラム 9　セカンドキャリアと学びのコミュニティ

　あなたは何歳まで仕事をしたいと考えているだろうか。内閣府の調査（「老後の生活設計と公的年金に関する世論調査」2019）によると，年代を問わず最も多い回答が「61〜65歳まで」だという。その理由は，20代では「定年退職の年齢だから」が最も多く，年齢があがるにつれて「体力的・精神的に難しいから」が増えていく。理由はさておき，就職をしたら60代前半の定年まで働いて，その後は老後を悠々自適に過ごす。これが多くの日本人が思い描いているライフプランだろう。

　しかしその「理想」を実現することは難しい。日本において60歳定年が努力義務化されたのは1985年（昭和60年）のこと。当時の厚生年金支給開始年齢は60歳，男性の平均寿命は74.78歳だった。つまり昭和の時代であれば，60歳で定年を迎え，年金をもらいながら15年ほどの老後を安心して過ごすことも可能だった。ところが令和の時代を迎えたいま，男性の平均寿命は81.41歳，女性は87.45歳であり（2019年），医療の進歩を考慮すれば「人生100年時代」というのも現実の話になりつつある。60歳で定年退職をすると，20年，30年，場合によっては40年もの「老後」と呼ぶには長すぎる時間が待っている。しかも少子化による社会保障費の財源不足から年金の支給年齢は段階的に引き上げられ，経済的な不安も大きい。昭和の時代のライフプランはもはや通用しない。私たちは，もっと長く働き続ける必要があるのだ。

　では，どうすれば長く働き続けることができるのだろうか。政策的には企業による雇用延長を促す施策がとられてきたが，企業側としては人件費や組織活性の観点からいま以上の対応は難しい。となるとひとつの選択肢として考えられるのが「起業」という道である。小さくとも自ら事業を起こすことができれば，定年も仕事内容も自分で決めることができ，満足度高く働き続けることができる可能性がある。筆者はこうした見通しに立って，実際に45歳以降で会社員を辞め，セカンドキャリアとして起業を果たしたシニア起業家の経験に学びながら，その実現可能性を探究してきた。

　数多くのシニア起業家のライフストーリー・インタビューを行うなかから見えてきたことがある。それは自分のキャリアは自分で作っていく必要があるという「自律的なキャリア意識」に目覚め，情熱をもって取り組める「起業テーマ」を見つけることができれば，中高年会社員であっても起業は十分に可能だということだ。シニア起業家の多くは安定志向であり，収益面でのハードルは高くはない。人生が長くなった分，いま特別なスキルをもっていなくとも，新たに必要なスキルを学ぶ時間はたっぷりある。大手メーカーの営業部長（男性）が50歳から美容師資格を学び始め，定年後に福祉美容業を起業し，70代後半のいまも現役で働くケースはその好例だ。起業後は，会社任せではない「自分の人生」を生きている充実感が得られたという声も多く聞く。

　ただし，「自律的なキャリア意識」の醸成と「起業テーマ」を発見するプロセスには困

難さが伴う．シニア起業家たちも長年キャリア形成を会社に依存してきており，「自律的なキャリア意識」をもつに至るには，視野が広がる鮮烈な出来事が必要であった．たとえば，不本意な人事異動や挫折，名刺が通用しない地域活動の経験，人生の長さを実感させられるロールモデルとの出会いなどだ．また「起業テーマ」とは，今後の自身の「人生のテーマ」でもあり，その発見には深い自己探究が必要であった．

こうした「自律的なキャリア意識」の醸成と「起業テーマ」の発見を支援することはできるだろうか．筆者は会社組織を離れた越境学習の場，「学びのコミュニティ」が有用ではないかと考え，2019 年から中高年会社員が「個人」として自発的に参加できるワークショップを継続的に開催してきた．参加者はインターネットで広く公募し，お互いの考えに敬意を払うことを参加条件としている．テーマごとにライフデザインの専門家やシニア起業家を招き，自身の「これからの人生」について参加者どうしが語り合う時間を多くとるかたちで運営している．

毎回，参加者からは「安心して自己開示できる場で，同じ悩みをもつさまざまな人と本音で話し合うことができ，多くの気づきが得られた」（50 代男性），「いまの会社の延長線上ではなく，これからの人生で自分が本当にやりたいことを探したい」（50 代男性），「学生時代に志していたことを再び学び，60 歳でその道のプロになるという目標を立てた」（50 代女性）といった声が寄せられ，視野の広がりや自己探求に効果があることを実感している．とくに家族や同僚にも話せない悩みを素直に語り，それが共感されるというプロセス，そして他者の人生観に耳を傾けそれを受容するというプロセスのなかで，これまでとらわれていた「組織」という枠組みから解放され，「個人」としての気づき，成長があるように感じられる．またコロナ禍において，ワークショップの開催形式をオンラインに変更したところ，地方や海外からの参加者も見られるようになり，より多様な価値観に触れられる充実した場となっている．

中高年会社員のセカンドキャリア支援は，企業にとっても重要課題であり，「セカンドキャリア研修」なども行われている．しかし参加者は同じ職場の同僚であり，組織内にはさまざまな利害関係があることから，視野の広がりや本音での語り合いは期待しにくい．そもそも中高年会社員にとってセカンドキャリアの選択とは，会社依存の人生から，自分が主人公の人生へとシフトするチャンスでもある．その支援を会社に頼ることの矛盾もある．

その点，組織を離れ「個人」として参加できる「学びのコミュニティ」は理に適っている．こうした場が地域にあれば，会社と家庭の往復だけだった会社員が，これから長く暮らしていく地域に関心をもち，居場所を作っていくきっかけともなる．地域課題の解決をテーマに起業するシニア起業家も生まれてくるのではないだろうか．

（河野純子）

コラム 10　児童虐待対応における多機関連携の新しい姿

　「パパとママにいわれなくてもしっかりとじぶんからもっともっときょうよりかあした
はできるようにするから　もうおねがい　ゆるしてくださいおねがいします」

　「お父さんにぼう力を受けています．先生どうにかできませんか」

　2018 年から 2019 年にかけて，児童相談所（児相）が子どもを一時保護したにもか
かわらず親元に戻して死に至ったことからその対応が厳しく糾弾された 2 つの事件が発
生した．目黒女児虐待事件（2018 年 3 月）と野田小 4 女児虐待事件（2019 年 1 月）
である．児相，警察，学校・教育委員会，母子保健，DV 相談，医療，検察等さまざまな
機関が関わっていたにもかかわらず，なぜ子どもの命を助けられなかったのか．多くの
国民は忸怩たる思いで報道を見ていたのではないだろうか．

　行政機関の縦割りの壁を越えて，もっと柔軟かつ迅速に多機関が連携し，子どもたち
の命を救えないものか？　先進的な取り組みを探してみると，それは福岡にあった．警
察の組織である少年サポートセンター（サポセン）と，児相を軸に多機関が同じ建物の
同一フロアに同居し情報共有のみならず人事交流も積極的に行っている．

　サポセンとは，少年警察活動規則（国家公安委員会規則）に定められた，非行少年の
立直り支援，児童虐待の被害児童へのカウンセリングと保護者に対する助言・指導等を
行う専門性が求められる全都道府県警察設置の支援部門である．このため，サポセンで
は教育・福祉・心理等の分野の知見をもった警察の専門職である「少年補導職員」が中
心となっている．非行の根っこには虐待的な家庭環境があることが多く，非行少年の立
直り支援がそのまま児童虐待の対応に重なることもある．警察のなかにありつつも捜査
は担当せず，教育・福祉・心理等の分野の言葉がわかる専門職が，児相や教育委員会と
のインターフェース（結節点）として機能している．

　福岡県では，県内に 5 ヵ所あるサポセンのうち 4 ヵ所が児相と同居し，そのうち 2 ヵ
所は教育委員会の出先機関も同居している．たとえば北九州の場合，警察（北九州少年
サポートセンター），児相（北九州市子ども総合センター），教育委員会（少年サポート
チーム）が同一フロアにあり，サポセンには現職の教員が，児相には教員・警察官の現
職と OB が，少年サポートチームには学校長・警察官の OB がそれぞれ配置されている．
1 ヵ所に情報が入ると，同時に 3 機関がキャッチできるため，即日，情報の共有ができ
る．怒鳴り声もよく響くため，保護された子どもを奪還するため乗り込んできた加害親
を警察官が制止する場面もある．サポセンの職員が同じ建物にある一時保護所の子ども
たちにフォローの面会に行くこともよくあり，とくに非行系の子どもへのフォローは児
相からも感謝されている．

　福岡県警によると，このワンフロア同居の大きなメリットは，互いの顔が見えるた
め，それぞれの機関の専門性や得意とする能力，苦手な対応パターンを体感的に知るこ

とができ，互いの役割や強みへの相互理解が深まることだという．子どもを救うために，それぞれがもつ機能を即時に有機的に連動して発動させることができる．虐待やいじめ，非行問題などを認知した機関から，情報提供⇒事案共有⇒行動連携（協同面接や訪問など）という流れが迅速に行われる．これらのメリットは，すべて相談者である住民への即時性のある適切な支援として還元される．

　しかし，同県警は「連携は形だけでは機能しない．仕組みとそれを担う『人』，組織間の繋がりや信頼を育てることは引き続き課題だ」と認識している．それぞれが専門性を発揮すると同時に，相手のニーズに応える感性を磨くことも必要だという．どんな人物を他機関に送るか，人選も課題である．器を作るとともに中身を整える努力こそが求められている．

　政府としても，児相の機能強化や多機関連携に力を入れている．具体的には「児童虐待防止策の抜本的強化について」（2019 年 3 月閣議決定）により，児相の一時保護等の介入的対応を行う職員と支援を行う職員を分けるなどの機能分化，法的な助言・指導を得るための弁護士の配置，児童福祉司の 2,000 人増員等が掲げられ，さらに，威圧的，暴力的な保護者への対応のため，警察官人材の児相への配置の推進や，学校・教育委員会が市町村・児相・警察等の関係機関と速やかに情報共有し，連携して対応することの周知徹底が盛り込まれている．しかし実際のところ，最近のたび重なる法改正・方針変更もあって児相は常に業務過多の状態が続いている．市町村へ支援機能が分散されることに伴い，対象家庭のリスクの軽重の見極めは専門機関である児相が頼られる一方で，勤続年数の少ない若年人材が増え，経験値は低下している．介入と支援の分離方針については，介入場面における保護者の言動が支援を見極める判断要素となる場合もあるので単純に分離すればよいというものではない，といった声もある．

　さまざまな模索が続くなか，各機関が連携しつつそれぞれの機関の役割を存分に発揮するためには，子どもを守るという共通の目的のもとで，互いに真に信頼し合える関係になれることが重要である．児相は，「警察に言うとすぐ保護者を『加害者』として扱うので，せっかく築いた保護者との信頼関係が崩されてしまう」と警察への警戒感をもっていることが多い．一方の警察も，痛ましい事件を前に「もっと早く警察が介入していれば」と，児相の対応へ不信をもつこともある．

　相互不信を抱えたまま形を真似るのでは，多機関連携はうまくいかない．過去の取り扱いに関する「わだかまり」を互いに取り除き，今後のあるべき行動連携の構築に向けて腹を割った十分な議論が必要だ．何が得意で，何が不得意なのか，もっている武器と弱点を相互に理解し合うことが新たな連携の基礎となる．先進地への視察もひとつのきっかけになる．関係機関が一緒に現地に赴き，道中や現地での議論を通じて互いの思いをぶつけ合い，より良い行動連携に向けて信頼し合える関係づくりに取り組んでほしい．

　百聞は一見に如かず．まずはともに，知るところから始めよう．

（小笠原和美）

トップアスリートとコミュニティ
～アスリートがコミュニティを作り，コミュニティがアスリートを育てる

東海林祐子

1. スポーツにとってなぜコミュニティが必要か

1.1 指導者経験を振り返る

　筆者には，高校の教員として男子ハンドボールチームの指導者としての経験がある．そのなかで最も大切だと感じたことは，選手自身が「スポーツそれ自体が楽しい」と感じる体験をすることと，選手を取り巻く「良いコミュニケーションのある関係性の場を作る」ことであった．「スポーツそれ自体が楽しい」と感じあえるチームは，「上手になるためには」「勝つためにはどのようにするとよいのか」ということを主体的に考える集団となっていく．また，選手自身が広い視野で思考し，仲間との協力を生み出せるチームは，試合の随所で発生する課題に関しても，建設的な考えや前向きな態度で振る舞うことができる．そしてこうした態度は，競技が行われるコートのなかだけでなく，練習会場や試合会場全体，応援者だけでなく試合相手，さらにさまざまに支えてくれる人たちにも伝わるから，周囲からも応援されるチームとなっていく．

　赴任当初の筆者は，選手の考えを理解しない一方向のコミュニケーションに終始し，狭い関係性のなかで勝利を見出そうとしていた．しかし，そのアプローチでは結果につながらないばかりか，選手の意欲を低下させむしろ勝利を遠ざけていくことに気づかされたのだった．こうしたなかで，筆者は選手たちを理解するために，彼らとの交換日誌をスタートさせた．この日誌のやりとりは

保護者とも共有し関係性を広げたのだが，このことが次第に大きな意味をもつ
ようになった．保護者は自分の子どもを取り巻くチームメイトの考えも理解し，
保護者間で徐々に交流が生まれていった．練習会場や試合会場では，保護者が
日誌の内容をきっかけに会話が促され，自分の子どもだけでなく，チームメイ
トにも声掛けなどを行い，チームを支援しようという動きが見られていった．

　また，放課後の部活動という時間と空間外の世界，すなわち選手のクラスの
担任やクラスメイトともコミュニケーションを拡げていった．指導者の立場か
らは，部活動中に選手たちと直接的な関わりを深めることができたとしても，
選手にとっては，むしろ家庭や学校といったそれ以外の空間で過ごす時間も重
要だからである．こうした関係づくりによって，クラスメイトや担任は練習コ
ートにも顔をさりげなく出すようになり，試合会場にも応援に来てくれた．チ
ームの周囲には応援者が次々に集まり，試合ともなると選手一人に対して，祖
父母や近所の人たちまで駆けつける「コミュニティ」になっていった．チーム
のなかに生まれたコミュニティが，チームを超えて拡がっていくイメージであ
る．こうした変化は，何より選手自身や選手間の関係性を変えることにつなが
り，それはパフォーマンスの向上にも影響を与えた（東海林 2011）．

　卒業後の変化も大きい．こうしたコミュニティで育った彼らのなかには，進
学や就職を経て，トップクラスのチームの指導者としてや，地元で小学生向け
のハンドボールクラブを創設し，草の根の活動を拡げる卒業生もいる．こうし
た姿は，ハンドボールを通じて他者や社会と関わるなかから，自身に「こうい
う社会を作りたい」という彼らなりの哲学が宿ってきたことの証とも思える．
選手を取り巻く，良いコミュニケーションのある関係性の場，すなわち良いコ
ミュニティづくりこそが選手の人としての資質を高めるのだということを強く
実感させられる経験であった．

1.2　トップアスリートとコミュニティとの関わり

　では，日本のトップアスリートやトップチームではどうか[1)]．教育的側面の
強い部活動と違い，これらは「勝利」という結果を強く求められるために，そ
の関わりを外（社会）に拓いていくことが時間的にも身体的にも困難な状況に
あることが考えられる．こうした閉鎖性は，あらゆる問題が関係の固定化した

チーム内で扱われ，結果「勝利至上主義」モデルを一層強化することにつながる．しかし，こうした関係性がトップアスリートの引退後のキャリア不安にもつながる．

　他方において，チームを「共通の目的，目標達成，アプローチに合意しその達成を誓い，互いに責任を分担する補完的な技術ならびに情報をもつ少人数の人たちから構成されるひとつの組織の形態」（Katzenbach and Douglas 1993＝1994）と定義するならば，チームの構成員は共通の目的とそれぞれの役割をもつトップアスリートやアスリートであり，勝利という結果を出すためにはチーム内での共有や合意が重要となる．それと同時に，トップアスリートであるほど，その支援者の存在が大きく，そうした支援を呼び込むためにはチーム外とのコミュニケーションは欠かせない．さらに，そうした広い視野や関係性の構築が，引退後のあり方を指し示すことにもつながるだろう．こうして，チーム内のコミュニティのあり方は，チーム外を巻き込んだコミュニティの形成に，チーム外との関わりは選手自身の長い人生そのものにフィードバックされる．もちろん，こうした関係性は選手自身のパフォーマンスに大きく影響するだろうし，さらに選手がスポーツの外の世界と関わることが，その社会のあり方に影響を及ぼすこともあるだろう．実際に，今日ではトップアスリートが行うさまざまな社会活動がある．これらの活動もスポーツに付随する活動ではなく，アスリートが行うべき活動だと捉えることができれば，スポーツとコミュニティは一貫性のある，つながりうるものだと理解できる．

　スポーツ，とりわけチームスポーツの世界では，心身ともにチームメンバーの相互作用によって，個人の力やチームメンバーの力が引き出される（久木留 2021）．そこには「共通の目標」に向けて心理的要因が作用し，勝利を引き寄せるケースが多い．こうした過程では，少なからずチームの内部に連帯や帰属意識が生まれる．その意味では，スポーツの世界において，チーム内のコミュニケーションが重要であることはこれまでも十分に指摘されてきた．トップアスリートが所属するチームにおいても，これまでのコミュニケーションは勝利に直接関連づけられる「内部」との関係性を志向するものであり，それを「外部」も含むコミュニティを作り，そうした広い関係性のなかで活動を行うという視点は乏しかった．もちろん，トップアスリートにとって勝敗は何より重要

なことに違いない. しかし, その勝敗のみを起点にコミュニケーションを捉えることは, ともすればチーム外や社会への視界を遮ることになり, このことは結果としてチームのパフォーマンスや選手自身にも影響するというジレンマにつながりかねない.

　本章では, こうした問題意識から, チームに所属するトップアスリートが, チーム内のコミュニケーションを超えて, チーム外との社会的相互作用からコミュニティを生み出していく過程と意義について考えたい. また, こうしたトップアスリートがコミュニティに貢献できる可能性についても言及していく.

1.3　日本のスポーツ観とスポーツコミュニティ

　そもそも, アスリートという存在は社会的にどのように形成されてきたのだろうか. また, スポーツの世界において, コミュニティはどのような文脈に位置づけられてきたのだろうか.

　遡れば, 1885 年に学校教育に導入された軍隊式の兵式体操は, 近代国家建設のための教育思想であり身体論であった. それは体育演習会方式の運動会として, 地域の祭りの様相を呈して広まり浸透していったという (吉見ほか 1999). 体育という教育を通じて浸透したスポーツ観とそれに基づく人間関係は, 社会情勢が変化する現代においてもなかなか消え去ることはない. 菊ほか (2015) も, 「学校体育の中で発展してきたわが国のスポーツにおいて, 垂直的な人間関係 (タテ関係) が脈々と存在してきた」ことを指摘している. 日本のトップアスリートやアスリートが属する組織には, まさにこうしたタテ関係が強固に組み込まれている.

　一方, 日本において, スポーツをする楽しさ, 喜びや面白さを味わい, 共有する権利はすべての人にあるという認識に立脚した「大衆化」されたスポーツが普及していくのは, こうしたタテ関係を内包し鍛錬主義的なスポーツの成立とは別の文脈である (中村 1998). その社会的背景として, 高度経済成長後の日本は, 人口の高齢化や第二次産業から第三次産業への推移のなかで, 人びとの生き方にこれまでにはない価値観や自己実現欲求の高まりが見られるようになったことがある. スポーツについても, ヨーロッパの "Sport for All" の考え方にも影響を受けながら, 「コミュニティという生活の場に立脚した広義のス

ポーツ」として，「健康で明るい楽しいまちづくりを目指すムーブメント」への貢献が期待されるようになった（日本スポーツ協会 2018）．

　1990 年代以降では，生涯スポーツ社会の実現のために，幅広い世代の人が自分の関心や競技レベルに合わせてさまざまなスポーツに触れる機会を生み出す「総合型地域スポーツクラブ」が設置されていった．さらに，2000 年の文科省「スポーツ振興基本計画」[2]では，地域スポーツは「行政主導による地域スポーツ振興」から「行政と住民の連携・協働による地域スポーツ」へと住民主導の取り組みへと変化していく．そして 2011 年の「スポーツ基本法」では，「スポーツ立国戦略：スポーツコミュニティジャパン」[3]としてスポーツが位置づけられた．こうして，日本のスポーツ政策も，個人の趣味やレジャー（余暇・遊び）のための「スポーツ振興」から，スポーツとの多様な関わり方（スポーツをする―みる―支える・育てる）のなかで，豊かな生涯生活と「スポーツライフ」を形成・定着させていくことを目指す「スポーツ推進」のステージへと変化しつつある（中西 2012）．戦後のコミュニティ政策もさまざまに展開されてきたが（宮垣 2021），とりわけこの間の動きのなかには，スポーツに対し人びとの結びつきを強めることへの期待が大きいように感じられる．

　このように，兵式体操からスタートしたスポーツは，社会情勢の変化に応じて人びとの生活のなかにさまざまなかたちで取り込まれるようになった．その一方で，アスリートの育成環境などを鑑みると，（タテ型の関係性のなかで）卓越性を高める禁欲主義的・鍛錬主義的な活動形態のアスリートの世界と，社会や生活と密接に関わるレジャー（余暇・遊び）形態のスポーツ振興との間には交わる点がなかなか見出せない，まるで別の世界の出来事のようにも思われる．しかし，アスリートの培う力を踏まえると，この両者は必ずしも接点のない関係ではない．次は，このトップアスリートがもつ力について考えてみよう．

2.　アスリートの力とは

2.1　アスリートに備わる3つの力

　スポーツには身体的能力，人間の連帯，卓越性への関心である「内在的価値」とルールの尊重，鍛錬と専心，危険の覚悟，エネルギーのはけ口，健康な

どの「手段的価値」の2つの価値に区別される（Drewe 2003=2012）．アスリートは，こうしたスポーツに帰属する2つの価値をトレーニングを通じて体感しており，アスリートにはスポーツを通じて備わる力として次の3つがあげられる．

　1つ目はアスリートの身体感覚である．アスリートには，スポーツ場面における「できないことができるようになる」身体感覚と，「スポーツの楽しさの実感」が身体知として養われている（齋藤 2004）．トップアスリートになればなるほど，新しい身体感覚を獲得していく過程において，常に自分の身体に向き合い，身体の声を丹念に聴き探究していると考えられる．私たちはレベルの差こそあれ，運動を通じて「できないことができるようになる」新しい感覚を獲得する喜びを知っている（齋藤 2004）．また，身体感覚に敏感であり，その感覚を肯定的に受容していることは精神的健康の高さと関連することから（田所 2009），こうした感覚は人が生きていくうえで重要な身体のサインという役割を果たす．

　2つ目に，アスリートは，不確実で予測が困難な状況において自分の周囲の資源から状況に応じた策を生み出し対処していくことを日頃から訓練しており，その意味で不確実な状況を素早く精緻化する力が養われている．たとえば，試合では，自らのコンディション，天候，対戦チーム，グラウンドの状況など，不確実で予測が困難な状況が突如として目の前に立ちはだかる．そうしたリスクや変化を想定しながらトレーニングに挑むという点では，常に見通しをもって物事にあたる能力が培われていく．トレーニングの過程でも，多くの対処について，状況を想定しそれに応じた修正を繰り返すという「認知的な備え」（久木留 2021）を行っている．

　そして3つ目は，より良いパフォーマンスを生み出すためのチームの連帯を高めることに貢献する力である．とりわけチームスポーツにおいて，高いパフォーマンスを生み出すためチーム内での役割分担が常に行われており，そのような活動や役割を通じて選手個々に備わっているライフスキル（島本ほか 2013）が高まっていくと考えられる．パフォーマンスの向上という目標に向けて，周囲の状況を把握，確認しながらリアルなコミュニケーションを重ねる機会が多く，ここでは協調行動が求められるケースが多い．たとえば，ゲームの

局面においては，身体を張って味方の防御のカバーリングに積極的に入ることは，常にチームメンバーと協力して自陣を守るという「協力」の選択である．苦しい防御で手を抜いてチームメンバーの防御のカバーには入らず休息し，自分が好きな攻撃だけに専念する「裏切り」では，勝利が遠のいていくというジレンマを生じさせる．アスリートはこうしてチームメイトと協力する選択を技術的にも精神的にも常日頃からトレーニングすることで，さまざまな判断の基準を作り，チーム内の連帯や規範を暗黙的に高めていると考えられる．

　これら3つのアスリートの力のうち，1つ目と2つ目はアスリートの個人の能力として備わっていく能力であるが，3つ目の連帯を高める力については，とくに他者との協力関係のなかで培われていく力といえる．たとえ，私たち自身がアスリートでなくても，スポーツに内在する共同性や連帯については，スポーツの観戦や体験のなかで感じ取っていることではないだろうか．

　ところが，アスリートに備わるこうした力やスポーツが内在する共同性や連帯という価値は，必ずしも自然と培われるものではないし，個人的な鍛錬だけで養えるものでもない．むしろ，チームスポーツにおいては，こうした力を高めるために，そこにおける準備が適切になされることもまた重要である．次は，その準備につながる力（本章では「ライフスキル」と呼ぶ）の獲得についていくつかの事例を紹介しよう．

2.2　スポーツを通じて獲得可能なライフスキルとは

　「ライフスキル」という言葉は，1970年代後半に，コーネル医科大学のボドウィン博士が「社会生活に必要な能力としてライフスキルが重要」と述べたのが始まりとされている（吉田2013）．1990年代には，WHO（世界保健機関）も，さまざまな社会的な問題に対処する能力，また，麻薬やエイズの防止，未成年飲酒や未成年喫煙の抑制といったヘルスプロモーションの文脈で，ライフスキルを推奨している．WHOはライフスキルを，「日常生活で生じるさまざまな問題や要求に対して，建設的かつ効果的に対処するために必要な能力」（WHO 1993=1997）と定義しており，自己認識や共感性，効果的コミュニケーション，ストレス対処など10のスキルを構成要素としてあげている．ライフスキルとは，これら多様なスキルが相互に関連し合っている広義な概念であり，それら

を獲得することは，自らの内面における心理的変化や自己を取り巻く周囲の環境などの社会的変化に対する適応能力を高めるのに非常に重要である．

　スポーツの世界のライフスキルプログラムは，1980年代の米国で学生アスリートの不祥事が相次いだことから，ジョージア工科大学が人間形成を目指すためのトータルパーソンプログラムをとり入れたことがその始まりとされている．ここでは，学生アスリートが適切に社会への移行を行えるように支援プログラムを開発し，学生アスリートの自立を目指したとされる[4]．低年齢で競技を始めた多くの学生アスリートは，自己のアイデンティティをスポーツのパフォーマンス向上のみに置き換える傾向がある．このことから，多くの時間をスポーツ活動のために使い，さまざまな社会的，学業的な経験を失っていることが社会生活へのスムーズな移行を妨げていた（松尾 2021）．こうした理解のもと，米国で注目されるようになったライフスキルには，「スポーツでの達成」，「学業での達成」，そして「人間的な成長」という3つが含まれている（横山・来田編 2009）．

　米国と同じように，日本においても大学スポーツ選手の不祥事が相次いだことが問題となり，競技者としての卓越性とその人の人間性や社会性のバランスの問題が顕在化してきた．こうしたことを受け，2005年に「アスリートのためのライフスキルプログラム研究会」が有志によって立ち上げられ，競技と人間力の両輪を目指す「アスリートのためのライフスキルプログラム」のスタート教材が発刊されるなど，少しずつこうした状況に対応する取り組みが広がりつつある[5]．

　前述の WHO の定義のとおり，ライフスキルを構成する要素にはとくに人との関わりを通じて獲得される側面が多い．したがって，スポーツの競技や練習場面のみならず，学校などのクラスの集団，企業や部署の組織の集団など目的に応じて，コミュニケーションスキルをはじめとするさまざまなライフスキルを獲得することが重要になると考えられる．そのことを踏まえ，島本ほか（2013）は「アスリートらが日常生活で生じるさまざまな問題や要求に対して建設的かつ効果的に対処し，一定の成果を生み出していくためには実際，どのようなライフスキルの獲得が強く推奨されるのだろうか」という問いを明らかにしていくために，アスリートのライフスキルの概念を10の構成要素で示し

た[6]．アスリートがその技の修得のために繰り返し練習して習得していくように，チームスポーツのライフスキルも「他者との関わり」を繰り返しながら積み重ねられていくことで養われる．したがって，パフォーマンスの向上という日々のトレーニングのなかで，こうしたライフスキルを獲得する機会を作っていくこともできるだろう．

2.3　アスリートのためのライフスキルプログラム

　では，スポーツを通じたライフスキルは，どのようにすれば引き出されるのだろうか．そのコーチングの実際について，いくつかの事例を紹介しよう．

　日本のバスケットボール女子実業団トップリーグに加盟するあるチームでは2018年からの2年間，選手間の「当事者意識を促しコミュニケーションを高める」ためのライフスキルプログラムを実施した．チーム内での役割（オフェンス班，ディフェンス班，ムード班など）を作り，練習前後で班ごとに議論した内容を発表する場を設けた．図6-1は，選手たちがチームメイト全体の前で発言できるまでの経過を辿ったものである．チームの役割を導入したばかりの選手の反応は「戸惑い」から「わりきり」，そこから考えて発言するような「思考」の過程を通り，試合に向けて「覚悟」が伴っていった．チーム内で発言できずに“もじもじ”していた選手たちが，自分たちの役割を果たすよう取り組むことで，意味のある双方向的な声かけができるようになり，次第に効果的なコミュニケーションスキルが蓄積されていった．また，ムード班の存在も大きい．選手たちに「ミスが続いたらベンチを見て」とこれまでにない声かけが生まれ，アスリートたちの相互理解が生まれ，チーム全体の士気が上がっていった．その過程では，指導者は各班の選手間の対話を大事にし，相互に協力できるような姿勢に徹した．これらの取り組みは，個人の資質の向上とともに，チーム内に協働の「場」を形成するものといえる．こうした取り組みが功を奏し，コミュニケーションスキルの獲得とともにチームの勝率も伸びていったという（藪内・東海林 2020）．

　また，チーム内のコミュニケーションスキルを獲得するライフスキルプログラムと，そのスキルを外部で実践する取り組みを通じて，新たなライフスキルを獲得し積み重ねていくハンドボールチームの事例がある．このチームでは，

●図6-1　チーム内の役割を通じたライフスキル獲得の過程

導入期 2018年8月20日 戸惑い	選手：「何をどうやったらいいですか?」との問い
	コーチ：「練習前後にグループで目標を設定し，何かひとつ考えて発表する」ことを伝える。発言の内容は簡単だったがまずは1ヵ月くらいは何も言わずに見守った。その後，「もう少し掘り下げてみて」と伝えた。
準備期1 2018年9月20日 わりきり	選手：「順番で発表しよう」とわりきり，選手間でのアイデアが見られるようになった。
	コーチの印象：内容はまだ漠然としているが，もじもじしなくなった，大きい声が出せるようになった。
準備期2 2018年10月20日 思考	コーチの印象：具体的な事例が出てそれを言葉で説明できるようになった。ベンチから全員の声がでるようになった。
	コーチ：「今日はディフェンス中心の練習だからディフェンス班がリードとって」と声をかけるようにした。コーチの印象：各班の目標が回数など具体的な目標設定につながるような内容に変化していった。
試合期 2018年11月20日 覚悟	選手：「ミスが続いたらベンチを見て!」などの一体感が感じられるような声かけができるようになってきた。

ペアストレッチによる「コミュニケーションスキル」や練習前後の「目標設定」，振り返りなどを通じた「考える力」などのライフスキルの獲得そのものが，すべてのトレーニングのなかに設計されていた。さらに，それを外部での小学生向けのハンドボール教室において，ハンドボールの技術を伝達するだけでなく，子どもたちにハンドボールを通じた学びや夢について，トップアスリート自身が小学生に伝えていくことを大事にしていた。そのための準備でも，事前に子どもたちに習得してもらいたいことをチーム内で議論し，まとめ，それを論理的かつ気持ちが伝わるように，それぞれが工夫して伝達した。講習会後もビデオを振り返りながら適切な話し方であったのか，伝えたいことを伝えることができたのかなどをチーム内で振り返り次に生かす準備をするようにした。また，こうした取り組みのほかにも，トップアスリートが勤務している職場において，スポーツを通じて獲得した価値意識について，社員と対話できる

ように事前の準備やトレーニングを積み重ねていった．こうした取り組みが功を奏し，クラブチームでありながら日本の女子トップリーグのベスト4に入る戦績を残している（東海林祐子 2021）．

　以上の事例には，①場を作ること，②チーム内外のコミュニケーションを活発にすることの意義が端的に示されている．重要なことは，こうした取り組みが，競技やその勝敗と無関係なものとして位置づけられているのではないということだろう．むしろ直接的に競技に関与する技術・戦術以外の空間における取り組みこそが，結果としてそのチームや個人のパフォーマンスを高めるという考え方である．コミュニティを作る，コミュニティに関わるということが，アスリート自身に良いフィードバックをもたらすのであり，そうした考え方や取り組みは，ここで紹介した事例のみならず次第に広がってきている[7]．

2.4　チーム内のコミュニティ形成とチーム外への広がり

　ホッケー競技の日本代表チームでは，トレーニングや試合などの場は，自分の個性や能力を拡大するためにチャレンジする空間（ピッチのなか），それ以外のクラブのさまざまな活動の場は，他者を知り，他者とのコミュニケーションを図るなかで自分を社会化する空間（ピッチの外）の2つの場を意図的に作り出すことによってパフォーマンスの向上が目指されたという（寺本 2019）．こうした捉え方を掘り下げて考えると，アスリートはピッチのなか，すなわち「技術や戦術を高める空間」（荒井 2003）のみでなく，実にさまざまな「ピッチの外」の空間に関わり合っているかに気づかされる．

　そうしたインフォーマルなピッチ外の空間で，それぞれの関心事に応じて役割を発揮し，それぞれの役割間のやりとりを積み重ねていくことで，その経験が技術・戦術を高めるピッチのなかの空間へも間接的に影響をしていく．「トレーニング班」や「栄養班」などは競技力とも関連が強いが，「子育て班」や「掃除班」などは競技に直接的には関連しない．しかし，これらの役割は相互に関連しあってチームの結束を高め，パフォーマンスも向上する（東海林 2011，東海林祐子 2021，東海林毅 2021，藪内・東海林 2020）．このように，ピッチの外にあるさまざまな空間での関わり方に意識を向けることで，結果としてチーム全体の結束を高めるコミュニティが形成されているのだと考えることがで

きる.

　また，ムードにせよ食事や子育てにせよ，「ピッチの外」とされる多様なテーマは，それ自体が競技のなかの話として閉じることはできず，必然的にチーム外の社会とつながるものである．したがって，こうした取り組みは，チーム外の世界へ接続し視野を広げるためのトレーニングや契機ともなり，それは多様な他者とのつながりへと関係性を広げていくだろう．このように，チーム内でのライフスキルプログラムのトレーニングは，コミュニティへのつながり方の前段階を学ぶのだともいえるだろう.

　こうしたスキルは，試合の結果である勝利のみを考える視点からすると，技術や戦術へ集中するべき時間や労力を奪ってしまう「余計なもの」に見られがちかもしれない．しかし，アスリートという存在を，競技という側面だけで切り取って捉えるのでなく，アスリート自身の生活全体や長い人生という文脈のなかでと考えると極めて重要なものなのである.

3. アスリートの資質を高めるコミュニティとは

3.1　アスリートのセカンドキャリアという課題

　もちろん，トップチームやトップアスリートを取り巻く現状を考えると，アスリートが競技以外の空間で社会へとつながる行動を起こすことは物理的にも精神的にもそう簡単ではないことが考えられる．「アスリートが高い競技力を維持していくためには競技者以外の何者でも許されない状況」（小島 2008）があり，また社会情勢によっては経営面での支援を受けることができず，スポーツそのものが実施できない状況となることもあるからだ.

　しかし，アスリート自身の視点からは，あるいはアスリートを競技的側面のみならず全人的な存在として捉えるならば，チーム内外にコミュニティを作る力やその社会への広がりは，長期的に見て決して余計なこととはいえない．以下では，トップアスリートが必ず直面する，競技からの引退やライフイベントに対処する局面を考えてみよう.

　とりわけトップアスリートは，競技に専念していればこそ引退直後に直面する「セカンドキャリア」という問題が大きくなる．たとえ競技空間で獲得した

強さがあっても，それを社会のなかで発揮する術をもたぬまま引退をむかえ，その後のキャリアに関する悩みが発生することは決して珍しいことではない．

　米国では，前述したように，1980 年代に学生アスリートの深刻な問題が顕在化し，それがライフスキルトレーニングへの関心にもつながった．そもそもここで生じる問題の要因を探っていくと，プロに進めない，あるいはプロに進んでも成功できなかった選手がセカンドキャリアに苦しみ，社会人として自立できないことが多く指摘されてきた（吉田 2013）．日本でも，競技引退後の選手がその後に何をやってよいのかわからないという現状を多く抱えていることや，貯蓄も社会関係もなく引退後から再就職までの生活に苦労する元選手が多いことなど，アスリートが社会に適応できずに孤立する様子がしばしば報告されている[8]．

　こうした数々の問題は，引退後に対処するのでは遅く，むしろ現役中から社会と関わり，自ら考え，その準備をしている必要があると考えられる．ところが，現役中の選手の多くは，受動的・消極的であることが指摘されている．バスケットボール部の女子チームに関する藪内・東海林（2020）の報告によると，トレーニング場面における発言はチームのキャプテンや副キャプテンなど一部の選手に限られ，トップリーグのトップアスリートですら「当事者意識がない」という課題が見られた．その要因として「育成年代からこれまで，黙って指導者の指示するとおりにやってきたことで，自分で考えて自分の意見を言うことは認められなかったのではないか」という連綿と連なるコーチングの課題が指摘されている．これは，チーム内のコミュニケーションがコーチと一部のアスリート間という限られた関係性で完結していることを意味する．また筆者の調査（東海林祐子 2021）でも，ハンドボールのトップリーグのチームで「意図的にコミュニケーションを誘発するようなコーチングをしないと，選手はなかなか人前で話ができない」ことやそうしたスキルを修得した選手は「所属する企業においても職場の人と連携し業務遂行をスムーズにこなすことができる」との見方がコーチのインタビューから明らかになった．

　多くのトップアスリートが直面する引退後のセカンドキャリアの課題には，こうした現役中からの普段見過ごされがちな日常の積み重ねが影響している．トップアスリートとコーチ間などの閉じられた空間と限られた関係性のなかで

は，社会に接続する機会もなく，セカンドキャリアの課題の解決には至らない
ことは容易に想像ができよう．

3.2　女性アスリートのライフイベントコミュニティの意義

　社会との接続に乏しいアスリートのなかでも，とりわけ妊娠や出産などのラ
イフイベントで競技継続が中断される可能性がある女性アスリートにとって，
引退後や復帰に伴う課題は（なかには現役中であっても）一層深刻であると考
えられる．

　筆者が縦断的に観察しているチームで，三重県鈴鹿市を拠点とする日本ハン
ドボールリーグに加盟するチームがある．2019 年にはこのチームの女性アス
リートが出産し，子どもを抱えながら競技復活を目指したが，その過程におい
てもライフスキルプログラムの取り組みが役立った．このクラブは前述したチー
ム内でのコミュニケーションを高めるプログラムをトレーニング全般に取り
入れており，チーム内でのコミュニティ形成やチーム外へのつながりの意識が
高いチームである．しかし，チームにとっても女性アスリートを雇用している
企業にとっても，妊娠・出産は初めての出来事であるために，さまざまな対応
を迫られることとなった．なかでも苦労したことは，夜間に実施される練習中
の子どもの預け先であった．鈴鹿市の子育て支援課のファミリーサポート事業
を活用することになったが，対応した行政職員は以前から試合観戦に行くなど
チームを応援しており，コミュニケーションもスムーズであったという．さら
に，子どもの預け先はいつもチームを応援してくれているサポーターに依頼し
快諾を得た．初めての出産や育児，さらには競技との両立において抱える不安
は大きいと予想されるが，こうしたチーム外での支援は選手にとって大変心強
いものとなる．日ごろのスポーツ活動を通じたチーム内外のコミュニケーショ
ンが，アスリートを取り巻く良いコミュニティを醸成していくことになり，こ
うしたライフイベントの困難な課題が徐々に解決されていくのではないかと考
えられる．チームの監督は，当時の様子について「チームのミーティングや練
習，遠征に子どもを連れて参加する光景が次第にチーム内で自然となり，家族
と一緒に頑張る姿が他の選手たちに多様性を認め合う形でとってもいい影響を
与えてくれています．（中略）その時，その時で本人と話し合いながら彼女が

ハンドボールに集中しやすい環境を整えていけたらと考えています」と当時の取り組みを振り返っている[9].

　こうした環境づくりは，結果としてアスリートのパフォーマンスを高めることに寄与するだろう．チームの外へと拓かれたコミュニケーションが非常に重要であることがわかる．

3.3　コミュニティを作り社会に参画する女性アスリート

　2020 年東京オリンピック・パラリンピック大会のアスリートデータ（General Interest）には，アスリート個々の競技歴だけでなくそれ以外の関心事についても公開されている[10]．この内容からは，トップアスリートが実に多様な社会活動と関わっていることがわかる．たとえば，オリンピック競技の女子サッカーの社会活動の実施者を国別で見ると，ベスト 8 位以上では，英国チームの 7 名が最も多かった．次いで米国，カナダ，ブラジルが 6 名，オーストラリアが 5 名で，対してニュージーランドが 3 名，日本とスウェーデンがそれぞれ 1 名であった．金メダルを獲得したカナダのアスリートの一人は，カナダ女性財団と協力して，COVID-19 パンデミックの影響を受けた少女たちのための資金調達の支援に関する活動が示されていた．世界の強豪チームのトップアスリートこそ，むしろこうした取り組みを行っていることは興味深い．

　では，日本ではどうだろうか．東海林ほか（2021）は，日本の女子のトップリーグでそれぞれ戦う 7 つのチーム競技[11]の女性トップアスリート 838 名を対象に，「女子アスリートの引退前のキャリアの現状と課題」についてのアンケート調査を実施した（調査時期は 2021 年 3 月〜4 月）．なかでも，「将来のキャリアに向けて今後どのような取り組みを実施しますか？」という設問の回答は，トップアスリートが現役中および引退後に，競技とチーム内外の活動の両立をどのように目指しているかという点で，参考となる（図6-2）．

　複数回答のうち最も多かったのは，「資格などの勉強」（22%）であり，「自己分析」（18%），「周囲へのキャリア相談」（14%）など，練習と両立が可能な取り組みを希望していることがわかる．こうしたなか，全体の 5% であるものの，「チーム活動とは別に自らの問題意識にもとづいた社会活動」の回答も一定程度あり，何かしらの問題意識や社会課題をトップアスリート自身が感じて

●図6-2　女性アスリートの将来のキャリアに向けた準備

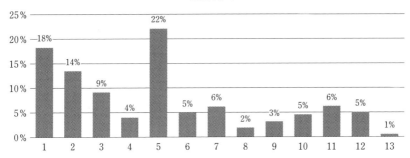

今後，将来のキャリアに向けてどのような準備をしていきたいと思いますか
※複数回答可

1. 自己分析
2. 周囲へのキャリア相談
3. パソコンスキルなどのスキル研修
4. SNSへの発信
5. 資格などの勉強
6. 所属組織から案内のあるセミナー・研修等
　 への参加
7. 外部セミナー・検討への自主参加

8. 会社訪問
9. インターンシップ
10. 何もやっていない
11. チームで取り組む社会活動への参加
　　（技術伝達講習会や子ども向けのスクールなど）
12. チーム活動とは別に自らの問題意識に
　　もとづいた社会活動
13. その他

いると考えられる．なお，この回答（5%）ではサッカー競技のアスリートの占める割合が45%であり，2021年9月のWEリーグ開幕を前にして，選手の社会貢献の意識の高まりが見られたのではないかとも考えられ興味深い．

　このサッカー競技に関しては，元日本代表や現役のサッカー選手たちが，女子サッカーの価値向上などを目的として一般社団法人「なでしこケア」を設立し，活動をスタートさせている[12]．なでしこケアは，若い女性サッカー選手の育成や，プロ選手の引退後を見据えたキャリアビルディング，さらには地域や社会の課題解決への取り組みなどを行っている．このように，トップアスリートたち自身が自らの経験も活かしながら，自発的な社会貢献が徐々に見られるようになってきた．

　アスリートが自ら行動し社会に発信を始めた別の事例として，性的指向および性自認に関して，現役のアスリートで初めて性的マイノリティであることを公表した下山田志帆選手の取り組みにも触れておきたい．下山田選手は，2019年春にドイツのサッカーチーム・SVメッペンでプロサッカー選手として活躍

する実績を有しており，その後なでしこ1部リーグでプロのサッカー選手とし
てプレイをしながら，LGBTに関する講演活動や情報発信，選手が安心して身
に着けられる生理用のボクサーショーツの開発などに取り組んでいる．下山田
選手はLGBTが社会に受け入れてもらえず，生きづらさを感じたという自分
の経験が動機となり，スポーツ界や社会で生きづらさを感じている人の助けに
なれたらと，社会活動をエネルギッシュに実践している一人である[13]．

　以上で紹介した事例は，いずれもアスリートが自ら行動し，社会に発信しよ
うとするものである．そこに共通するのは，競技空間（ピッチ内の空間）と競
技以外の空間（ピッチ外の空間）を意味あるかたちでつなげようとする姿勢で
あるといえる．

4.　アスリートにとってのコミュニティの意義

　これまで見てきたように，アスリートにとってのコミュニティとは，短期的
な視野からは，チーム内の場を形成し，コミュニケーションを促進することで
結束を高める役割を果たすものであるといえる．それはパフォーマンスを高め
るということに大いに役立つ．そして，それがチームの外へと拡がっていくこ
とにより，そこで生じるコミュニケーションがアスリートの主体性を高め，さ
まざまなライフスキルの獲得にもつながる．このことは，結果的にチーム全体
やアスリート自身のパフォーマンスにもポジティブな影響を及ぼすという点で，
決して競技の空間での出来事と無縁ではないものだといえる．しかし，この視
点（チームの外への拡がり）には乏しい．なぜなら，日本のアスリートは，こ
れまでひとつの競技に打ち込む「競技者モデル」が求められてきたからだ（菊
ほか 2015）．また，競技以外の限られた時間で仕事や学業に従事するため，競
技に打ち込む時間が長ければ長いほど，「ピッチの外」での活動時間も限られ，
時にそれは余計なものとも捉えられ，社会との接続の乏しい空間に閉じてしま
うことになる．しかし，アスリートを全人的に理解し，さまざまなライフイベ
ントやセカンドキャリアに直面する存在として捉えると，現役時代からコミュ
ニティを作り，それに関わるという姿勢や経験は，長期的な視野からも意味の
あることだといえる．もちろん，こうした姿勢もまた，アスリートのパフォー

マンス向上に影響するだろう．すなわち，コミュニティという視点をもち込めば，ピッチの内と外は，決して別の世界の話ではなくなるのである．

　日本のアスリート観は，ともすれば，禁欲的鍛錬による目的達成を目指す存在として見られがちであり，競技力を高めるためには，苦しさを伴う修行を乗り越えてこそ価値があるという風潮が根強く残っていると思われる．そのために，苦しさや悲しさなどを含むネガティブな感情を表出することはご法度であり，アスリートは弱さを見せてはならない，いつでも強い存在でなくてはならないという，周囲からの役割期待や自身の内的規範がある．他方において，アスリート自身が主体的にコミュニティに関わり，コミュニケーションを高める場面においては，常に「強い個人」を見せ続けることは困難となるから，さまざまな課題を抱えた「弱い存在」であることをも共有することにならざるをえない．このことは，とくに勝利至上主義が色濃く残る今日において，強さを求められてきたトップアスリートにとって躊躇することといえるかもしれない．しかし，この「弱さ」の抑圧がコミュニティへの接続の壁になっているのかもしれないのである．アスリートがその力を発揮するためには，こうした弱さの是認が必要だろう．そして，それこそがコミュニティを作り，関わっていくことなのだといえる．

　トップアスリートには，その競技に集中できる環境づくりのためにさまざまな支援がなされる．もちろんそれは必要なことに違いない．しかし，その支援が，競技外のことを排除し，アスリートを競技者モデルのなかに閉じ込めることであるとすれば，それは一方的な援助でしかなく，むしろ依存を高めることにもなりかねない．アスリートの主体性という観点からは，時に悪循環を生み出すことにもつながる．重要なことは，アスリート自身が自ら考え，行動することであり，その力を養うためにも「ピッチの外」の場において他者と関わり合っていくことには大きな意義がある．

【注】
  1) 本章では，トップアスリートが競技との出会い（競技開始期），才能を伸ばし（育成期），トップレベルで戦い合うまでに成長し（エリート期），やがて引退するまで（引退期）の4段階（久木留 2021）のうち，「トップレベルで戦い合うまでに成長したエリート期から引退期までの期間を指すエリートレベルに達した成人のアスリート」をトップアスリート

と表現している．また，アスリートは各スポーツ競技団体に登録をし，競技力向上を目指し競技会やコンテストに参加する人を指している．

2) 文部科学省（2000），「スポーツ振興基本計画」（平成 12 年 9 月 13 日改定）（https://www.mext.go.jp/a_m enu/sports/plan/index.htm）．

　　スポーツ基本法制定の趣旨と見直しの方向を紹介した，鈴木寛（2020），「オリンピック・パラリンピックの意義・スポーツの価値の論じ方—有用性を超えたスポーツ政策研究の今後」『KEIO SFC Journal』20(1), pp. 234-257 が参考となる．

3) 文部科学省（2010），「スポーツ立国戦略（案）—スポーツコミュニティ・ニッポン—本文」（平成 22 年 7 月 20 日改定）（https://www.mext.go.jp/a_menu/sports/rikkoku/1297182.htm）．

4) NCAA（National Collegiate Athletic Association）では，教育や人間的成長の支援として大学生アスリートにライフスキルプログラムを実施している（https://www.ncaa.org/about/resources/leadership-development/life-skills）．

5) アスリートのためのライフスキルプログラム研究会は，現役のアスリートのほか，スポーツ指導者，マスコミ関係者，研究者などのメンバーから成る研究会．編集工房ソシエタスの清家輝文氏（故人）・田口久美子氏・東京工業大名誉教授の石井源信氏などが発起人．

6) アスリートのライフスキルを構成する 10 の構成要素とは「最善の努力」，「礼儀・マナー」，「考える力」，「謙虚な心」，「責任ある行動」「目標設定」，「コミュニケーション」，「体調管理」，「感謝する心」，「ストレスマネジメント」である．

7) サッカーの学生アスリートの事例として，競技に直接的に関連のないブラインドサッカーイベントの成功に向けて，チームの外部の他者と協力しながらアスリートが関わるというオフザピッチ（コートの外）の取り組みが，コミュニケーションスキルのトレーニングとなり，競技力向上にも寄与した報告もある（東海林毅（2021），「大学生サッカー部におけるオフザピッチの活動が競技力向上に与える影響の検討」『城西大学経営紀要』17, pp. 69-86）．

8) トレイルランナーの鏑木は，日本のアスリートについて一般的にトップアスリートともなるとそのスポーツカテゴリーの中ではエリートの道を歩み，注目を浴びながら特別に扱われることが思考の視野を狭め，考え方の多様性を失ってしまうことを指摘している（鏑木毅「アスリートのメンタル　ストレスの耐性，競技力とは別」『日本経済新聞』2021 年 7 月 22 日夕刊）．

9) 本取り組みは，スポーツ庁委託事業・女性アスリートの育成・支援プロジェクト『女性アスリートをどのように支援するか〜先輩アスリートの経験から学ぶ〜 Ver. 2』「（公財）日本ハンドボール協会への展開例」, pp. 26-27（奥脇透・土肥美智子監修，2021 年 2 月発行，独立行政法人日本スポーツ振興センター・ハイパフォーマンススポーツセンター・国立スポーツ科学センター編集／発行）の取り組みのひとつである．

10) 国際オリンピック委員会（IOC）の公式ホームページ（https://olympics.com/tokyo-2020/olympic-games/en/results/all-sports/athletes.htm）から参照可能である．選手データの記入方法については詳細はない．本章ではホームページからの情報をもとに内容と実

数のみを示した.

11) 7つのチームスポーツは, サッカー・ソフトボール・バスケットボール・バレーボール・ハンドボール・フットサル・ホッケーである.

12) web Sportiva「女子サッカー選手が描く新しい地図. 未来のための「なでしこケア」」(https://sportiva.shueisha.co.jp/clm/football/jfootball/2019/07/20/___split_79/)

13) 下山田志帆(2021),「性的少数者, 伝えられる社会に」『日本経済新聞』2021年8月13日朝刊.

コラム11　地域連携による探究学習活動

　近年，学校と地域が連携して行う「探究学習活動」に注目が集まっており，その内容が多様化していくことで，子どもたちの学びの場が広がることに期待が寄せられている．一方，都市部を中心に地域との関係性が希薄になっている学校もあり，「探究学習活動」を地域と連携して行っていくには，学習支援体制の見直しを図るなど，解決しなければならない課題も多い．

　2022年度から高等学校では，従来の「総合的な学習の時間」から「総合的な探究の時間」へと名称が変わり，「古典探究」や「理数探究」といった科目が新設されるなど，「探究」という視点がますます重視されるようになってきた．新学習指導要領の「探究」における定義は，「問題解決的な学習が発展的に繰り返されていくこと」であり，「物事の本質を自己との関わりで探り見極めようとする一連の知的営み」であると記されている（文部科学省 2018）．この「探究」をとり入れた学習活動（探究学習活動）が重視されるようになった一因には，予測不可能な難題に直面したとき，自ら問いを立て，課題解決に向けて実際に行動できる資質・能力を子どもたちに身につけてほしいといった社会的な要請が深く関わっている．

　また，近年では，コミュニティ・スクールや地域学校協働活動などを導入した学校制度改革が急速に進んでおり，保護者・地域住民・企業・NPOなどの多様な主体による学校運営への参加も活発になってきた．とはいえ，子どもたちの学習活動のすべてに保護者や地域の人びとが関わっていくことは現実的に難しい．そこで，多くの学校で導入されているのが，探究学習活動を中核として教育課程を社会に開いていくことであり，地域住民と子どもたちが地域のさまざまな課題を解決しながら，地域の創生や活性化をともに目指していくことが重視されるようになってきたのである（河村 2020）．探究学習活動の取り組みが広がってくれば，学校外の専門家の力も活かして，多種多様な学習ニーズに対応できる指導が可能となり，子どもたちにとってそれが大きなメリットとなるだろう．もちろん，教員の負担感の軽減につながる可能性も大いに考えられる．

　このように，探究学習活動には地域との連携が重要となるが，2020年春以降のコロナ禍においては，子どもたちと地域住民が直接に触れ合いながら体験する機会が制限され，探究学習活動をどのように実施すべきかが課題となっている．もちろん「GIGAスクール構想」をはじめ，文部科学省がICT教育の推進を行ってきていることもあり，オンライン授業をとり入れながら積極的に探究学習活動を実践している学校も増え続けてきている．だが，いくら端末や機器の整備，Wi-Fi環境の問題が解決したとしても，子どもたちがオンライン授業を安定的に受けることができるようになるまでは，学校や家庭でICT学習トレーニングを日常的に行う必要があり，それを教員だけで継続的に指導することはできない．堀田ほか（2020）のように，ICT教育の推進は，もはや学校の教員だ

けが担う時代ではなく，これこそ家庭や地域住民，大学や企業とともに，より「開かれた学校」を目指しながら校外連携体制を構築することが必要であるとの指摘もある．

　筆者も，教員の負担が大きいといわれる探究学習活動を，コロナ禍という状況を鑑み，ICTを活用して支援していくことはできないかと考え，その具体的な試みとして以下の2つのプロジェクトを立ちあげることにした．

　1つ目のプロジェクトは，慶應義塾大学SFC研究所「みらいのまちをつくる・ラボ」を拠点に，東京都品川区内にある小学校の探究学習活動を大学生や地域住民が継続的に支援する「オンライン出前授業」である．具体的には，小学校（小学3年生の3クラス：約90名が参加）と大学生や地域住民（約30名のボランティアが参加）をオンラインでつなぎ，ゴミ問題や交通量の問題など，子どもたちが地域の課題であると捉えた内容について，児童・学生・住民らがそれぞれもっている知識や情報を出し合い，解決策を検討していこうというものである．クラス担任からは，「コロナ禍によってほとんどの校外学習が中止となってしまったが，オンライン出前授業を通じて学生や地域住民との関わりをもつことができ，子どもたちは毎回の授業を本当に楽しみにしている」との声があった．さらに，地域住民や学生の事後アンケートでも，「互いに学び合うことの重要性にあらためて気づいた」などのコメントがあげられ，地域の課題解決に向けて協働することの意義を再確認するよい契機になったのではないかと考えている．

　2つ目は，「KIDA（キーダ）PROJECT 2020〜江戸の伝統技術で，未来の東京をデザインする〜」という探究学習プロジェクトだ．これは，伝統を受け継ぐ一流の職人から，子どもたちが「本物」の技や知識をオンラインで学び，そこで学んだことをいかして，社会のさまざまな課題を解決するための新商品の開発につなげるというものである．プロジェクトの最終目標は，職人や企業といったいわゆるその道の「プロ」の前で，子どもたち自身が企画・デザインした商品についてプレゼンテーションをすることであった．最終発表会には，総勢約70名の視聴者がオンラインで参加した．子どもたちの事後アンケートでは，「本物の職人さんや企業の方からコメントをもらえて嬉しかった」「指摘されたことをもっと調べて，商品化できるようにしてみたい」などの意見が多数寄せられ，伝統文化に対する探究心が深まっていく過程が手にとるようにわかった．

　この2つのプロジェクトは，子どもと地域住民がそれぞれもっている知識や経験を共有することで，新しい価値（解決策）を生み出そうとする試みであり，探究学習活動とICTを組み合わせた活動のなかに，教育における人と人とのつながり方の新たな可能性を予見させるものであった．学校や地域が予測不可能な時代を生き抜く子どもたちの学びを支えていくためには，地域連携による探究学習活動についての新たな方策や可能性を探っていくことが必要であり，ICTもこうした観点から活用されるべきだろう．否応なしにやってくる新しい時代においては，地域連携による探究学習活動とICTの活用は表裏一体なものとなるに違いない．

（醍醐身奈）

コラム 12　協議会型の住民自治によるコミュニティ再編

　市町村合併は，市町村数を減少させ行政区域を広域化する政策である．日本では，明治時代から長期にわたり政策的に進められ，平成の時代にはいわゆる「平成の大合併」で，1999 年に 3,234 あった市町村が 2019 年には 1,718 までに減少した．この目的は，人口減少・少子高齢化および地方分権を見据えた市町村の行財政基盤の確立と施政に民意を反映させるための地域住民との結びつきの強化であった．しかし，広域化した基礎自治体では，役場が支所化したことで周辺部の過疎化が以前に増して進行し，地域コミュニティの衰退や住民自治の希薄化が課題となっていた．

　他方，町内の環境美化，防犯・防災対策，高齢者や子どもの福祉などの地域活動を担ってきた町内会・自治会などの地縁組織は担い手不足や活動の形骸化，組織の持続性などの課題を抱えており，そのあり方が問われてきた．組織数や活動領域を拡大しているNPO に代表される非営利活動団体などについても，地域で活動する際，地縁組織等との連携は進んでいないなどの課題がある．こうしたなか，ひとつの動きとして着目されるのが，地域で活動するさまざまな組織や人が集まり一体となって地域課題について議論し，対応する「協議会型」の住民組織を導入する流れである．

　協議会型の住民組織とは，自治会・町内会などの地域住民組織と諸地域団体を一本化し，さらに地域で活動するボランティア団体，NPO，学校，PTA，企業等が連携することで包括的に地域課題の解決を図る組織を指す．特長は，地方自治法や自治体独自の条例や要綱などによって位置づけることで，「地域を代表する組織」として，実態的にも制度的にも行政と協力関係が構築されている点である．地域課題に包括的に取り組むために，組織がある程度使途を決めることができる包括補助金を出す自治体も多い．自治体の方針によって「地域自治組織」「地域運営組織」，「地域自主組織」，「まちづくり協議会」，「コミュニティ協議会」等と名称はさまざまであるが，地域課題の解決は，いまや単一組織のみが担う時代から，多様なタイプの組織や人がその機能を生かし，連携して課題解決の実現を担う複合かつ重層的な時代へと移り変わっているといえるだろう．では，実際に組織の設立を委ねられた住民は，どのように組織がつくり，活動する主体となっていくのだろうか．その一例として鳥取県大山町（だいせんちょう）を紹介する．

　鳥取県の西部に位置する大山町は，2005 年に旧大山町，旧名和町，旧中山町の 3 町が合併して誕生した，人口約 1 万 6 千人の自治体である．大山町では，合併後の 2009年から「個々の集落の活力の低下が懸念されなか，地区内の集落が力を合わせて地区全体の活性化を図るためのまちづくり活動を進めること」を目的に，おおむね旧小学校区単位の全 10 地区それぞれに，「地域自主組織」と呼ばれる協議会型の住民組織を設立する動きが始まった．組織構成は，各集落の区長と任意の住民から成るシンプルなものであり，地縁組織寄りだといえる．しかし，旧来の地縁組織と異なる点は，参加単位が世

帯ではなく任意の個人も可能である点，そして決まった活動があるわけではなく，組織成員が地域で必要な活動を一から考え，協議したうえで地域住民の協力を得ながら実現するという点である．

　大山町ではこうした組織の設立にあたり，役場担当者を中心に「集落の健康診断」と称したワークショップや集落座談会を行い，地域課題の洗い出しをしながら組織設立の準備が進められた．しかし，設立当初は組織の必要性に疑問の声をあげる住民や，組織成員が集まらず会議が成り立たない地区もあるなど，一様には進まなかった．組織を設立するといっても経験者は多くなく，また全員が前向きな理由で参加しているわけでもない．たとえ行政からの働きかけがあったとしても，活動へ参加するには住民の自主性や自発性といったボランタリーな意思に基づいて行動することが欠かせない．では，いかにして組織が作られ，活動が生み出されたのだろうか．筆者が実施した調査からは，次のような特徴ある現象が明らかになった．

　まずは，「地区を越えたつながりの構築・関係の更新」である．組織を設立するにあたり，住民は名前だけを知る人や高校の同級生などの疎遠になっていた縁を辿りながら組織設立の準備や活動の相談や情報交換を行い，町内に広範なネットワークを築いていた．単なる「知り合い」だった関係が，組織を設立するという目的を共有する間柄へと関係の意味が更新され，互いの活動を助け合う「協力関係」へと変化した．このことが組織設立を推進したひとつの要因であると推察される．次に起きていた現象は，「地域課題に取り組む主体としての自覚や視点・思考の涵養」である．組織設立当初は，住民同士の親睦を目的とした活動が多く行われていた．しかし，経験が蓄積されるにつれ，子どもの居場所づくり，廃止になりかけていたお祭りや運動会の実施，集落単位では担えなくなった敬老会の支援，高校生の通学支援，共助交通のしくみの導入，町の診療所の医師等と連携して集落を回る健康啓発活動など，地域課題の解決を意識した活動が複数生まれるようになった．さらにいくつかの組織では，公共施設の管理運営を受託して，それ以前よりも利用率や収益を上げるなどの実績をあげている．組織成員は，活動を継続するなかで地域や住民の実態を知り，地域を包括的に捉えることで課題に気づき，解決を目指す「主体」へと変容したと推察される．

　本事例で確認された，住民が自発的にネットワークを構築し，地域課題の解決を志向する組織へと変容する様は，制度的な地域変容が実質的な地域再編を起こすという意味において，また市民参加の間口の広がりや住民自らが地域に資する活動を生み出すという意味において，市町村合併の課題であった地域コミュニティの衰退や住民自治の希薄化に対して一定の効果が期待できるものとして捉えることができるだろう．

（稲垣　円）

第7章

障害者のスポーツ参加のもつ意義
～多様性のプラットフォームとしての地域スポーツの可能性

塩田琴美

1. 障害者のスポーツ参加

1.1 理学療法士としての気づきから

　2020東京オリンピック・パラリンピックのビジョンのひとつに「多様性と調和」が掲げられたように，近年では，障害者の社会参加に向けた取り組みがさまざまな領域で行われるようになっている．

　筆者が障害者のスポーツ参加を促進するための研究に取り組むきっかけとなったのは，理学療法士として病院に勤務をし始めた頃のことである．診療報酬の改定がなされた2006年当時，回復見込みのある患者や日常生活の自立も不十分な患者でさえも早期退院を迫られる様子が多く見られた[1]．リハビリテーションを終えた患者は，地域での受け皿もないまま途方に暮れるしかなく「リハビリ難民」という言葉さえ生まれた[2]．とくに，若年者で脳血管障害などの後遺症により障害を併発すると仕事も退職を余儀なくされるなど，社会から閉ざされた生活となり，退院しても居場所を見失っていた．外来での通院も対症療法にすぎなく，治療をしても一時的には良くなるもののまた自宅に戻れば悪化するという負のスパイラルとなってしまう．こうして，障害者が地域で身体を動かすことのできる場や，そうした人たちを包摂するコミュニティを増やしたいという思いがきっかけとなり，現在も研究や活動を続けている．しかし，この分野で研究や実践的な活動行うにあたっては，さまざまな面で思いどおり

にいかないことも多い．本章では，このテーマに取り組む筆者自身の思いや悩み・葛藤を踏まえつつ，障害者の社会参加のためのコミュニティとして障害者スポーツとパラリンピックを捉え，障害者が社会参加をするための課題とその方策について掘り下げていこうと思う．

　なお，障害者の記載については，一般的に「害」をひらがな表記にすることもあるが，筆者は言葉の表現として害を取り除けばよいわけでもないと考えていることから，本章では法令に準拠し障害者と表記している．また，日本障がい者スポーツ協会では，2021年10月に障害者のスポーツに関わることを総称して，パラ・スポーツとすることを発表したが，パラリンピックのスポーツとの混同を避けるため，障害者スポーツと表記している．

1.2　パラリンピックのメダルランキングから見る日本の課題

　日本での障害者スポーツは，1960年に医師である中村裕がリハビリテーション研究のために欧米に派遣され，パラリンピックの創設者でもあるグットマン博士と出会ったことから始まったとされる[3]．グットマン博士の勤務先でもあったストーク・マンデビル病院では，脊髄損傷者の患者たちが杖でホッケーの真似事をしたのをきっかけに，自立心や競争心が芽生えるスポーツの大切さを認識し，スポーツ活動を推進したことで早期の社会復帰を可能としていた[4][5]．記録によると，グットマン博士は，スポーツがもつ可能性を「（脊髄損傷者のスポーツ活動は）最も深刻な障害のひとつを，人間の心と精神の力が克服できるということを事実として証明したものであり，また人体のはかり知れない再適合の力を示したものである」とし，「スポーツの目的は，障害者とそのまわりの人びととを結びつけることである」との言葉も残している[6]．中村は，この言葉通りの現実を目の当たりにし，手術とは異なり能動的に患者が回復していくスポーツのもつ力に衝撃を受けたという[7]．中村は，こうした障害者のスポーツの知見を日本にもち帰り，日本で精力的に活動を行い始めた．

　この2人の思いは，やがて日本でパラリンピック大会として形になる．ストーク・マンデビル病院というひとつの病院から始まったスポーツ大会は，1964年の東京オリンピック大会後に，パラリンピックも同一都市である東京で開催された．パラリンピックは，東京大会の際に脊髄損傷者の症状の特徴である対

麻痺者（パラプレジア）のオリンピックとして「パラプレジック・オリンピック」と日本で名づけられ，当時は愛称として使用されていたと記録されている[8]．1985年に「もうひとつのオリンピック」として平行，並列を指す「パラレル」と意味をもたせ，パラリンピックが正式名称として用いられるようになった[9]．

　しかし，1964年以降から今日までにおいて，日本におけるオリンピックとパラリンピックにおけるメダルランキングの結果を見ると，それが果たしてパラレルといえるだろうかという疑問も残る．1964年のパラリンピック開催以降の日本のメダルランキングは10位未満と1桁台の順位となったことはない[10]．とくに，2016リオと2020東京のオリンピック・パラリンピック大会（以下，オリ・パラ）の結果を振り返ると，2016年リオでのオリ・パラでの日本のメダルランキングについては，オリンピックでは金メダル12個をとり6位であるのに対し，パラリンピックは金メダル0個と64位であった（**表7-1**）．2020東京オリ・パラでは，オリンピックは3位となったが，パラリンピックでは15位と躍進をしたものの，日本のオリンピックとパラリンピックのランキングの差は明白であった．

　2020東京パラリンピック大会では，中国，英国，米国と多くの先進国が，オリンピックと同様にパラリンピックのメダルランキングも上位に並ぶなか，日本は遅れをとっているといわざるをえない．日本のメダルランキングの低さの問題は，日本の障害者スポーツの競技力だけに注目するだけではなく，その背後にある障害者の社会参加を行ううえでの課題にこそ目を向けるべきではないだろうか．

1.3　日本における障害者のスポーツ推進政策の遅れと現状

　スポーツの推進を定めた日本の法律には，1961年（昭和36年）に制定されたスポーツ振興法（昭和36年法律第141号）がある[11]．2011年（平成23年）7月27日に50年ぶりに全部改正され，スポーツ基本法が交付された．このときに初めて障害者のスポーツの推進についての理念が掲げられ，日本の法律に障害者のスポーツの推進が初めてとり入れられた．また，2014年（平成26年）より，これまで福祉の枠組みであった障害者スポーツの事業を，よりスポーツ

●表 7-1　日本の夏季パラリンピックのメダル数

回	開催年	開催都市	参加国数	参加人数	日本の成績				
					金	銀	銅	計	メダルランキング
1 回	1960 年	ローマ	23 か国	400 人	日本不参加				
2 回	1964 年	東京	21 か国	378 人	1 個	5 個	4 個	10 個	13 位
3 回	1968 年	テルアビブ	29 か国	750 人	2 個	2 個	8 個	12 個	16 位
4 回	1972 年	ハイデルベルグ	43 か国	984 人	4 個	5 個	3 個	12 個	15 位
5 回	1976 年	トロント	40 か国	1,657 人	10 個	6 個	3 個	19 個	14 位
6 回	1980 年	アーネム（アルヘルム）	42 か国	1,973 人	9 個	10 個	7 個	26 個	16 位
7 回	1984 年	ニューヨークストークマンデビル	54 か国	2,102 人	9 個	7 個	8 個	24 個	22 位
8 回	1988 年	ソウル	61 か国	3,057 人	17 個	12 個	17 個	46 個	14 位
9 回	1992 年	バルセロナ	83 か国	3,001 人	8 個	7 個	15 個	30 個	16 位
10 回	1996 年	アトランタ	104 か国	3,259 人	14 個	10 個	13 個	37 個	10 位
11 回	2000 年	シドニー	122 か国	3,881 人	13 個	17 個	11 個	41 個	12 位
12 回	2004 年	アテネ	135 か国	3,808 人	17 個	15 個	20 個	52 個	10 位
13 回	2008 年	北京	146 か国	3,951 人	5 個	14 個	8 個	27 個	17 位
14 回	2012 年	ロンドン	164 か国	4,237 人	5 個	5 個	6 個	16 個	24 位
15 回	2016 年	リオデジャネイロ	159 か国	4,333 人	0 個	10 個	14 個	24 個	64 位
16 回 *	2021 年	東京	162 か国（+ 難民選手団）	4,403 人	13 個	15 個	23 個	51 個	11 位

出典：日本パラリンピック委員会「パラリンピック年表」（https://www.jsad.or.jp/paralympic/what/chronology.html）を改変.

注：＊16 回東京パラリンピックの情報は，スポニチ「東京パラ参加国・地域は 162　5 ヵ国が初参加　史上最多 12 年ロンドンにあと 2」（https://www.sponichi.co.jp/sports/news/2021/08/23/kiji/20210823s00048000425000c.html），NHK「東京 2020 パラリンピック」メダル獲得（https://sports.nhk.or.jp/paralympic/sports/medals/all）に基づき作成した.

や競技性を高めるために厚生労働省から文部科学省に移管され，障害者スポーツの裾野の拡大と障害者スポーツの競技力向上に注力した事業の推進がなされた．オリ・パラ招致が決定した 2013 年以降から障害者のスポーツ促進が図られ，その現状の把握をするために，国をあげて障害者のスポーツ実施率等の調査がなされるようになった．

　スポーツ庁の調べから 2013 年以降の日本の障害者スポーツの実施状況を見ると，日本の障害者のスポーツの課題は，スポーツを行っていない非実施率が高いことにある．日本の障害者の過去 1 年間のスポーツ実施の有無については，非実施（53.0％）が実施（47.0％）を上回っており，障害者の半数以上がスポ

●図7-1　各国のスポーツ実施の過去1年間のスポーツ実施と非実施の割合

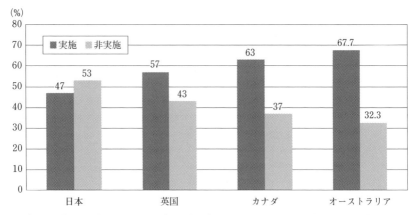

注：各国の数値は，調査が可能であった各国の報告書に示されている日本2020年，英国2020年，カナダ
　　2006年，オーストラリア2010年のものを反映している．

出典：筆者作成.

ーツを実施する機会がない現状にある．他国では，筆者が調査可能であった英国，カナダ，オーストラリアの3ヵ国において，非実施が実施を上回っている国は見られない（図7-1）[12)13)14)15)]．また，実施している割合においても，2020年時点の週1回以上のスポーツ実施率は障害者では24.9%であり，一般成人の59.9%と比較すると1/2程度であることがわかる[16)]．

　さらに，特別支援学校に通学する障害を有する児童・生徒のスポーツの実施に関する調査（塩田・徳井 2016b）においても，過去1年間のスポーツ・レクリエーションの実施率は，成人と同様に非実施（54.7%）が，実施（46.3%）を上回っていた．特別支援学校に通学する児童・生徒においては，障害の程度として重度に該当することが多く，非実施の割合が多いと考えられる．加えて，自宅の滞在時間は，学校に通学している平日は中央値が14時間であり，土曜日や休日では24時間と，スポーツだけではなく自宅以外で休日に活動する場がないことがわかった．さらに，地域でスポーツに特化した活動の利用の希望を調査したところ，77.8%が利用したいとの希望を示した．この結果からも，障害をもつ児童・生徒は，現状において希望があっても活動をする場がないことが示されたといえる．

2. 障害者がスポーツ活動を行う難しさ

2.1 障害者のスポーツ参加の課題

障害者のスポーツ実施の割合の低さが示唆するように，障害者がスポーツを行ううえではさまざまな障壁がある．障害の特性に適したスポーツ活動を行うことが望ましいといえるが，障害のない者と同様に競技スポーツが中心となっている現状がある．このことからも，まずそのルールに合う障害特性や用具の使用ができる機能がない場合には，そもそもそのスポーツに参加がすることが難しい．こうした現状により障害者が参加できるスポーツの選択の幅は少ないのである．

障害者のスポーツが身近にならない別の要因として，施設面の問題もある．日本の体育スポーツ施設数は 19 万施設があるといわれているなかで，2018 年度の調査によると，障害者優先・専用のスポーツ施設はわずか 141 施設しかない[17]．スポーツ施設の数と自分に合う障害特性の競技に出会える確率は相当少ないことがわかるだろう．

仮に，スポーツの参加が可能でも，練習や試合の場（スポーツ施設）まで一人で行くことが難しい障害者に対して，スポーツ団体などが送迎を行っているケースは少なく，現状では送り迎えを家族が担っていることも少なくない．公共交通機関が必ずしもバリアフリーになっていないなか，アクセスに課題を抱える障害者が気軽にスポーツに参加できないのは当然とも考えられる．

さらに，障害者が社会参加するにあたって，障害のない層からの理解や目が気になるという声も多い．障害がない層の障害者スポーツに対する興味関心の低さや障害理解なども，障害者スポーツにおける大きな課題と考えられている．笹川スポーツ財団のスポーツライフに関する調査（2018）においても，オリンピックのボランティア希望は 10.1%，観戦希望は 43.4%であったのに対し，パラリンピックでのボランティア希望は 8.6%，観戦希望は 20.4%であった．障害者のスポーツの観戦希望やボランティア希望を見ると，障害のない者の障害者スポーツに対する興味関心の低さは顕著である[18]．また，筆者が行った重度障害を対象とした調査（塩田・徳井 2016b）においては，スポーツ・レクリ

エーションの阻害要因としては，「障害に適したものがない」と「家族の負担が大きい」という項目が上位にあがっていた．重度障害者が決まったスポーツのルールのもと，参加をしようとすると障害に熟知した人のサポートが必要となる．そのような指導者やボランティアがいない現状においては，家族がサポートを行うしかなく，家族の負担が大きくなる．障害者のスポーツ参加においては，当事者だけでなくその周囲の障壁も考える必要もある．このように，障害者スポーツの関心度の低さ，さらには理解のある指導者やボランティアといった支える層が増えないことも障害者スポーツの大きな課題となっている（塩田・德井 2016a）．

　さらに，東京都が行った障害者のスポーツ環境の調査結果を見ると，スポーツ非実施者の一番の問題として，「関心がない」が82.9％と高い数値になっている．そもそも「自分にはスポーツはできない」，「関係ない」と興味・関心をもてない障害者も多くおり，当事者自身のこうした心の障壁も大きいと考えられる[19]．

　障害者のスポーツの参加の障壁には，こうした要因が多様に存在することが考えられる．障害者においてのスポーツ参加は，何かひとつが障壁になるというよりも，障害者の置かれた環境によって，複数の要因が絡み合っていることも多い．また，障害特性や機能によって，個々に生じる課題はさらに大きく異なるだろう．そのため，障害や障害者をその平均像から考えるだけではなく，個別の特性や課題について理解することも重要である．

2.2　日本社会の構造的な課題

　さらに社会構造に起因する障壁もある．2020年に行われたスポーツ庁の「障害者がスポーツの参加を行ううえでの障壁」の調査では，「金銭的な余裕がない」ことが上位となっている[20]．障害者がスポーツを行ううえでは用具代などが高額になることもひとつの要因であるが，障害者が就労に結びついていないことで金銭的な余裕がないことも考えられる．スポーツの参加にあたっては，こうしたスポーツの分野にとどまらない社会課題の問題も解決していく必要がある．スポーツが余暇活動に位置づけられがちな日本においては，生活の安定なくしてスポーツを楽しむことは難しい．このように，障害者のスポーツ参加

を阻む本質的な要因として，①障害者と障害がない者（非障害者）が分離して教育を受ける日本の教育システムや，②障害者の雇用の問題も大きいと考えられるだろう．以下では，この2つの問題を確認しておくことにしよう．

(1) 日本の教育システムの問題

　日本では，1979年に養護学校が義務化されるまで，障害者は学校に通うこともないために，社会との接点がなく過ごす人も多かった．養護学校が制度化されて以降も，障害者と社会との接点が乏しいという社会構造は本質的に変わらない[21]．

　近年では，障害の有無によらずみなが同じ教育を受けるインクルーシブ教育も推進されているが，取り組みが進んでいるようには感じにくい．筆者の研究（塩田 2015）においても，障害者と接したことがない大人は50%近くおり，子どものときに多くの障害児は特別支援学校へ，健常児は普通教育の学校と分けて教育を受け，その後も障害者と接する機会はほとんどない．障害者との接触経験がないことは，ステレオタイプやアンコンシャスバイアス（無意識の偏見）をもちやすいとも考えられている．加えて，日本の教育基本法の第八章特別支援教育において，「文部科学大臣の定めるところにより，障害による学習上または生活上の困難を克服するための教育を行うものとする」と定められ，障害を有する児童・生徒の場合には，普通教育とは異なった学習指導要領での教育が認められている．特別支援学校では個別教育を受けられる良い点もあるが，一方で身体に障害があっても知的レベルが高い場合など大学への進学を希望しても，日本では普通校と特別支援学校の教員の免許が異なることや，普通教育にはない日常生活の自立を促すための「自立活動」の時間等に重きを置くこともあり，普通教育の学習指導要領で示される科目数や配当時間を満たすことは少ない．そのために，大学入試で一般的に課される科目等に対し，学力が追いつかないケースがほとんどである．日本での大学進学率は高まるなか，教育の機会の場が失われてしまうと，自身のやりたいことのスキルを高めることや経験を積むことも難しくなり，その後の就労やキャリアアップにも結びつきにくい．

●図 7-2　障害者のスポーツ参加
と社会課題のループ

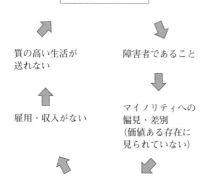

(2) 障害者の雇用の問題

　企業の雇用者は, 即戦力になる人材
や, 知識・スキルや社会人としてのマ
ナーや素養を備えた人材が欲しいとい
う本音がある. 近年ダイバーシティ・
インクルージョンという言葉がようや
く経営においても知られるようになっ
たが, 諸外国などでは, すでに障害者
雇用促進法という法律による強制力を
もたなくても, 障害者の能力や価値を
見出し雇用しているケースも多い. 日
本では, 接触経験の不足に起因する,
障害者が行える仕事やサポートへの無
理解から, 適切なジョブマッチングや
業務の切り出しが行えないことが課題となっている.「障害者雇用は法的義務
だから行う」と考え, 仕事を与えずに法定雇用率を満たすための数合わせとし
て雇用する「みなし雇用」を行っている企業や, 罰金を払う方がよいと考えて
いる企業もいまだ少なくない. こうして, 障害理解が浸透していない日本にお
いては障害者の雇用率はいまだに低い現状がある.

　雇用側の障害理解の不足と, 障害者の社会人となる過程で知識・スキルや素
養が身につきにくい現状もあり, 一般雇用に結びつきにくいのである. 障害者
雇用としての採用条件や就労支援施設等での工賃だけでは障害者年金に頼らざ
るをえず, スポーツ等余暇活動を楽しむなど生活にゆとりをもつほどの収入を
得ることに至らない.

　図 7-2 に示したように, 障害があることで, 障害に対する差別・偏見を受け
やすく, 必要な知識・技術の獲得のための教育に至らず, 雇用にもつながりに
くい. そのために, 余裕のある生活とならないことが, 障害者のスポーツ参加
が阻害されてるという負のループとなっていると考えている. スポーツの分野
に留まらない社会課題の連鎖, とりわけ教育と雇用に起因する問題が, 障害者
のスポーツ活動の高い障壁となっている.

2.3 コミュニティの閉鎖性と支援のあり方による問題

　障害者が，地域コミュニティで安心・安全に暮らせることもまた重要だろう．現在の日本の社会においては，障害者以外のコミュニティへの参画の希望をしても受け入れられにくいという現状もある．障害者のみで閉ざされたコミュニティで生活をすることは，障害者側にとっても経験を積むことや人との関わりによる成長を阻害することもある．たとえば，肢体不自由の障害のある児童・生徒は，日常のサポートが必要なことから，常に大人との関わりが多くなる．大人が意図や状況を組み手助けをするため，障害児は自ら何かしたいなどと要求をすることも少なく，受動的になりやすい．筆者は，留学していた米国など諸外国で，電動車椅子を操作し，一人で移動している障害者を頻繁に目にしていた．しかし日本では，電動車椅子を一人で操作が可能な水準にあっても，安全面から校内での走行は禁止されている学校が多い．電動車椅子を自分で操作できることは，障害児にとっては自分の意思で前に一歩進んで歩くことと同じである．車椅子を他人に押されて動くのではなく，自分の意思で前に進めることは，生活範囲の拡大や人生を過ごすうえで大きな意味がある．一人で動けないという制約は，自らの意思や時間管理のもとで，自由に外部のコミュニティに関わることを難しくさせる．成長過程のなかでは，子どもどうしで喧嘩をしたり，仲間づくりをすることなどコミュニケーションを通して学び協調性を身に着ける．しかし，特別支援学校では個別支援が必要な場合も多く，障害児のソーシャルスキルの獲得がしにくい面もある．

　一方で，スポーツのコミュニティに参加することになると，その真逆のことを要求される．重度の身体障害者向けのスポーツに電動車椅子サッカーがある．学校では練習ができない電動車椅子を，一人で自由に動かすことをまず習得する．プレイ中は，常に自己判断を要求され，パス回しには仲間とのコミュニケーションやチームプレーでは時に衝突も生じる．日本代表となれば，海外の大会にも行くことになる．開かれたコミュニティは，多様な人との出会いもあり，自身が目指すロールモデルも見つけやすくなる．このように，スポーツが生きがいとなり，生活が大きく変わる障害者も多い．

　加えて，障害者も別の障害の特性や環境については知らないことも多い．筆者が関わった知的障害，電動車椅子，ブラインド，ろう，脳性麻痺，アンプテ

イー，ソーシャル（精神障害）の障がい者サッカーの7団体との合同イベント
を行った際に，ブラインドサッカー以外の団体の名刺には点字があったが，ブ
ラインドサッカーの関係者の名刺には点字がない人が多かった[22]．視覚障害
イコール点字というイメージではあるが，視覚障害者で後天性であればほとん
どの人は点字を読めるケースは少ない．障害者も自身の障害以外のコミュニテ
ィに属することはないため，他の障害特性をもつ人との関わりが少ないのであ
る．

　日本では，障害者の社会参加促進のため，2016年に障害者差別解消法が施
行され，公布より3年以内に合理的配慮の義務化が施行されることになってい
る[23]．合理的配慮は，障害のある人の人権が障害のない人と同じように保障
されるとともに，教育や就業，その他社会生活において平等に参加できるよう，
それぞれの障害特性や困りごとに合わせて行われる配慮のことである．しかし，
合理的配慮とは，結局は人と人との関わりのなかで生じてくることであり，多
様な人びとに触れながら何がその人に必要かを把握するべきことである．つま
り法制度などで決められる以前の問題として，人との関わりのなかから学ぶこ
とだともいえる．

　障害者が閉鎖的に過ごしがちになる日本においては，障害のない児童・生徒
もまた，障害児と同様に，こうした多様な人との関わりを通した学びが失われ
るという問題もある．例えば，障害の有無によらずスポーツを一緒に行うこと
で，ルールや環境によっては障害児が障害のない児童に勝つこともある．また，
障害のない児童が障害を疑似体験することや障害者スポーツを行うことで，視
覚障害者では聴覚の機能が発達するように，障害や失っている機能の代わりに，
どのような機能が発達しているのかなどの理解につながることもある．こうし
た経験を子どものときから積むことで，相手の良い面や相手の立場になり支援
のポイントに気づくことができ，自然と障害の有無は関係なく分け隔てなく接
することができるようになると考えている．大人になってから，障害者への意
識や態度を変えることは難しいとされ，障害者が閉ざされたコミュニティのな
かで生きることは，障害者だけでなく障害のない層のコミュニティの多様性の
価値観の醸成や発展も妨げることになるだろう．

3. 地域での障害者スポーツのあり方

3.1 地域におけるステークホルダーとの連携

　障害を有する児・者にも開かれたかたちで，地域・コミュニティでの活動促進を行うためには，生活を基盤とする学校以外に，医療機関，自治体等の公的機関の連携も必要性も増している．こうした地域で包括的なケア体制を整えるために，厚生労働省では，地域の包括的な支援・サービス提供体制（地域包括ケアシステム）の構築を目指している[24]．地域包括ケアシステムの構築は，現在では障害児も対象には含まれているものの，急速な高齢化に対応をするためにまず高齢者への対応が優先されており，地域で障害児・者を含めたかたちでうまく機能している例はいまだ報告が少ない．また，国際生活機能分類（International Classification of Functioning, Disability and Health: ICF, 図7-3）のモデルにおいても，共助財源を用いてのリハビリテーション終了後は，「活動と参加」が目標となり，そのひとつとして地域での活動が重要となる[25]．地域包括的ケアシステムやICFの両者において，地域での障害者の活動の重要性は謳われているものの障害者の活動ができる場がないのが現状である．一人の障害児・者を取り巻く学校，医療，福祉，地域の連携の不足も課題も浮き彫りとなっている．

　海外においては，米国での障害者スポーツが発展してきた背景のひとつに，1990年に制定された「障害者を有するアメリカ人法」がある[26]．この法律の施行により，学校やスポーツ施設などの公共施設がバリアフリー施設へと整備され，障害者たちはより身近な場でスポーツが可能となった．病院においても，入院時からアウトドアイベントの開催や，退院後に備えスポーツの推進を積極的に図っている地域もある．さらに，日本との違いのひとつに，医療から余暇活動へと結びつけるコーディネーターでもあるレクリエーションセラピストの存在も大きく，日本でのリハビリテーションとスポーツ指導者の中間をなすような役割として機能をしている．

　また，ドイツでは，退院後に地域での障害者スポーツ（リハビリテーション・スポーツ）への参加が社会保障の一部として認められる制度がある．障害

●図7-3　ICF（International Classification of Functioning, Disability and Health: 国際生活機能分類）

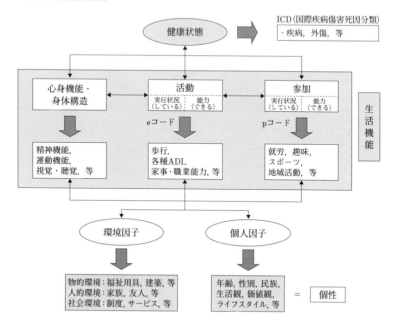

者スポーツの参加の障壁のひとつに掲げられる用具代といった初期費用や会費などの補助制度が確立されている．海外の事例のように，日本においても，制度面で補えない部分において，関連するステークホルダー（医療，学校や自治体）と連携をし，地域，住民，構成員同士が助け合いながら地域でのスポーツコミュニティの形成を図ることで，障害者の地域での活動の参加が促進され社会への包摂につながると考えられる．

3.2　サービス提供者である地域スポーツクラブの苦悩

　障害者の社会参加を促進するためのサービス提供者に，地域で活動を行うスポーツクラブがある．スポーツ庁は，人びとが身近な地域でスポーツに親しむことのできる新しいタイプのスポーツクラブとして，総合型地域スポーツクラブの設置を進めている．この総合型スポーツクラブ（以下，総合型）は，子ど

もから高齢者まで（多世代），さまざまなスポーツを愛好する人びとが（多種目），初心者からトップレベルまで，それぞれの志向・レベルに合わせて参加できる（多志向），という特徴をもち，地域住民により自主的・主体的に運営されるスポーツクラブである[27]．しかし，現状は，総合型といってもジュニアや高齢者など特定の層を対象としたスポーツ提供を行っているクラブが多い．各総合型の規約に「誰でも」，「すべての人が」，「障害の有無によらず」などの文言の記載があっても，実際には46.4%の総合型で一度も障害者が参加したことはないと報告されており，求められている総合型としての機能を果たしているケースは多くない[28]．また，92.2%の総合型で日本障害者スポーツ協会の資格等を取得している指導者がいないなど，障害者や疾患についての専門的な知識をもつ指導者の不足が顕著となっている[29]．

　なぜ日本では，多様な層を対象とすると謳っているにもかかわらず，総合型が発展をしないのだろうか．日本においてのスポーツクラブの運営は，基本的には自治体からの受託や補助金・助成金などを受けるケースが多い．たとえば，総合型は，国からの補助金対象となる条件が厳しいことや，採択されても人件費は給与ではなく当日に関わった費用しかおりないためにスタッフは本業を別にもっていることが多い．また，採択された助成金や補助金は，事業の100%の支援を受けられるわけではないため，収益を得る必要がある．スポーツクラブが収益をあげるには，一般的には参加者から会費を徴収することになる．障害者のスポーツの参加の障壁に，「金銭面の問題」があがることや「スポーツへの無関心層」が多い状況にあることから，障害者が会費を払ってまで，スポーツに参加することは難しいだろう．障害者スポーツの多くは，こうした課題を認識している家族，学校の教員・職員などごく一部の人員で構成され，総合型を含めスポーツクラブ等の団体が提供するイベントや教室は無償で行っていることがほとんどである．スポーツを提供しているクラブ側が，自己負担を迫られている現状もある．社会課題はその取り組みのマネタイズが難しいこともあり，ボランティア精神のある人の課題解決への想いに頼って成り立っていることが多い．さらに，障害者スポーツの関心度が低いなか，一般のスポーツ指導者が，あえて障害者のスポーツ指導のために知識や習得して関わりたいと思うほどのインセンティブも乏しく，こうしたことも支える層が増えない要因の

ひとつであるとも考えられる．団体や指導などといったサポート側の持続的な活動が難しいなか，補助金や社会保障制度など政策についても考えていく必要があるだろう．

3.3　地域スポーツからパラリンピックへの発展

　スポーツは，人びとが出会い，一緒にいることを楽しむためのプラットフォームであり，その結果，社会的なネットワークが形成されると考えられてきた．しかし，障害者がスポーツを身近に感じられていない現状は，スポーツが本来もつ「楽しみ」という語源のように，安全に楽しくスポーツが行える環境づくりが十分になされていないからだと考えられる．地域のスポーツ活動においても競技スポーツが中心となっており，競技スポーツのルールに当てはまらなければスポーツができず，そこから排除される側面もある．とくに障害者のスポーツの原点は，誰でも参加できることにある．そのため，地域でのスポーツのあり方を見直し，参加する人，メンバーの特性や環境によって変化していくことが大切である．

　また近年では，スポーツのルールや用具を参加者に適合（adapt）させることにより，障害者だけでなく，幼児から高齢者，体力の低い人，誰でもが参加を可能とするアダプテッド・スポーツの概念も主流となってきている．スポーツの内容が多様になることで，さまざまな人が参加でき社会や地域コミュニティにおける人びとの相互関係や結びつきにつながると考えられている（Coalter 2007）．まさにスポーツ自体を，多様な人びとが集えるプラットフォームとすることが目指されているのではないだろうか．

　さらに，障害者それぞれがスポーツを行う目的やニーズに合わせて，スポーツに参加をするための筋道であるパスウェイモデル（図7-4）を整備することも必要だと筆者は考えている．海外では，リハビリテーションのためのスポーツ，地域で楽しむためのスポーツや競技力の向上のためのスポーツなど，障害者のスポーツをさらにセグメントに分け，それぞれに合った支援の方法を変えているという報告がある[30]．日本においても，身体活動の参加に向けたリハビリテーションから競技スポーツへのパスウェイモデルを，医療機関，学校，行政などステークホルダーと連携し構築していく必要があると考える．

●図7-4　障害者のスポーツ参加のパスウェイモデル

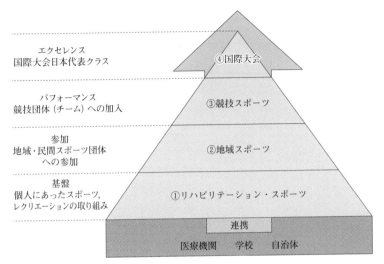

出典：相澤・塩田（2019）.

　このようなさまざまな機能レベルの障害者が参加できる基盤を作ったうえで，より競技に特化したい場合には，パフォーマンスの向上につなげていくために競技チームに参加できるプロセスづくりも大切である．パラリンピックの日本代表の平均年齢は，他の国と比較しても41.9歳と高齢であり，後天性で障害を有してからわずか数年で日本代表になることも少なくない[31]．後天性の選手で，障害のない時代にその競技を行っていた場合には，パラリンピックの競技で優位に働くこともあり，そうした層の選手発掘も重要ではある．一方，メダルランキングの上位の国では，先天的に障害をもった子どもたちや若年者層に対し，早期からアスリート教育が行われている国もある．身体がパフォーマンスを発揮するのに絶頂なときに競技経験を積め，選手歴も長くなり試合経験も豊富となる．より若い世代が競技に参加することにより，世代を跨いだ競技人口の増大も見込める．さらに切磋琢磨できる選手や技術レベルの高い選手が増えるほどに，その競技全体の能力が上がることが期待できる．しかし，日本においては，先天性や後天性問わず競技に参加する人口は少ないが，とりわけ若年者層の参加率は低い．競技スポーツに参加できるような機能レベルや身体

の一部の欠損などの障害である場合には普通教育の学校に通学しているケースもあるが, 学校ではパラリンピックの競技との接点はほとんどない. 働いていない若い層が競技に参加しても, 成長に合わせて用具を買い替えていく金銭的な補助がないことも要因とも考えられる. また, 日本では, パラリンピックでのチームスポーツにおいてメダル数が少ないことに, 身近にスポーツが行える環境がないために, その限られた地域でメンバーを集めるしかなく, チームでの練習が行いにくいことも課題となっている. パラリンピックの競技力の向上には, それぞれの地域で身近にスポーツの場があることや, 自分たちにとってスポーツは「できない」,「関係ない」と思っている障害者など, さまざまな機能レベルの人が参加できる環境づくりを行うことが重要であると考えられる.

4. 障害者のスポーツ促進と社会のあり方

4.1 さまざまな人が参加できるスポーツの場づくりへ

　ここまで述べてきたように, 障害者スポーツを取り巻く状況やそれを阻む要因はさまざまであるが, 同時に過去の研究や実践を踏まえれば, 取り組むべき課題も見えてくる. 筆者自身も, これまでの研究成果から見えた課題を解決するために, 実践的な取り組みを進めてきたので紹介したい.

　筆者は, これまで取り組んできた活動をより積極的に行うために, 2016年に一般社団法人こみゅスポ研究所(以下, こみゅスポ)を設立し, 障害者を対象とした継続的なスポーツ教室の実施や就労支援の会社を創業し, 障害者の社会参加促進に向け包括的に取り組みを行っている. スポーツ教室においては, 主に, これまで地域でのスポーツが提供されておらずスポーツに触れる機会の乏しかった機能的に重度の障害や, 知的や身体などの複数の障害をもつ障害児を対象としている (図7-5). 開催場所は, 参加者である重度障害者でも容易にアクセス可能であり, バリアフリーの設備が整っている特別支援学校で行っている. 運営は, 障害に精通しているリハビリテーションの専門職である理学療法士や看護師, 障害者スポーツに関わっているコーチ, 障害者アスリートに協力を仰ぎ多様性のある構成員で成り立っている. 運営側に多様性があるチームとなることで, 従来の競技に特化したコンテンツだけでなく, さまざまな障害

特性に合わせたプログラムが展開可能となっている．先行研究（Perks 2007, Tonts 2005）でもこうした多様性のあるスポーツプログラムの方が，さまざまな人が集まりやすいと報告されているように，参加者は，障害の種別や機能レベルも問わない障害者や医療的ケアのある児・者でも参加が可能となっている．

　また，障害児がいる家庭の兄弟姉妹は，親が障害のある兄弟姉妹のケアや介護に追われるために，休みに行く場所がないことも多い．そうした障害のない兄弟姉妹や児童・生徒も一緒に参加していることも特徴のひとつである．くわえて，重度の障害児の場合に，一般の親子のようにキャッチボールをしたり，キャンプに行ったりなど，親と子どもが共通の体験をもちにくい．そのため，筆者が運営する教室で大切にしていることに，親も一緒に参加し楽しんでもらうことでこれまで感じていた負担を軽減し，共通の思い出づくりを行ってもらう．教室参加後も，家族で共通の話題で話すことができ，家族仲も深まるという参加者も多い．

　教室の運営には，ボランティアは欠かすことができないうえに，ボランティア次第で教室の雰囲気も変わってしまう．ボランティアには，教室の開始前に車椅子の介助やサポート方法についての指導を行い，それぞれの役割を担ってもらうなどのエンパワメントとともに，教室への参加者として楽しんでもらうことも心掛けている．こみゅスポでは，障害者の参加者とボランティアをペアやチームにすることで，ボランティアが一方的に障害者のことを支援するというのではなく，互いがバディとして協力しスポーツに取り組んでもらう．ボランティアは，はじめは人助けなど利他的な側面で参加を希望してくるが，自らが楽しいためにリピーターとなるボランティアの方が多い．こみゅスポでは，障害者の知識を身に着けたい学生から，定年後の高齢者層までさまざまな層のボランティアが参加をしている．

　スポーツのコンテンツは，参加するメンバーに合わせたこれまでにないオリジナルのスポーツ・レクリエーションを作るために，参加者やボランティアからは，「こみゅスポ」という新たなカテゴリーのスポーツとして呼称をされている．時に，障害者の参加者自身がスポーツのプログラムの企画を持ち込むこともある．これは，第1章でパラリンピックは脊髄損傷の患者がホッケーの真似事をしたことがきっかけとなったと論じたように，障害者のスポーツは，参

加する自身たちがスポーツを創作し取り組んだことが起源である．このように，筆者はスポーツをすることに自らがインセンティブやその組織に帰属意識をもち参加することが重要であると考えている．障害者はよく「できないこと」に目が向けられがちとなるが，こみゅスポは専門職に入ってもらうことで本人や親が気づいていない「できる」ことを引き出し，取り組んでもらい，それを強みにしていく仕掛けを行っている．ボールが投げられないのであれば，指でスイッチを押せばボールが飛び出す仕組みを作るなどテクノロジーや用具も工夫することで，本人の「できる」，「やってみたい」を尊重し，本人が「できた」と自信につなげることを大事にしている．

　さらに重度の障害児では，非日常のスポーツ教室のなかではたくさんの「はじめての体験」に出会うことになる．普段は，なかなか成長を感じとることが難しい親も，さまざまな「はじめて」を見ることが喜びとなり，遠方からでも足を運ぶ参加者も多い．こうした「はじめての体験」は，「障害者だから」という決めつけや考えを捨てることで，そこに参加をしている人たちのなかで，新しい「当たり前」や「普通」が生まれてくる．スタッフやボランティアは，自分とは異なる価値観を持っている障害者と接することで，常に新たな視座を得られ，とても創造的で楽しい時間や空間を共有できることが喜びとなっている．

　現在は，地域住民が主体となり取り組んでもらうために，こみゅスポに参加をしていた特別支援学校のPTAを中心にスポーツクラブの任意団体が結成された．その後に，こみゅスポ研究所とともに共同で事業の展開をしていきながら，「一般社団法人こみゅと小平」として法人格を保有し，地域総合型スポーツクラブとして活動を開始した．当事者が参画することで，困っている人のニーズに合わせた課題に対し的確なサービスが行われ，思い入れのある事業の展開がされている．

4.2　なぜ，地域の共生社会の促進にスポーツが重要なのか

　障害者にとってのスポーツ教室は，居場所のひとつであることだけでなく，学校や障害者の施設などとまったく異なる社会的な経験や役割を果たすことができる場である．そして，スポーツ教室というこの1教室のなかにも，「障害者」「保護者」「ボランティア」「医療専門職」「学校関係者」「学生」など複数

の属性やコミュニティが入り混じることになる．地域においては，このような人と人の関わりが年々乏しくなっていることが課題となっている．地域でのつながりがないことは，課題を抱えている個人や世帯を発見しにくく，地域で孤立化し，相談や支援を受けられずより深刻なケースに至る例もある．近年，高齢化，核家族化などの影響により，要介護の親と障害のある子，介護と育児に同時に直面するダブルケアと呼ばれる世帯など，複雑・複合的な課題を抱える個人や世帯が増えている[32]．課題を抱えている個人や世帯を早期に発見し，適切な支援につなげるためには，日々の暮らしのなかでの関わり合いや見守りなど，地域で色んな人がつながりをもてる共生社会が必要となる[33]．

　そのつながりを作るツールとして，スポーツは本来異なる背景をもつ人びとを集める「空間的」，人びとが帰属意識を共有する「関係的」，コンピテンシーや能力を開発する機会を提供する「機能的」，関連する社会的ネットワークやコミュニティの結束力を高める「力」など，さまざまな次元でインクルージョンに貢献することがわかっている（Bailey 2005）．さらに，障害者は，一方的に支えられるというイメージをもたれることも多いが，障害者が社会に出ていくことにより，組織や社会が活性化するという報告もある．これまでは，障害者の周囲が障害者の意見として代弁や解釈をすることも多かったが，障害者が直接に意見を伝えやすい社会にすることで，障害者に対する過剰な配慮や差別・偏見を生み出すような誤解なども少なくなり，物事もスムーズにいくことも多い．社会における複雑化している課題の対応をしていくためにも，当事者を含めたさまざまな属性で構成されたメンバーによる多様な価値観や視点から意見をとり入れることできるダイバーシティ・インクルージョンの組織・経営が重要視されている．

　物事を見るということをひとつにとっても，車椅子から見た目線は私たちの立っている目線では見え方も異なる．また，先天性の全盲の方に，「見えないことで，不便はないのか」と質問した際に，「自分は見える世界を知らないので，自分にとっては見えない世界が普通のこと．僕らには見えていない分，先入観なく物事をそのままにとり，自分の頭のなかでは盲点なく映像化できる」といわれたことがある．見えている世界が当たり前の私たちは，視覚から入る必ずしも真実だけではない情報に左右され，本質的なところを捉えずに物事を

●図7-5　障害者スポーツ教室の集合写真

判断していることもよくある．見えないことにより，頭のなかで視覚化してい
くことでイメージが膨らみ，もっと創造的な世界が作り出せるのかもしれない．
　障害とは，個人がその障害を抱えているのではなく，社会がその人たちの障
害を作り出しているという側面がある．本章の冒頭に，「害」を「がい」とい
う文字で示していないことに触れた．たとえば，視覚障害者が使う音声の読み
上げソフトでは，「障がい者」と書くことで，逆に読み上げソフトはそれを解
読できずに障壁となる．障害者のためを思うことが，そうでないこともよくあ
る．本質は言葉の「がい」を変えるだけでなく，個人の問題からその社会的な
背景や課題を捉え，必要なサービスを考えることにあり，制度や政策の立案を
するうえでも重要な基礎となる．マイノリティから生まれたパラリンピックが
国際的なイベントとなったように，今後，さらに，障害者が社会に参画する機
会が増えれば，私たちが盲点となっていたポイントに目を向けることができ，
多くの気づきを得て社会を変えることができるだろう．そのうえで，スポーツ
は，地域の多様な人びとをつなぎ，自分たちにとって良いことや楽しむことを
みなで考え実践していくプラットフォームとして，ますます重要になってくる

のではないだろうか.

【注】
1) 小竹敦司「中堅病院の経営マネジメント1　医療制度改革の概要と平成18年度診療・介護報酬同時改定の論点整理」(https://www.nihonkohden.co.jp/iryo/practice/67l02j000000csql-att/igyo_keiei01.pdf).
2) 脳梗塞リハビリセンター「課題1　保険適用のリハビリには期間などの制限がある」(https://noureha.com/about/principle/).
3) 笹川スポーツ財団「3. 日本のパラリンピック『一人の情熱から始まった』医師・中村裕のエネルギー」(https://www.ssf.or.jp/ssf_eyes/history/paralympic/03.html).
4) 脊髄損傷は,人の四肢・体幹の動きに関わる脊髄の神経が損傷し,自分の意思で手足が動かすことが難しくなる. 第1次・第2次世界大戦での負傷により,脊髄損傷者が多くいた.
5) 小倉和夫「パラリンピックの原点を探って―主に戦争とパラリンピックとの関連について―」笹川スポーツ財団 (http://para.tokyo/6-KazuoOGOURA.pdf).
6) 笹川スポーツ財団「2. パラリンピックの第一歩『先駆者の壮大な夢,いまここに』」(https://www.ssf.or.jp/ssf_eyes/history/paralympic/02.html).
7) 注3) に同じ.
8) 日本パラリンピック委員会「パラリンピックの歴史」(https://www.jsad.or.jp/paralympic/what/history.html).
9) 同上.
10) 日本パラリンピック委員会「パラリンピック年表」(https://www.jsad.or.jp/paralympic/what/chronology.html)
11) 文部科学省「スポーツ基本法」(https://www.mext.go.jp/a_menu/sports/kihonhou/index.htm).
12) スポーツ庁委託調査・株式会社リベルタス・コンサルティング「障害者のスポーツ参加促進に関する調査研究報告書」令和3年3月 (https://www.mext.go.jp/sports/content/20210430-spt_kensport01-000014680_20_2.pdf).
13) SPORT ENGLAND「Annual Report and Accounts 2019-2020」(https://www.sportengland.org/know-your-audience/demographic-knowledge/disabled-people).
14) 笹川スポーツ財団「諸外国における障害者のスポーツ環境に関する調査 イギリス・カナダ・オーストラリア報告書」(https://www.ssf.or.jp/thinktank/disabled/2017_report38.html).
15) Australian Bureau of Statistics,「PARTICIPATION IN SPORT AND PHYSICAL RECREATION BY PEOPLE WITH A DISABILITY」(https://www.abs.gov.au/ausstats/abs@.nsf/Products/4156.0.55.001~July+2012~Main Features~Participation+in+Sport+and+Physical+Recreation+by+People+with+a+Disability?OpenDocument).
16) 注6) に同じ.

17）笹川スポーツ財団「障害者専用・優先スポーツ施設に関する研究 2018」（https://www.ssf.or.jp/thinktank/disabled/2018_report42_f.html）

18）笹川スポーツ財団「スポーツライフ・データ」（https://www.ssf.or.jp/thinktank/sports_life/index.html）

19）スポーツ庁「令和2年度「障害者のスポーツ参加促進に関する調査研究」の調査結果について（速報値）」（https://www.mext.go.jp/sports/b_menu/houdou/jsa_00067.html）.

20）東京都「都内障害者のスポーツ実施に関する意識調査」（https://www.sports-tokyo-info.metro.tokyo.lg.jp/seisaku/details/awareness_survey.html）.

21）現在の特別支援学校.

22）日本サッカー協会「障がい者サッカー」（https://www.jfa.jp/grass_roots/disability/）.

23）文部科学省「合理的配慮について」（https://www.mext.go.jp/b_menu/shingi/chukyo/chukyo3/044/attach/1297380.htm）.

24）厚生労働省「地域包括ケアシステム」（https://www.mhlw.go.jp/stf/seisakunitsuite/bunya/hukushi_kaigo/kaigo_koureisha/chiiki-houkatsu）.

25）厚生労働省「生活機能分類の活用に向けて（案）」（https://www.mhlw.go.jp/shingi/2007/03/dl/s0327-5l-01.pdf）.

26）内閣府「8-1　アメリカにおける障害者政策の枠組み」（https://www8.cao.go.jp/shougai/suishin/tyosa/h25kokusai/h8_08_01.html）.

27）文部科学省「地域総合型スポーツクラブ」（https://www.mext.go.jp/a_menu/sports/club/index.html）.

28）スポーツ庁「（3）総合型地域スポーツクラブの障害者スポーツ振興に関する調査」（https://www.mext.go.jp/component/a_menu/sports/detail/__icsFiles/afieldfile/2014/06/13/1334471_06_1.pdf）.

29）同上.

30）AUSTRALIAN SPORT「the pathway to success」（https://www1.health.gov.au/internet/main/publishing.nsf/Content/aust_sport_path/%24file/aust_sport_path.pdf）.

31）朝日新聞「世代交代したいけど…平均42歳，パラアイホのジレンマ」（https://www.asahi.com/articles/ASL3R4GQ4L3RUTQP01C.html）.

32）厚生労働省「家族介護者支援マニュアル」（https://www.mhlw.go.jp/content/12300000/000307003.pdf）.

33）文部科学省「1.　共生社会の形成に向けて」（https://www.mext.go.jp/b_menu/shingi/chukyo/chukyo3/siryo/attach/1325884.htm）.

コラム 13　農福連携による精神障がい者の社会的包摂

　日本において，精神障がい者の社会包摂の取り組みは，身体，知的障がいに対し大きく遅れてきた．精神障がい者の平均入院日数は，高度経済成長期の 1960 年代より増加の一途をたどり，平均日数が 500 日を超すなど欧米諸国と比較して非常に高いレベルで推移し，病院入院主義が続いた．こうしたなか，他の障がいに遅れながらも 1970 年代後半にスタートした小規模作業所運動を発端に，就労支援事業所，グループホームなど当事者のニーズに応じたさまざまな地域ケアの取り組みが段階的に拡充されてきた．しかし今日も，当事者や家族の高齢化への対応の遅れ，引きこもりなど社会的に孤立している人たちへの支援の不足など，なお多くの課題が残されている．精神障がいは，社会との関係性の障がいともいわれているように，病状やその特性ゆえに，人間関係や，社会生活を送るうえで，多くの困難や生き辛さをもたらす．また，現代社会の抱えるさまざまなひずみから，就学や就労をはじめ社会生活を営むうえで支障をきたす人も多く，精神障がい者の社会への包摂はますます大きな課題となっている．

　昨今，この社会的包摂のひとつのあり方として「農福連携」の取り組みが広がりを見せている．この取り組みは，農業従事者の減少や高齢化の問題を背景に，障がい者や高齢者，さらには触法者といった人びとが農業活動に関わることにより，農業の担い手を確保するとともに，障がい者などへ就労機会を提供し，地域社会への参画を促進することが目指されている．企業，農業法人などによる障がい者就労から，福祉団体による農業実践，農家への援農など，取り組みの形態は多様で，その中身も就労，工賃の支払，生産性に重きを置くものから，地域の交流と活性化につなげるもの，障がい者の生活力を養うことを目的にするものまで幅広い．筆者も長らく，精神障がい者が農作業を通じ心の健康の回復を図り，地域社会で生活をおくるための支援活動に取り組んできた．その経験を通して，精神障がい者の農福連携の可能性と課題も実感している．

　人間は社会との関わりにより安心して生活が送れることから，人間と社会との関係性は重要である．そして，人間の内的精神的世界と社会の外的現実生活との 2 つの世界が，社会が認める方向で自分自身のなかでコントロールされている状態が社会的に適している状態とされる（尾関・尾関 2021）．一方で，人間は心病むとき，この 2 つの世界のバランスは崩れ，社会生活を営んだり，他者と接する活力が失われる．そして，心を閉ざし，社会に不適であると自認してしまい，同時に社会からの排除の感覚も認識する．そのような人間が心を閉ざした状態に置かれたとき，草むしりや耕うん，収穫といったさまざまな農作業は，人間を無意識のうちに自然へと向き合わせる．自然と対峙するなかで自問自答を繰り返し，身体的な疲労を抱くことにより，疲弊した精神は少しずつ修復し，心の健康を回復に向かわせる．

　筆者も，精神障がい者が農作業に取り組む姿に多く向き合ってきた．彼らの多くは，

農作業のメリットとして，自然のなかで無心になれることや，身体的な疲労によってネガティブな感情を忘れることができること，疲労で睡眠がとりやすくなることといった，精神的な安らぎをあげている．農業を取り組む知的障がい者施設の草分けであるころみ学園の初代園長川田昇氏は，その取り組みを振り返り，知的障がいや自閉症の当事者たちが山の開墾やシイタケの原木運びなどの過酷な労働を通じて生活態度や表情が大きく変化したことに注目したが（川田 1982），このことは精神障がい者に対する農作業の効用と共通するところがある．

　また，農作業には，他者との連携や協働作業が必要となる場面が多々存在する．そのような場面において，無意識のうちに周囲の人と連携したり関わりをもつことにより，少しずつ他者や社会に対しポジティブな気持ちで目を向けられるように変化する人もいる．

　このように，農作業は，自然と向き合うことで，疲弊した精神を修復し自分らしさを取り戻す効果と，他者との連携作業を通じ人びととの関わりを構築するという，2 つの特性を有しており，ここに精神障がい者のリカバリーと社会的包摂を作り出す可能性を見出すことができる．

　経済合理性が強く求められる今日の社会においては，農業も機械化され生産性や効率性が重視される．障がい者福祉施策も，就労や雇用に向けたさまざまな取り組みがなされるなど，障がい者の経済活動への参画が強く打ち出されている．農福連携も同様に，農業経済活動の維持再生という目的と，障がい者就労・雇用という目的を結びつけるといったように，経済面が重視されがちである．しかし，今日の社会で適応できず孤立している人たちの社会的包摂を考えるとき，生産性／効率性偏重の社会は彼らを生き辛くさせ，生産性を追い求める農業への過度な傾斜は農作業のもつ上述のような特性を損なわせてしまう可能性もある．

　現代社会で心病み疲弊した人に対して，農を通じた社会的包摂を実現するためには，そのような苦労を実際に経験した精神障がい者の視点から，その価値を社会全体に発信していくような動きが欠かせない．農作業がもたらす自然と人間の相互作用がどのような意味をもつのかを，当事者の言動を通じて発信／共有するしくみも重要である．他方，政策に関わる行政やアカデミア，企業人を含む多様な地域住民が，実際に精神障がい者とともに汗をかきながら農作業を体感し，彼らの持ち味や現代社会における生きにくさを理解していく姿勢も大切であろう．さらに地域住民にとっても，農作業を通じた地域社会への包摂のしくみは，多様な人間理解を深めることにつながる．ともに共感を抱くなかから地域の居場所が形成されていけば，それは地域福祉サービスを補完するしくみともなりうる．こうした農と福祉のもつ多面的な意味を踏まえたうえで，地域社会で安心して暮らせるための包摂の場を構想していきたい．

（佐々木秀夫）

コラム 14　再起の力を涵養する回復期病棟のコミュニティ

　脳卒中は突然やってくる．まさかである．激しい吐き気と頭痛で「これはただごとではない」と病院に行ったら即入院．「ここはどこ？　どうして……？」病院のベッドで目覚めたときには左半身がまったく動かなくなっていた．身体の構造上，脳で損傷した半球と逆側の身体に機能障害が出現する．「嘘だろ？　片側だけが重すぎる．」不均衡に重力がかかる半身麻痺の世界では，呼吸さえもしづらい．「夢なら早く覚めてくれ！」数日が経過し，当たり前だったことが当たり前でなくなったという現実を少しずつ理解する．ベッドから身を起こすと車椅子が用意され，排泄も人の手を借りないとできないという屈辱感を味わう．混乱と絶望のなか，急性期病院から2週間で追い出され，亜急性期病院を経て，回復期リハビリテーション病院へと転院．そこで約6ヵ月の入院生活が始まった．

　回復期リハビリテーション病院には，筆者と同様，かつての日常が一変し失意の底にいる脳卒中患者が転院してくる．病室という空間で，麻痺による不自由さを抱える人どうしの共同生活が始まる．以前は数秒でできていたことに何分もかかるというストレスを皆が抱えている．コップやタオルなどを床に落としたら，一人では簡単には拾えない．転びそうになっても一大事だ．「大丈夫？」と気遣いの声が飛び交い，相互を慮り，助け合うようになる．互いに見守り合い，一人ではできないことは「お互い様」と補い合う．右手が使えない人には，誰かが右手になってやる．言葉を出すことがままならぬ人とは，態度でも意思疎通を図る．「この先どうなるかわからないけど，とにかくいまここで，お互いに頑張りましょう．」無言の励まし合いだ．そんな行動が繰り返されるうちに，こわばった心が次第に解凍され，安心感や信頼が醸成され，いつしか対話も踏み込んだ内容に変わる．

　誰もが，心身の回復や将来の生活への不安に押しつぶされそうになっている．私は「こんな状況なんです」という自己開示から，お互いに快復のために良かれと思うことを伝え合う．たとえば，顔面麻痺であれば「ストローでふぅふぅ，吹くといいらしいよ」「ガムを噛んでリハビリにしてるんですよ」「氷をほおばって冷やすと，刺激になって良いらしい……」などなど，先輩患者の試行錯誤の話はとくに有用で，医者からは聞けない内容も多い．入院生活に慣れるにつれて，病室，共有スペース，リハビリ室と，知り合う仲間も増え，安心できる領域も広がる．知り合った者どうし，話す内容は，ここに来るまでの経緯，発症までの生活，生い立ちに遡ることもある．早く回復したい願いも共通だ．ここには商売も損得勘定もない．本音の打明け話ができる．

　長い入院生活の間には，患者に寄り添う家族はもとより見舞いの来訪者も多く出入りする．職場の同僚，友人やご近所さんなどお節介者たちが，病院の外の空気を吹き込んでくれることは，気持ちの切り替えにつながる．来訪者との会話のなかで，個々の患者

の背景，その人が家族や社会のなかで大切な役割を果たしてきたことも理解できる．訪問者が帰った後，患者たちだけの世界に戻り，しみじみと互いの人生体験を共有する．

　もちろん美しい話だけではない．さまざまな感情が飛び交い，激しくぶつかり合うことも日常茶飯事だ．発症前にやりかけていたことが達成できないことを知った大きな失望や喪失感，生きていく自信を失うときもあれば，やり場のない怒りを抑えきれないときもある．「もっとちゃんとしろ！」「もう，お前なんかいい．担当を変われ！」年配の患者が若い医療スタッフを怒鳴る場面も珍しくはなかった．その感情は，家族や身内にさえ向けられることもある．「なぜわからないのか！」夫である患者が妻に対して文句をぶちまける．しかし，心で泣き叫んでいるのである．そんなとき，調和に向けて一役買う人たちもいた．後味の悪い思いをしている医療スタッフに対して，「Aさんは，実はこう思っているようなんです．陰で感謝していましたよ」とか，患者の気持ちに気づいていない別のスタッフに対して，「Bさんはあれから悩んでいて，もう言っても無駄だから……とあきらめていました．なんとかなりませんか」など，誰が頼んだわけでもないが，患者だからこそわかる気持ちや共感を拾って伝えることで，人びとの関係を修復させる役割を担っていた．

　助け合ってきた仲間が退院する日，完治しての退院でないから心は揺れる．「おめでとう」と諸手を上げて言いにくい．麻痺が残る身体で大丈夫かな？　でもそこは元気に「よくなって，また機会があればお会いしましょう．私もやがて，退院するから」．もちろん，発症前と同じような生活にはなかなか戻れない．それでもいまの自分を受け入れ，理解し，前を向いて生きるという選択にエールを送り合った．

　退院してちょうど10年になる．いまの私は復職し勤続するかたわら，脳卒中の経験を活かし同志とともにリハビリテーション環境の改善など，社会に働きかける活動にも取り組んでいる．いまでも立ちはだかる壁に直面したときなど生きるための原動力を補うためにも，あのときの仲間と交流している．時間の経過とともに各々が抱える課題は変わっているが，近況を語り合ううちに，話は当時に及び，どん底から這い上がった局面を思い出す．すると，目の前の諸課題に挑む新たな力が湧いてくるのである．

　あの時，あの場をたまたま共有した患者・家族は，生命の危機を経験し，それを乗り越えようとする者どうし，明らかに互助のコミュニティを作っていた．「苦しいのは自分一人ではない，仲間がいる」という感覚が，挫けそうになった自分を奮い立たせてくれた．「お互い様」という気持ちで見守り合い，励まし合ううちに，「個々人の能力に合わせてできることが増えればそれで良い」という寛容さと，やがて再起するための力が養われていった．私も，仲間も，きっと誰もが，これまで出会えたこうしたコミュニティに支えられながら，生きている……．そう噛みしめている．

（後藤　博）

第8章

保育園による子育て支援の可能性
～コロナ禍における保護者とのコミュニケーション改善の取り組みから

久具山圭子

1. 保育園による子育て支援とは

1.1 小規模保育園の運営者として

　本章の舞台は，東京都文京区にある小規模保育園である．筆者は大学院の博士課程に在籍するかたわら，この保育園[1]を2018年に立ち上げ，運営を続けている．保育園を始めたきっかけは，かつて地方公共団体に公務員として勤務していたときの思いに遡る．法律や制度では対応しきれない課題を抱える人に対して，地域の多様な人びとのつながりを最大限に生かしながら，工夫することによって，きめ細かで柔軟な対応が可能になるという思いを，ずっともち続けていた．

　核家族はもちろん，共働き世帯が増え，家族形態が多様化するとともに，近年では子育てに伴うさまざまな困難や課題が生じている．たとえば，育児と仕事の両立の難しさに起因する心身の負担，サポートがなく孤立した状況下での子育ての不安や悩みなどである．それに対して，保護者の育児ストレスやメンタルヘルスへの対応，虐待の早期発見や対応などが地域のさまざまな主体によって取り組まれている．こうしたなか，保育園に求められる役割も，そうした社会の変化とともに変遷している．今日の保育園で，とりわけ関心が高いのが，保護者とのコミュニケーションや連携である．筆者は，このような子育てを取り巻くさまざまな社会課題と向き合いながらも，子ども一人ひとりの個性を伸

ばすために創意工夫ができる保育園の日々の取り組みにやりがいと手ごたえを感じ始めていた.

その矢先, 2020年4月に始まった新型コロナ危機は, 子育て中の保護者たちに大きな戸惑いと不安を与えることになった. 平時であっても仕事と子育ての両立は大変であるが, 保護者たちのそれまでの働き方も, 対面を前提としていた子育て相談などさまざまなサポートも, 見直しと変化を余儀なくされた. 筆者が運営する保育園も, 初めての経験と先行きの見通しが立たないなかで, 職員自身も大きな不安を感じながら, それでも保護者たちの支援に取り組むことにした.

本章では, コロナ感染拡大に対応して筆者らが試行錯誤しながら保育園で実施した取り組みを振り返り, その過程を検証することによって, 保育園による今後の子育て支援のひとつのあり方を提示したいと考えている. とくに, コロナ禍で保育園の職員と保護者とのコミュニケーションを確保するという一連のプロセスにおいて, 双方にどのような変化が生じたのかを詳細に報告したい. それによって, 保護者と保育園職員との信頼関係の構築に向けて, 示唆したいと考えている.

1.2　保育園に求められる役割の変遷

社会の変化に伴い, 保育園に求められる役割は, 近年とくに広がっている. 国が示す指針もたび重なる改定が行われており, 保育園の位置づけは, 子どもの保育に加えて, 保護者に対する子育て支援へとその役割が増している.

厚生労働省の保育所保育指針に保護者の子育てに関する事項が初めて明確化されたのは2000年施行のことで, 「子どもを取り巻く環境の変化に対応して, 保育所には地域における子育て支援のために, 乳幼児などの保育に関する相談に応じ, 助言するなどの社会的役割も必要となってきている.」と明記された. また, 虐待が疑われる場合の家族の養育態度改善に向けた努めと, 地域の児童相談所などの専門機関との連携についても, 明確化された[2]. 2009年施行の指針改定では, 保育士の業務として「保護者に対する支援」を行うことが明記され, 「保護者と子どもの成長の喜びを共有すること」などの項目が加えられた[3]. さらに, 直近である2018年施行の指針改定では, 「保護者に対する支援」

は「子育て支援」に改められた．育児に関する悩みを抱える保護者の多さや，子育て世帯の孤立化などの社会的な問題を背景に，保育園はさまざまな角度から，保護者の子育てに対する自信や意欲を支えることが望まれるようになった[4]．

　今日の保育所保育指針には，"子育て支援"とは，「子どもの育ちを家庭と連携して支援すること」と明記されている[5]．保育園が行う子育て支援は，図8-1 に示すように「保育園を利用している保護者に対する子育て支援」と，「それ以外の地域の保護者に対する子育て支援」がある[6]．

　このうち，「保育園を利用している保護者に対する子育て支援」は，2つに分類できる．ひとつは，保育園が関係機関と連携して行う子育て支援で，日々の園児との関わりのなかで虐待などを早期発見し，市区町村や児童相談所などの関係機関と連携し，対応することなどである[7]．法律，制度，地域特性を踏まえて，一定のルールに基づいて行われるものであり，多機関連携の取り組みはとくに重要とされている．2つ目は，それぞれの保育園が独自に行う子育て支援である．保護者面談などの機会をとおして，保育士や栄養士などの専門職（以下，「専門職」という）が，その知識（以下，「専門知」という）や技術を生かして，保護者の不安や悩みに寄り添い，保護者が子育てに自信を持てるように働きかけるというものである[8]．それぞれの保育園が日々工夫をしながら取り組んでいるこうした働きかけは，虐待等の深刻な事象に至らないようにするための予防としても重要なものである．

　本章で報告する事例は，この在園時の保護者への支援の2つ目に挙げた，保育園がそれぞれの方法で行っている子育て支援の一部に該当する（図8-1）．一般的には，連絡帳，保護者へのお便り，送迎時の対話，保育参観や保育への参加，行事，個人面談などであり，紙媒体や対面によるコミュニケーションが中心である．筆者が運営する赤門小規模保育園（以下，「赤門保育園」という）においても，このような紙媒体や対面による子育て支援の取り組みを行っていたが，コロナを機に，見直しを迫られることになった．

●図 8-1　保育園が行う子育て支援と本章事例の関係

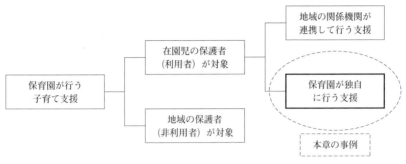

出典：保育所保育指針（2018）をもとに筆者作成.

2. 赤門保育園のチャレンジ

2.1　文京区に赤門保育園を立ち上げる

　文京区は，単独世帯などを除いた親族のみの世帯のうち，核家族は約94%である[9]．保護者のみで子育てをしている世帯が多い地域であることがうかがえる．文京区では，子育て世帯の増加や共働き世帯の増加などに伴い，待機児童が増加し，この解消のために，小規模保育園の設置者を募集していた．小規模保育園とは，2015年子ども・子育て支援新制度において，認定こども園，幼稚園，保育所という施設類型に加え，2歳児以下の保育の受け皿として「地域型保育事業」という類型のひとつとして新たに加えられた定員6〜19名の保育園である．

　筆者は，規模の小ささをメリットにして，きめ細かく柔軟に対応できる小規模保育園に魅力を感じていた．園児一人ひとりがのびのびと個性を伸ばし，保護者が専門職に気軽に話せて，子育てを楽しいと思えるような園にしたいと考え，適正な保育を行うための基準を整え，設置者として認可を受けることができた．

　2018年11月にオープンした赤門保育園の運営理念は，「保育園に関わるみんな（子ども・保護者・職員）が笑顔になれる場所にする」である．そのため

に，自分たちにできる範囲内で最大限に，子どもや保護者のために最善なやり方を考えて取り組むことを，職員の行動規範にしている．保育園が守るべきルールは守ったうえで，一般的には，とか，これまでの保育園では，という既存の考え方にとらわれず，そのやり方がベストなのかを，徹底的に考える．考えたやり方がこれまでやったことがない方法であっても，チャレンジするようにしている．

　従来の方法にとらわれないようにするために，保育園とは異なる業界からも職員を招き入れた．保育士のなかには，行政が定めたさまざまなルールを守りながらも，新しいチャレンジをするという方針が合わず，オープン直後に辞めた人もいた．一方で，このような赤門保育園の方針に共感してくれた人たちもいた．私たちの理念をよく理解してくれた他園の園長から，この人なら赤門保育園に合いそうだと紹介を受けたのが，園長の磯貝さんだった．

　磯貝さんは，もともと園児数100人規模の大きな保育園で園長を経験した後に，この赤門保育園に来てくれた．保育士歴は39年のベテランで，間もなく60歳であるが，定年は先にして，新しいことを一緒にやろうと，入職を決心してくれた．この磯貝園長と，ともに働く10名の保育士などのスタッフが，現場を担ってきた．

　開園以来，保護者とのコミュニケーションには力を入れてきた．とくに日頃から保護者と雑談する時間を大切にしていた．送迎時は保護者にとっては忙しい時間帯であるが，急いでいない保護者とは，園児の様子や，保護者が困っていることなどを，ゆっくり聞くようにしていた．また，保育園の様子を見てもらうために，保護者に保育園で1日過ごしてもらい，自分のお子さんや他の園児と遊んだり，給食を一緒に食べたりする保育参加も行っていた．

　さらに初年度は，クッキングを通して科学に楽しく触れ合う「サイエンス・キッチン」も開催した．先入観がない低年齢のうちからいろいろなことを親子で楽しめる機会を提供したいと考えたのである．職員や外部講師のサイエンスコミュニケーターからは，「低年齢すぎてイベントが成立しないのではないか」という意見も出たが，アイデアを出し合い，紙芝居や手遊びを盛り込むなど工夫をして，チャレンジすることにした．このイベントには，在園児の95%の家庭が参加し，大学院生もボランティアとして関わり，保護者どうしや，保護

者と大学院生との交流もあった．大盛況となり，アンケートの満足度も高く，職員みんなで喜び合った．

　2年目の2020年4月時点での在園児数は，1歳児と2歳児のみで計16名となった．このうち新入園児は9名で，その保護者のほとんどは，保育園は初めての経験であった．

2.2　コロナ禍の保護者の不安軽減に何ができるのか

　2020年4月7日，第1回緊急事態宣言が出された．東京都では，移動の制限，外食の制限，在宅勤務などの対策とともに，学校・幼稚園・保育園・児童館などの休校，休園の措置が増えていった．企業や学校ではオンラインが広がりを見せるなど，保護者を取り巻く就業環境，子どもを取り巻く就学環境が従来とは大きく変化した．その一方で，医療・金融・運輸など社会基盤を支える産業の就業者は，コロナ危機下でも現場の維持・継続が強く求められた．

　こうした社会状況のなか，赤門保育園のある文京区では，新型コロナウイルス感染拡大防止のため，2020年4月9日から同年5月31日まで認可保育園等は原則全園臨時休園となった．この頃は，新型コロナウイルス感染症の感染防止策がまだ明確になっておらず，自宅にいることで感染を防止する対策が社会的に多くとられていたためである．ただし，原則とあるように，在宅勤務が困難な業務などの場合は登園は可能であり，赤門保育園も一部の子どもは登園を続けていた．2020年4月10日〜30日の赤門保育園の1日あたりの平均登園率は，約6%，翌5月は約12%であった．しかし，新入園児に限って登園率を見ると，4月〜5月は0%に近い状況であった．新入園児の保護者は，入園してすぐの休園であったため，保育園にも慣れておらず，赤門保育園との直接対面のコミュニケーションもほとんどなく，関係構築もできていなかった．

　児童館や，保護者と子どもが絵本や紙芝居を読んでいた図書館の休館，公園の閉鎖など，子育てに関わる公共的空間が一挙に狭まるにつれ，保護者どうしの対面による会話も減っていた．遠方に実家がある保護者は祖父母に子育ての協力を依頼することすら容易ではなかった．こうして他者とのつながりが減るなか，保護者は在宅勤務などをしながら，自宅で子育てを続けなければならなかったのである．

　このときの保護者の状態はどのようなものであったのだろう．国立成育医療研究センターが，2020 年 4 月 30 日から同年 5 月 5 日に，乳幼児（0 〜 5 歳）の保護者 1,508 名を対象に実施したアンケート調査によると [10]，保護者の 64%が心に何らかの負担を感じていることが示された．この調査によると，乳幼児の子育て中の保護者が欲していたのは，第 1 に「解決に役立つ情報が欲しい」（24%），続いて「予防に役立つ情報がほしい」（20%）であった．この調査結果からも，乳幼児の保護者はコロナ禍で心に負担を感じており，子どもとの関わり方について解決や予防に役立つ情報を求めていたことがわかる．

　新型コロナウイルス拡大防止に伴うさまざまな行動制限があるなかで，保護者が，在宅勤務などを続けながら，子育てのサポートを受けることなく子育てをする大変さや不安さは容易に想像できるだろう．筆者は，少しでもそれを和らげることはできないか，といてもたってもいられなかった．とくに，2020年 4 月に入園したばかりの園児の保護者は，保育園が初めての人も多く，状況がわからないなかで保育園との関係構築もできておらず，ひときわ不安が大きいことは，推測するに難くなかった．

　しかし，一人ひとりの保護者の孤立や不安の軽減は，親しみや信頼などの関係性があるなかで，職員が相手の気持ちを推し量ったり，共感したりすることによってはじめて可能になるものであり，急にできるものではない．まずは，コロナ禍でも，保護者と話しやすい環境をつくり，信頼しあえる関係性を作ることが必要だった．

2.3　オンライン会議を導入する

　保護者が在宅勤務などを行いながら，核家族で，低年齢の子どもの子育てを行う大変さや不安を憂慮し，筆者は，保護者とコミュニケーションをとることで不安の軽減をすることが，赤門保育園の喫緊の課題であると考えた．しかし，これまでの保護者とのコミュニケーション手段は，直接対面と，これを補完する電話，日々の園児の様子をやりとりする連絡帳などを基本としていた．そのため，緊急事態宣言下で登園しない園児や保護者とのコミュニケーションに著しい困難を抱えることになった．

　そこで，筆者は，保育園では一般的に使用されていなかったオンライン会議

を導入し，保護者とのコミュニケーションの機会を確保することで，コロナ禍における子育ての不安軽減を図ろうと考えた．オンライン会議は，表情や仕草，声のトーンなどいろいろな情報をやりとりできるため，子どもの発達などの様子や，保護者のストレスを感じることができ，不安軽減のためのアドバイスに役立つと考えた．また，一度導入すれば，コロナ禍にかかわらず，直接対面などのこれまでの方法と組み合わせることによって，よりきめ細かく効率的な対応ができるようになるだろう．

　オンライン会議の導入プロセスは平坦な道のりではなかったが，活用してみると，保育園と保護者のコミュニケーションのハードルを下げ，不安軽減につなげることができた．一連のプロセスを検証することで，新たな子育て支援の可能性も見えてきた．

　そこで続く第3節では，初めて緊急事態宣言が出された直後から，筆者を含む赤門保育園の職員が保護者との関係構築にどのように取り組んだのか，その試行錯誤のプロセスを紹介する．2020年4月の第1回緊急事態宣言発出直後から2020年12月までの期間を，危機のはじまり，試行錯誤期，振り返りの3つのフェーズに分けて，保育園がどのように保護者とのコミュニケーション手段の確保に取り組んだのか，それによって園の職員や保護者にどのような変化が起きたのかを，具体的に記述することとする．

3. 職員と保護者との関係構築の取り組み

3.1 コロナ危機のはじまり（2020年4月10日〜5月／原則休園期間）

(1) 混乱期におけるコミュニケーション手段の検討

　第1回緊急事態宣言が出て原則臨時休園になった直後は，新型コロナウイルス対策に追われ，すぐには保護者とのコミュニケーション手段の検討に入ることはできなかった．登園している園児をできる限り安全な環境で保育する必要があったのである．公的な医療系機関や省庁の情報をもとに，低年齢の子どもに安全でウイルスにも効果がある衛生資材を調べ，市場に製品が不足するなかで調達を進めた．同時に，衛生業務プロセスを見直すなど，慌ただしく1週間が過ぎていった．

職員は，感染拡大防止のため，登園児数に応じた人数が交代で出勤し，在宅勤務との併用体制になった．このような状況下，休園から1週間後の4月中旬，園長を中心に，これまでも保育園のインターネットやパーソナルコンピュータなどのデジタルに関するシステムを支えていたスタッフCと，筆者の3人が協働して，保護者とのコミュニケーション確保のための手段の検討を始めた．

目標としたのは，まだ関係構築ができていない新入園児の保護者と園長が，コミュニケーションをとることであった．保護者とのコミュニケーション手段として何を用いるか，ブログ，YouTube，SNS，メール，電話，手紙など幅広く検討した．園長からはこれまで使い慣れた電話とメールの併用はどうかとの提案があったが，筆者はオンライン会議システムを勧めてみた．オンライン会議システムは，保護者と園児が一緒の空間にいながら，保育園側と同期し，相互にやりとりができる．相手の表情もよくわかり，直接対面に近い形でのコミュニケーションができるという説明をした．

(2) オンライン会議システム導入に向けた準備

力になってくれたのは，卒園したばかりの園児の保護者Fさん，Gさんの2名であった．スタッフCが園長をサポートするかたちで，すでに良い関係が構築できていたこの2名の保護者の自宅と保育園とをつなぎ，園長にオンライン会議システムを体験してもらった．

「こんなことができるの，驚いたわ！　でも，自分でできるかしら？　職員も使えるかしら……」園長は，自分が想像していた以上にリアルに近い雰囲気で話せたことに目を丸くしながらも，使う意欲をもった様子だった．

後に振り返ってインタビューした際に，園長は「コロナ禍でなかったら，正直に言えば，やらなかったと思います．対面に優るものはないと主張して反対したと思います．やらざるをえない状況だったからこそ，自分も挑戦しました」と話していた．

オンライン会議は，スタッフCと筆者を除き，保育園の全職員が未経験であったが，園長が賛成してくれたことで，園における導入は前進した．

しかし，開始に向けては，保護者に受け入れられるのかという，もうひとつの課題があった．所有している機器，参加できる時間帯，オンライン会議シス

●図8-2　オンライン面談の実施方針

時間は，30分から40分程度/回
日程は，毎日でも可（保育と調整しながら実施）
希望や了承された保護者のみに行う
日時と頻度は，保護者の意向を中心に組み立てる

遠慮なく，オンライン面談に接続してほしい，という姿勢をもつ
一方で，押し付けや強制はしない

オンライン面談を希望しない保護者には，週1回程度の電話によるコミュニケーションを行う

出典：筆者作成.

テムの使用方法についてのガイダンスなど多岐にわたる．これらは，逐一各家庭に相談するわけにもいかないため，卒園児保護者Fさん，Gさんに相談した．卒園児保護者Fさん，Gさんからは，「利用したいと思う保護者は多くいるだろう」，「保護者層はスマートフォンの保有率が高いため機器は対応できるだろう」という意見や，「育児や仕事があるので1回あたりの時間は30分程度が参加しやすい」など，ウェブ会議の導入に向けてアドバイスをもらうことができた．

　アドバイスを踏まえ，園長，スタッフC，筆者で，家庭別にコミュニケーションを行う「オンライン面談」を実施することを決め，その実施方針を作成した（図8-2）．オンライン面談は，丁寧に声をかけ，希望する人に行い，日時や頻度は柔軟に対応することで，保護者と職員，双方の精神的負担にならないこ

とに注力した.

　市場では, デジタル機材の供給が不足するなかで, 園内にある最低限の機材を用いての開始となった. 環境整備のリーダーシップを担ったのは, 機材調達, アプリ設定, オンライン会議開催などの知見があるスタッフ C であった.

(3) オンライン面談の開始

　4 月下旬に全員の保護者に電話連絡し, 5 月からオンライン面談を開始した. オンライン面談の準備や接続は, スタッフ C が行い, 園長は, 画面の前に座り会話の内容に注力し, デジタル機器使用の負担がないようにした. オンライン面談は, 新入園児の保護者の心の負担軽減を第一の目標とし, 保護者の希望に応じて, 5 月中に 6 回が実施された.

　初めてのオンライン面談の際に, 新入園児の保護者 E さんは子どもと一緒に参加した. 子どもの様子を画面で見せながら, 園長と話をするにつれて, ホッとされたようだった. 後に E さんは, このときの気持ちについて, 「児童館とかが軒並み閉鎖になっていたので, 相談できる人がいなくて心細かった」とコロナ禍で, どう子育てを行っていけばよいか戸惑っていた気持ちを話してくれた. 最初は, 電話やメールで, 保育園の連絡を受けていたが, なぜオンライン面談に切り替えたかについて「オンライン会議で面談ができると聞いて, やってみることにしました. 子育ての不安があったので, 同学年の子たちとの比較などが聞きたかった. 藁にもすがる気持ちで挑戦しました」と E さんはオンライン会議は初めてであったが, 何とか不安を減らしたかったという当時の気持ちを話してくれた.

　新入園児の保護者 D さんも, 初めてのオンライン面談に子どもと一緒に参加され, 子どものことや日々のことを園長と楽しそうに話していた. 後に D さんは, 「最初は抵抗がありました. 面談で会話するって何を会話していいのか, わからなかった. 話すことないし, いいやと思って, お断りしていました」と面談に対する最初の印象を話してくれた. なぜオンライン面談に切り替えたかについて「電話で何度か話した後, 育児相談ができるからということで, それなら, ちょっとやってみようかなと思いました」と保育園は育児の相談ができるところだとわかった当時の気持ちを話してくれた.

　筆者は，保育園がさまざまなかたちで子育て支援を行っていることは一般的だと思っていたが，その保育園と関わりがなかった人には知られていない，という事実に，はっとさせられた．知られていない支援は，利用されることも，役立つこともない．まだまだ道のりは長いと，途方にくれる思いだった．

3.2　試行錯誤期（2020年6月〜12月9日）

(1)　不安軽減に向けて行う2つの手段

　コロナ禍の収束は見えなかったが，その一方で6月に入る頃には感染を予防する方法が徐々に明らかになり，対策を立てられるようになっていた．同年6月1日から赤門保育園は通常どおり開園し，年内は1日も休園せずに運営を続けた．職員も在宅勤務はなくなり，平常どおりの勤務態勢になった．2020年6月から12月の新入園児の登園率は，徐々に増加していった．ただ，感染防止のために自主的に登園回数を減らしている園児や，4月から一度も登園していない新入園児もおり，全員が通常どおり登園している状況ではなかった．

　この状況を鑑み，赤門保育園では，この時期に保護者の不安軽減に向けた手段として，(1)家庭別に保育園が情報提供，相談，雑談ができる場としてのオンライン面談の継続と，(2)保護者どうしや園児どうしが交流できる場としてオンライン・イベント，の2種類のコミュニケーションの場を作ることにした．(1)に関しては，園長と新入園児保護者との円滑なコミュニケーションができることを，(2)に関しては，新入園児の保護者どうしのコミュニケーションできることを，それぞれ目標とした．

(2)　家庭別の交流の場（オンライン面談）

　オンライン面談はかなりの頻度であり，6月中に14回，7月中に3回，8月中に6回，9月中に4回，10月中に9回，11月中に2回が開催された．オンライン面談では，園児が同席することもあれば，午睡などで同席しないこともあり，保護者の同席人数もさまざまであった．

　5月の段階では，機器やオンライン接続はスタッフCが行っていたが，この頃になると，園長もすっかり慣れて，自分でもできるようになっていた．

　面談の始まりは，園長と保護者の雑談だったり，園児が画面をのぞき込んだ

り，園長に話しかけたり，と気軽な雰囲気であった．会話のなかで，相談や質問，不安に思うことなどの話が出ると，園長は，自分の専門知やスキルを生かして，アドバイスをしたり，知っていることを話したりしていた．具体的な対処方法等を伝える以外にも，「みんな一緒ということはないので気にしなくて大丈夫」などと，暖かく声をかけていた．保護者は，園長のアドバイスなどに対して，感想を述べたり御礼を伝えたりしてくれていた．

　オンライン面談の頻度は人によってさまざまで，1〜2 回の面談後に登園が始まり面談を行わなくなった人もいれば，数日に 1 回のペースで数ヵ月間面談を続けた人もいた．オンライン面談が，コロナ禍前の対面の面談と異なる点のひとつは，どの保護者とも多くの話題について深く話せ，しかも回数が，直接対面のみでしていた頃よりも多くできたことである．保護者は，園児が新しくできるようになったことの報告や，楽しかった出来事，気が楽になったこと，園長のアドバイスを受けて対応したことの報告や御礼の言葉などを，じっくり語ってくれた．こうした保護者の反応を聞くことで，園長は，それぞれの保護者の状況に合わせたアドバイスや，さらなる専門知が求められている，という気づきを得ていたようである．園長は，最新の信頼できる情報を調べたり，わからないことは関連分野の専門家に教えてもらったりして，さらに専門知を向上させる取り組みを行うようになっていった．こうして得た最新知識をもとに，園長は相談する保護者に対して，さらに適切なアドバイスを行うようになっていた．

　園長は「電話は声だけです．小さいお子さんですと電話で話すこともできません．画面を通すと，顔が見えるので，手を振ったり，笑いかけたりできます．保護者さんとも顔を見て，気軽に話せるように心がけました」とオンライン会議を用いたコミュニケーションに満足していた．オンライン面談での保護者とのやりとりについても，「保護者さんから嬉しい言葉がいただけたり，変化の様子も細やかに教えてもらえたりしました．自分でわからないことは管理栄養士や嘱託医に聞いて，次にはお話しました．保護者さんにも真剣に聴いてもらえて，やりがいがありました」と長年の経験が生かされていることを，これまでになく実感すると同時に，オンライン面談を繰り返すことによって信頼感を作れたことにも驚いていた様子であった．さらに，これまでの保育園に来ても

らう面談のあり方を考えなおす機会にもなったようであった.「保育園に来て
もらって面談するのが当たり前というのは, 逆に保護者さんにとって大変だっ
たのかな, と初めて思いました. 保護者さんが, それぞれ都合が付きやすい面
談がいいのかな. 保育士の自己満足や思い込みにならないようにしないと」と
話していた.

　新入児の保護者Eさんは,「発達に関する小さな悩みを話したときに, それ
は普通のことだよと言われたときは, すごく響いて, 安心しました. おおらか
にドーンと構えている園長先生に長い経験のなかで, 大丈夫だよと言われると
安心できた. 子どもの様子をこんな感じですと見てもらえたので, 電話などで
説明するより話が早かった. 安心感や信頼感が高まった」と話してくれた. 別
の保護者Dさんも,「実家の親と会話はしていたが, 家族以外の大人とつっこ
んだ話をすることがなかった. 園長先生と話しをすることで, 癒しや安心感を
覚えた. 心のケアをしていただいたと思う. 親密感ができていたので, 安心し
て登園を開始することができました」と話してくれた.

(3) 保護者どうしの交流の場(オンライン・イベント)

　オンライン・イベントは, 8月に園児と保護者を対象に実施した. 参加希望
のあった家庭と保育園をオンライン会議でつなぎ, サイエンス・キッチンを行
った. サイエンス・キッチンは, コロナ禍前に, 参加者が一堂に会して行った
ものを, オンライン用に再構築した. 赤門保育園では初めてのオンライン・
イベントである. 在園児の参加は7家族あり, このうち新入園児は3家族だっ
た. 職員は, 園長, システムに詳しいスタッフC, 管理栄養士, 筆者が参加し,
外部講師としてサイエンス・コミュニケーターにも参加してもらった. パペッ
トや紙芝居をとり入れ, 子どもたちが飽きないように工夫した.

　実施後のアンケートによると, 参加した全家族が満足しており, 園児が楽し
んでいた様子の写真やメッセージも, 保護者から保育園に届けられた. 一方で,
当初の目標であった保護者どうしのつながりを作ることはできず, オンライン
ならではの課題も見つかった. イベント前の目論見では, "子どもたちは楽し
み, 保護者も自然に交流する", という公園で見られるような子育ての場にで
きればと考えていた. コロナ禍前に対面で行ったイベントの際には, まさにそ

うした状態となっていた．しかし，今回は，他の保護者や園児の様子は，互い
に見ることはできていたが，他の保護者と話がしたいと思った人が気軽に雑談
ができるような場にすることができなかった．

3.3　振り返り

(1) オンライン会議コミュニケーションは不安の軽減につながったのか

　赤門保育園は，1 日も休園することなく 12 月を迎え，登園していない園児
はいない状況になり，12 月のオンライン面談の開催はゼロとなった．

　不安感について，オンライン面談を行った保護者からは，安心感につながっ
た，という趣旨の発言が多く寄せられた．具体的には，おおらかに"ドーンと
構えている"園長の様子で安心できた，専門知と経験に基づく言葉に安心でき
た，家での子どもの様子を見てもらえた，親密感ができた，といった発言であ
る．これらの言葉から，程度は明らかではないが，保護者の不安の軽減に，寄
与することができたのではないかと考えた．

　保護者の不安が少なくなり，コロナ禍も小康状態になったこのタイミングを，
振り返りの好機と考え，今後コミュニケーションをどのように行うか検討する
ために，新入園児保護者の D さん，E さん，そして，当初より協力してくれ
た卒園児の保護者 G さんに，それぞれオンライン面談の感想を聞くことにし
た．

　新入園児の保護者 E さんは，「1 週間に 1 回の高頻度だったので，助かりま
した」と力を込めて語ってくれた．オンライン面談は時間の調整がしやすいた
め，慌ただしい登園や降園のときには話せないことも相談ができたと満足され
ていた．「普段だと面談は年に数回だと思うので，先生達も大変だったと思う」
とねぎらいつつも，「最先端の試みだと思うので，是非継続してもらいたい」
との希望を述べられた．

　新入園児の保護者 D さんは，「実家に帰ったときに私の親もオンライン面談
に参加させてもらいました．東京でどんな保育園に通っているのか知りたがっ
ていたので，すごく安心していました．コロナの状況のなかで，どんな人に預
けているのか心配だったみたいです」とうれしそうに話してくれた．オンライ
ンと対面とどちらが良いかを尋ねたところ，「私は，直接会って話したい方で

すが，オンラインの良さもあると思いました．その方が，都合がつきやすい家庭もあると思います．どっちでも選べると，保護者はありがたいです」と，そのときの様子を思い出しながら話してくれた．

　卒園児の保護者Gさんは，保育園への期待を込めて「卒園しても，オンラインでつなぐことができると，子育てで迷うことがあっても相談しやすいです．核家族なので，親のみの子育てでは行き詰まるときがあります．保育園は，子育て中の家庭が安心できる "まちの拠点" であって欲しい」と話してくれた．この言葉からは，コロナ禍にかかわらず，保護者にとっては，保育園とのつながりが今後も続くことが望まれていることがわかる．こうした関係を継続させるためのコミュニケーションツールとしてオンライン会議が活用できることがわかった．

(2) どのようにコミュニケーションを行っていたのか

　コロナ禍前に面識のなかった新入園児の保護者との，どのようなコミュニケーションが不安を軽減したのか，その流れを振り返りたい．

　保護者は，気軽な雑談のなかで，子育ての相談や日々の家庭における園児の様子を話すことができていた．そうした保護者の語りに園長は耳を傾け，求めていることに対しては専門知やスキルを生かして答えを示そうとした．そうした園長のアドバイスに対して，保護者から，感想や感謝の言葉といったフィードバックがあった．フィードバックを受けた園長は，役に立てたという喜びとやりがいを感じ，さらなる専門知の向上に努めていた．このような流れが循環していた．

　保護者はまた話をしたい，園長はもっと適切にアドバイスしたい，という思いが，コミュニケーションを循環させる原動力になっていたと考えられる．

　赤門保育園では，直接対面が行えない状況下でも，オンライン会議を用いることにより面談を可能にするという環境を整えた．この環境は，平常時よりも高頻度の面談を可能にした．しかし，環境整備だけで，保護者と高頻度のコミュニケーションが可能になったわけではなかった．"挨拶・雑談" → "気軽にできる質問・相談" → "専門知を生かしたアドバイス" → "フィードバック" → "専門知の向上" という流れで，コミュニケーションが循環していた．

●図8-3　コミュニケーションの循環と関係の深化

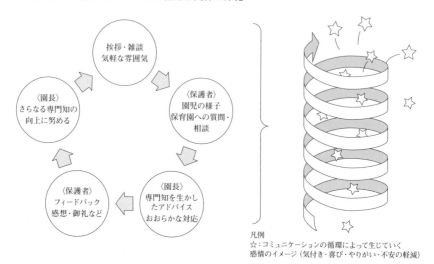

出典：筆者作成.

「もっとコミュニケーションしたい」という再帰性は，"気付き"，"感謝"，"やりがい"，"喜び"，"不安が軽くなる"などの感情に動かされていた．この感情に基づくコミュニケーションは，らせん状に循環し，関係を深化させていた，と考えられる（図8-3）.

(3) オンライン会議を用いたコミュニケーションの課題

　オンライン会議は，1対1の深いコミュニケーションには，有効であった．直接対面ほど空気感や細かい様子は伝わらないが，自宅から接続して会える便利さがあった．

　しかし，多対多の広いコミュニケーションの場においては，リアルな場の"ちょっとした気軽な立ち話"のように自然に個別で会話ができるという状態を作ることは難しいことがわかった．赤門保育園では，同一内容の集合型イベントを，コロナ禍前はリアルで，コロナ禍ではオンラインで行った．リアルでは，保護者どうしは面識がなくても，子どもどうしは友達のため，イベント開催前後に子どもを通して，自然に会話が始まり，活発に交流が行われていた．

オンライン会議では，「○○さん」と個別に声をかけると，全体に聞こえてしまうため，ちょっとした会話をすることも気をつかうだろう．また，低年齢の子どもが参加しているため，画面の前に座っていられる時間も短く，公園のように子どもたちが遊んでいる様子を見ながら，保護者どうしが会話することも，とても難しかった．オンライン会議を活用した子どもも大人も大勢が参加するイベントで，どのようにお互いが気軽に交流できるようにするかは課題である．

4. 子育て支援関係の専門職への影響と相互性

　この事例を通して，筆者はいくつかの気付きを得た．なかでも，赤門保育園における子育て支援は，支援する側，支援される側という関係を超えて，相互性をもっていたことである．赤門保育園のコミュニケーションは，保育園職員と保護者の両者の喜びや不安が軽くなる，などの感情によって，高頻度に繰り返されていた．そのコミュニケーションは，一過性のものではなくらせん状に循環して，両者の関係性を深化させていた．「子育て支援」という場合，保育の専門職が支援する側となり，保護者は支援される側という関係が想定できる．しかし，本事例においては，子育て支援をする側である園長が，コロナ禍という自分自身も初めての体験に，保護者や子どもにどう向き合えばよいのかわからない不安を抱えながら，手探りでオンライン面談を繰り返すなかで，新しい支援のあり方にたどり着き，専門職としての幅を広げることができていた．さらに，喜びややりがいといったものを子どもの保護者から得ていた．このように交流を通じて，園長は保護者からさまざまなものを受け取っており，支援は必ずしも一方向に行われているわけではなかった．
　黒澤（2010）は，ケアをテーマに，「一方だけがケアする，ケアされるという関係性はありえず，ケアの本質は，相互性と他者とのつながりと言える」と述べている．他者とのつながりには，他者に対する気遣いや助け合いが大切である（黒澤 2010）．また，広井（2009）は，人と人をつなぐものに着目し「不特定多数の個人からなる都市的な社会においては，人と人をつなぐために挨拶や御礼の言葉を含む人として遵守すべき規範原理がある」と述べている．
　赤門保育園においても，保護者から園長に対して，挨拶や御礼の言葉など

を含む気遣いがあるフィードバックが常にあった．園長は，保護者からのフィードバックに感謝し，自分の専門知をさらに向上させ，期待に応えようと努めていた．この両者の行為には，支援される側とされる側という立場を超えた相互性がある．

　本章では，筆者の保育園がコロナ禍に直面したことによって，オンライン会議というコミュニケーション方法を新しく導入した過程を紹介した．これにより，保護者と保育園のコミュニケーションのハードルを下げるという経験を共有でき，さらに平常時も継続して活用することが期待されている．保護者と保育園の関係性の観点から，オンライン会議を用いたコミュニケーションは，すでに関係性ができている保護者との関係を充実させるために役立っていた．また，新しく関係性を作ろうとする新入園児の保護者とは "コミュニケーションをしたい" と思われるような工夫を重ねることによって，徐々に関係性を深めていくことができた．通常関わることが少ない祖父母や卒園児の保護者などと関わることも容易になったことにより，用事がないと立ち寄りにくい場所という，物理的あるいは心理的に閉鎖的であった保育園の存在を少し開くことができたと考える．一方で，面識や交流がなかった保護者どうしが新しく関係を作ることは思いのほか難しく，その課題も浮き彫りになった．

　子育てに関わる課題や不安の解消には，保護者と保育園職員の支え合う関係性が何よりも重要であり，システムはそれを強化しうる手段のひとつである．今回の保護者とのコミュニケーションの経験は，こうした関係性構築とその方法論を考える重要な機会でもあったともいえる．私たちは，今後も，平常時にも生じるさまざまな子育て不安の解消に役に立つコミュニケーションのあり方を探求していきたい．

【注】

1) 児童福祉法第 7 条による用語は保育所という．本章では，保育園という名称に置き換え統一的に用いる．

2) 厚生労働省（1999），「保育所保育指針」第 12 章 7(2)，https://www.mhlw.go.jp/web/t_doc?dataId=00ta9192&dataType=1&pageNo=2（2021 年 10 月 14 日取得）．

3) 厚生労働省（2008），「保育所保育指針解説書」に第 6 章「保護者に対する支援」が独立した章として設けられる．https://www.mhlw.go.jp/bunya/kodomo/hoiku04/pdf/

hoiku04b.pdf（2021 年 9 月 30 日取得）.

4）厚生労働省編（2018），『保育所保育指針解説』フレーベル館. 2008 年保育所保育指針では「保護者に対する支援」が，2018 年改定により第 4 章「子育て支援」に改められ，記載内容が充実する.

5）6）7）8）注 4 に同じ.

9）文京区（2020），「第 52 回文京の統計―令和元年―」をもとに筆者が算出. https://www.city.bunkyo.lg.jp/var/rev0/0212/7647/52_bunkyonotoukei.pdf/（2021 年 6 月 1 日取得）.

10）国立成育医療研究センター（2020），「小さなこどもたちの生活とこころの様子・コロナ×こどもアンケート中間報告（保育機関向け）」（https://www.ncchd.go.jp/news/2020/20200608.html/）（2021 年 7 月 3 日取得）.

コラム 15　ICT を活用した高齢者の見守りとプライバシー

　高齢者が地域で安心して暮らすためには，身近な人びとの声かけや日々の交流により問題を早急に発見し，効果的な支援につなげることが必要である．しかし，一人暮らしの高齢者は周囲からの目が届きにくく，自分自身の変化に気づきにくい．このような課題に対して，たとえば民生委員の定期訪問，会食会や健康づくり体操などの自治会互助活動，行政による見守り支援事業，警察による巡回など，多くの取り組みが行われている．これらの活動に地域住民が積極的に参加することで，きめ細かな見守りを実現することができる．

　高齢者の地域見守りにおいて，近年注目されているのが ICT の活用である．精密な生体情報を取得するセンサ型からスマートフォンのアプリを用いた簡易型まで，見守りにICT を活用する事例は全国で多く見られるが，どのような場合においても配慮しなければならないのは個人情報の取得に際して本人同意をきちんと得ることと，必要以上にプライバシーに踏み込まないことである．本人の氏名，生年月日，住所などの組み合わせにより特定の個人を識別できる情報である「個人情報」と，家庭内の私生活など個人が秘密にしたいことがらである「プライバシー」は混同されることも多いが，本来は明確な区分けがなされるべき概念である．

　2003 年の成立以降，3 年ごとの改正が定められている「個人情報保護法（略称）」では「個人情報の適正かつ効果的な活用が新たな産業の創出並びに活力ある経済社会及び豊かな国民生活の実現に資するものであることその他の個人情報の有用性に配慮しつつ，個人の権利利益を保護することを目的とする」と謳われており，個人情報の積極的な活用を促す意図がうかがえる．

　川崎市麻生区の 2 つの自治会「三井百合丘第二地区自治会」と「虹ヶ丘一丁目自治会」では，個人情報の活用に関して研修で理解を深めたうえで，組織内に任意団体「ほほえみの会」「虹 ONE CLUB」を立ち上げ，担当制の見守り活動を行っている．どちらの自治会でも平均居住年は 20 年以上と長期にわたっており，高齢化が進んでいた．孤独死などの事例は報告されていなかったが，行政任せにせず地域コミュニティのなかで高齢者を見守る必要性が自治会と地域住民の間で共有されていたといえる．高齢化のわりに住民の携帯電話所持率が全国平均に比べ高かったこともあり，当該自治会では見守り活動にスマートフォンのアプリを用いた以下の 2 種類のシステムを活用している．

　①活動者（見守る人）が取得した，プライバシーに踏み込まない程度の対象者（見守られる人）の見守り情報を登録し，その情報が活動者同士で共有されるシステム

　②対象者が自らの体調を毎日決まった時間に登録し，その情報が担当の活動者へ共有される報告システム

　①のような活動者による情報の共有システムは多くの地域で先行事例があるが，②の

ように対象者自身がスマートフォンで報告を行うシステムは，ユーザ本人が高齢のため
ICT リテラシーの観点から導入の敷居が高かった．またユーザが以前から旧来の携帯電
話を使っていても，スマートフォンへの切り替えを伴う場合はやはり抵抗感があること
が課題となっていた．そのため，システムの導入時はユーザとなる高齢者にスマートフ
ォンの使い方講座を行い，ある程度一般的な使い方に慣れてもらった．加えて極力シン
プルな動きで報告完了まで終了できるよう，ユーザ・エクスペリエンスに配慮してデザ
インを行った．たとえば，普段高齢者が使っている電気ポットはボタンを 2，3 回押す
とお湯が出るが，それと同程度の画面遷移数で報告が完了できるようにした．これらの
デザインには，ユーザによる評価を受けてシステムの改善を繰り返す「人間中心設計」
が用いられている．

　実際にこの報告システムを利用している 93 歳の女性ユーザは，毎朝 9 時に仏壇へお
供えをするときに合わせて報告を行っているという．また食事後の服薬といった生活の
日課に組み込むことで，忘れずに報告ができる．このユーザは自ら毎日報告したかどう
かを手書きでノートにまとめており，その他のユーザに知見を共有できるという点で，
このシステム利用におけるモデルケースのような存在である．そのほかにも「セルフ報
告をご近所の方に受信してもらうようにしたら，普段からそれとなく気づかっていただ
ける．これまでよりも良い関係をご近所と作ることができた」といったポジティブな意
見が聞かれている．

　システムの利用で得られたフィードバックや見守り情報は，毎月の定例会でその他の
活動者に共有されてきた．定例会に参加する活動者は全員，別途定めた個人情報保護規
程に基づき，そこで知りえた情報についての守秘義務を課されている．共有された情報
は民生委員による定期訪問などに活かされてきた実績がある．

　2020 年の新型コロナウイルスの感染拡大は，こういった対面での見守りに大打撃を
与えた．対面で行われていた見守り定例会も，コロナ禍においては実施できなくなった．
しかし，感染が拡大する以前から ICT の導入を進めていたおかげで，この自治会では定
例会をスムーズにオンライン会議へ移行することができた．また，スマートフォンによ
る見守りを行っていた世帯では，コロナ禍においてもほぼ以前と変わらない活動を継続
することができ，意図せずして ICT の利点を皆が実感する結果となった．高齢化社会が
さらに進み，今後も起こる感染症蔓延の可能性に鑑みると，地域見守り活動における積
極的な ICT 活用が重要であることは論をまたない．

（伊藤綾香）

コラム 16　デザイン思考でイノベーションを起こそう

　イノベーション（革新）とは，課題解決のために新しいモノやコト，考え方を生み出したりとり入れることをいう．その方法として，幅広い領域で注目されているのが「デザイン思考」である．「デザイン」という語には，モノの形や色を決めるという狭い意味だけでなく，目的を達成するために計画を立てたり役割を決めたりといった幅広い意味がある．デザイン思考のポイントは，当事者たちの声をじっくり聞き共感し，そこから新しいモノやコトを生み出していくことである．

　この考え方を世界に広めた米パロアルトのスタジオ IDEO とスタンフォード大学のデザイン研究所（通称 d-school）によると，デザイン思考は 5 つのステップで構成される．①共感（Empathize）：当事者たちのさまざまな経験を聞き，その気持ちに共感し学びを得る，②定義（Define）：共感から見えた問題を捉え直し，目指すべき方向やゴールを設定する，③創造（Ideate）：さまざまなアイディアを生み出し幅広い解決策を探る，④試作（Prototype）：生み出したアイディアを形にしてみる，⑤テスト（Test）：課題解決につながるのか当事者のフィードバックを得て改善をしていく．つまりデザイン思考は当事者とともに何かを作り上げるプロセスであり，これを効果的に進めるためにはコミュニティの力が鍵になる．良いモノやコトを創り出そうと皆で奮闘していると，デザイン思考は意識せずとも実践され，さらにその過程で良きコミュニティが生まれることも多い．

　「高齢になっても，病気や障害を抱えても，一人ひとりが自分らしく健やかで幸せに日々を暮らせるにはどうしたらよいか」．山形県鶴岡市のからだ館のスタッフたちが，この課題に取り組むことになったきっかけは，深刻な病気や認知症の家族介護などに向き合っている多くの人たちとの出会いだった．当事者の話に大いに共感するなかで，つらくて落ち込むような状況下でも，日々をイキイキと前向きに暮らす人びとがいることに気づいた．話を聴いてみると，ちょっとした生活の知恵，ものごとの見方や捉え方，人生に対する心構え，バランス良い食事や適度な運動を日々の生活に取り入れる工夫などをもっていることがわかった．彼らの日々の生活の知恵やコツを，地域コミュニティで共有し，住民一人ひとりが小さなイノベーションを起こしていけるようにしよう，というゴール設定に至った．仲間たちの議論のなかで，良い取り組みを広げるツールとして，日本人なら誰でも遊んだことがある「かるた」を作ろうということになった．住民の知恵やコツが詰まった「健幸かるた」づくりである．

　なるべく多くの当事者を巻き込もうと，患者サロンや勉強会，地域の健康づくりの場，保健師の集いなどさまざまな場で声がけをして仲間を集った．コアメンバー 25 名を中心に，最終的にのべ 95 人が，2018 年 3 月から 10 月まで，計 10 回の制作ワークショップに参加して，かるたを作り上げた．つくる過程が，互いの学びや気づきの場になる．

とくに前半は参加者一人ひとりが日々大切にしていること，心掛けていること，伝えたいことを共有し，互いに共感する時間を十分にとった．そのうちに，加齢や病気を乗り越えて健やかで幸せに暮らしている人たちに共通する，いくつかのパターンが見えてきた．たとえば，大変なときもマイナス面よりプラス面を見るようにしている．自分をリラックスさせる方法を知っている．他者への思いやりや感謝の気持ちを大切にしている．必要な情報を見極める力をもっている．食事を楽しんでいる．おしゃれや身だしなみに気をつけている，といったことである．

　さらに，議論を重ねるなかで，皆が大切にしたいと考えるかるたのコンセプトも見えてきた．それらは，①楽しいこと，②仲間とのつながりを強めたり新しいつながりをつくれること，③自信を回復したりやる気を高められること，④上から目線にならないことである．このような方向性を共有しながら，ワークショップの後半では，各自が紡ぎ出した言葉をたくさん出し合い，かるたの句に落とし込む作業を行った．たくさんの素敵な句から最終的な読み札が固まると，絵の得意な者がそれにあった下絵を書き，有志が総出で塗り絵をして，絵札が完成した．

　遊ぶ際に会話やつながりが生まれる仕掛けとして，絵札の裏に，その札の読み句と，その句を書いた人の思いや解説を載せ，それを皆が共有できるようにした．たとえば「め」の絵札の裏側には，「めんごいのー，孫もペットも元気の源」という読み句，そして「何に対しても『めんごいのー』と思う気持ちが心の健康を保ちます」と書かれている．「き」の絵札の裏には，「聞きたいこと，メモにまとめてさあ診察」という読み句と，診察を受けるときのコツが書かれている．裏面の解説文のすべての漢字にはふりがなをふった．遊ぶ際には，絵札をとった人が裏面の文章を読み上げると，皆が拍手をする．そこから句にまつわる自身の体験談など会話が盛り上がる．

　かるたは，住民主体の介護予防やサークル活動の場で使い方を紹介し，希望する人に貸し出してきた．作った人や遊んだ人の口コミで広がり，すでに 150 部以上のかるたが地域のグループに貸し出されている．「札をとると誇らしい気持ちがする．解説を読んで拍手されると嬉しい」，「知らなかった仲間の一面を知ることができた」など，遊びながら，他者との関係が深まっているようだ．なかには，「札を見ても手が伸びなくて，自分の体力の衰えに気づいた．もう少し体を鍛えたい」という声もあった．

　一連のプロセスを振り返ると，とくに意識せずとも「デザイン思考」のステップを踏んでおり，作る過程・遊ぶ過程で，良きコミュニティができあがっていた．当事者への深い共感をベースに皆が考えを共有しながら創り上げることに加えて，「楽しさ」は重要な要素だと感じている．それぞれの地域コミュニティで，ポジティブに課題解決策が創造され，イノベーションが起きていくことを期待している．

（秋山美紀）

第9章

ニジェールのコミュニティとともに
〜ヒューマンサービスの協働の実践から

國枝美佳

1. ニジェールのヒューマンサービス

1.1 ニジェールに魅せられて

筆者は 2008 年 3 月，国際協力機構（JICA）「みんなの学校」プロジェクトの専門家として赴任した夫と幼い子ども 2 人とともに，はじめてニジェールの地を踏んだ．ニジェールの 3-4 月といえば酷暑の時期で，気温は毎日 40 度近くになる[1]．あまりの過酷さに，家族を現地に残して帰国したいと考えるほどだった．しかし，子どもは幼稚園児と小学校低学年で，公用語のフランス語もわからない．家庭や育児を放棄するわけにはいかず，踏みとどまることにした．

その子どもたちを介して友人が一人二人とでき，筆者も JICA のマラリア対策支援プロジェクトのコミュニティ開発の仕事に就くことになった．ニジェールの村々で保健委員会の組織化に関わり，その委員会によるマラリア対策の実施を支援するという仕事に没頭するなか，酷暑から猛暑，雨季，砂嵐の時期と時が経っていた．マラリア対策プロジェクトの仕事が一段落したところで，今度はニジェールの保健企画調査員の仕事に従事することになった．村々の水衛生の活動に関わるなかで，多様な民族がユーモアを介して共存するニジェールでの生活がおもしろくなっていった．ニジェールの人びとは，一生懸命に生きていて，ニジェール国民であることを誇りに思う素朴な人びとである．わずかながら力になれていると実感できる日々が少しずつ増えていった．

　こうしてニジェールで働いたのは 2 年程度であったが，その間とても多くの
ことを学んだように思う．日本の支援で建設した深井戸が人びとに 10 年間近
く水を提供し，ギニアウォームの撲滅に貢献したこと，ワクチンを低温で保管
運搬するコールドチェーン機材の供与によって多くのニジェールの子どもの命
を予防可能な感染症から守ったこと．一方で同じく日本の支援で供与されたワ
クチン保管用の冷蔵庫が低電圧ですぐに壊れ，保健センターの前庭に放置され
ていること等，さまざまな現状を目のあたりにした．まだまだニジェールのた
めに何かしたいという後ろ髪引かれる思いであったが，異動で一足先にセネガ
ルに移った夫と子どもたちを追ってニジェールを去った．

　本章では，中西部アフリカ 23 ヵ国のひとつであるニジェールでの事例を通
じて，ヒューマンサービスを持続可能に，そしてより良いかたちで提供するた
めにコミュニティが果たす役割や可能性を考えていこうと思う．日本から距離
的には遠い世界での実践でありながら，日本を含む先進国でも共有すべき価値
ある普遍的な知見が示せたらと考えている．同時に，筆者の携わったプロジェ
クトや，進行形の研究を通して，実践家や研究者もまた，コミュニティとの関
わり合いのなかから学び，変化していく存在だということも示したい．

1.2　ニジェールの現状と支援の枠組み

　ニジェールは最貧国に分類される．国連開発計画（UNDP）が毎年発表する
人間開発指数（HDI）ランキングでは 2019 年，ニジェールは 189 ヵ国中 189
位だった．教育や生存に関する指標に焦点を当てた世界銀行の人的資本指数
（HCI）では，174 ヵ国中ニジェールは下から 4 番目であった．ちなみに，日本
は上から 3 番目である[2]．

　耕作面積が国土のわずか 10% にもかかわらず，人口は爆発的に増加してい
る．人口増加率は毎年 3.8% である[3]．2000 年に平均寿命 50 年だったのが
2019 年には 63 年となったことからわかるように，死亡率が低下している[4]．
一方で，一人の女性がその生涯で生む 6.6 人の子どもは世界一多いといわれて
いる[5]．保健サービスが改善し，妊産婦や 5 歳未満児の受診が無料化したため，
2000 年には 1,000 人中 224 人だった 5 歳未満児死亡率は 2019 年には 80.4 人と
なり，また 2000 年に 10 万人中 813 だった妊産婦死亡率は 2017 年には 509 と

●図9-1　ニジェール（2000-2019年）5歳未満児死亡率，3種混合（DPT）ワクチン
　接種率，麻疹ワクチン接種率

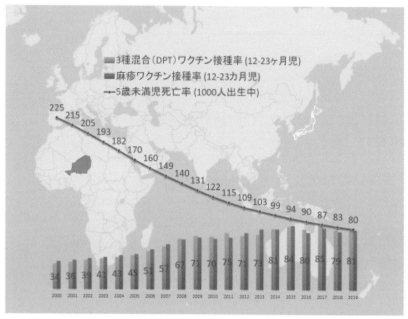

出典：World Development Indicators より筆者作成.

　なった．一方，インフラが整わず，たとえばトイレが圧倒的に不足しているた
めに野外排泄率が68％と世界のなかでも高いままである[6)7)]．また，飲料可能
な水へのアクセスはここ20年で10ポイントほどしか改善しておらず，2020
年に47％でまだ人口の半分に至っていない[8)]．

　教育の指標もいまなお厳しい状況にある．2012年の時点での都市部の女子
の前期中等学校修了率は19.7％，農村部の女子はわずか0.30％である．また，
都市部の女子の後期中等学校修了率は4.9％，農村部の女子は0％である．15
歳以上の女性の識字率はわずか27％（2018年）である．女性の4人に3人が文
字を読み書きできない国は他にはない[9)]．

　このように，ニジェールは世界的に見て貧しく，外部から"助けなければな
らない"対象とされることが多々ある．実際に，国の行政サービスは脆弱で，

官庁街でも停電や断水が頻発し，日々生きるのに必死な行政官は，ときには任されている仕事を放棄してでも家庭や親戚の問題に取り組まざるをえない現状がある．その他，行政官の意欲を左右する行政官の採用や人事評価の制度，給与の遅配，職場の勤務環境などもあり，中央，州レベル，県レベルどこの段階でも行政は機能不全ともいえるような状況がある．

　このため，ニジェールでは，保健や教育などといったヒューマンサービスに関わる役割の一部を国際NGOや二国間，多国間援助が担っている．教育や保健サービスに割かれる国家予算も微々たるものであるため，ニーズが圧倒的に満たされておらず，国際支援組織が肩代わりをしている現状がある．ユニセフ，世界保健機構（WHO），国連人道問題調整事務所（OCHA），国連難民高等弁務官事務所（UNHCR），国連世界食糧計画（WFP）などの国連組織や欧州連合（EU）の他，伝統的な二国間ドナーのフランス，ベルギー，ドイツ，スイスや北欧諸国，米国や英国の他，新興二国間ドナーの中国，日本，韓国，サウジアラビアやカタールもニジェールを支援している．世界銀行について見てみると，ニジェールに対しての直接的な融資はほとんどなく，大部分は最貧国に供与される開発のための無償資金が，ニジェール政府と共同で策定するプログラムを介して供与されている．

　筆者がニジェールにはじめて足を踏み入れた2008年の保健分野は，ベルギーが政策レベルのアドバイザーを送り込み，フランスが保健財政を支援し，日本が技術協力を実施していた．感染症分野では中国や韓国が機材を支援し，ラボなどが設置されていた．ロシアは留学奨学金を通してニジェール人医師育成をしていた．WHOは政策レベルそして保健分野支援の調整を担い，ユニセフは子どもとその家族の支援をありとあらゆる角度から実施していた[10]．2021年現在は，近隣諸国のテロ組織がニジェールに入っていることから二国間援助は減少し，国連や国際NGOの支援が主流となっている．

2.「みんなの学校」に見る日本の支援とコミュニティの協働

2.1 「みんなの学校」プロジェクトとは

　このように，世界で最も経済的に貧しいといわれる国のひとつニジェールだ

が，「貧しい」からと思考停止に陥る代わりに，あらゆる資源をもち寄って地域の問題解決に取り組むコミュニティが多数ある．その意味で，そこにあるコミュニティのもつ力はきわめて大きい．その"最貧"のニジェールのコミュニティの強みに着目した日本発の技術協力プロジェクトがある．それが「みんなの学校プロジェクト」（以下，「みんなの学校」）である（原 2011）．

　「みんなの学校」は，日本の二国間援助の実施機関である国際協力機構（JICA）が実施している技術協力プロジェクトである．このプロジェクトでは，教員や保護者をはじめ，学校を取り巻く地域コミュニティのすべての関係者が"みんな"で協働して，子どもたちにより良い学びの場を提供することを目指している．2004 年にニジェールの 23 校で試行された学校運営改善モデルは，2008 年にはニジェール国内すべての学校（約 1 万校）に普及し，初等教育の就学率向上をはじめとする教育改善に大きく貢献した[11]．4 年間で全国普及に成功した一番の要因は，脆弱な行政に過度な期待を寄せず，子どもに良質な教育を受けさせたいというコミュニティの潜在的ニーズを引き出し，その力を最大限に発揮する仕組みを普及モデルとして開発したからにほかならない．

　もちろん，この成功には土壌があった．1990 年代後半からアフリカの国々は教育行政改革の柱として，教育行政の地方分権化と，自律的学校運営（School Based Management: SBM）を推進してきていた．ニジェールでは，教育政策を実施するための財政面はほとんど期待できず，また外部の開発協力機関も永遠に支援を続けることはできない．それに教育分野は保健と比べて投資効果が出るのが遅いためか，協力機関も比較的少ない．こうしたなかで，世界銀行をはじめとする協力機関の基本的な構想は，学校運営に関わる権限を中央政府から学校運営委員会に移し，それを受け皿とした学校交付金の導入により各校のニーズに沿った教育開発に取り組むことだった[12]．

　しかし，そもそも保護者や地域住民にとって身近なものではなかった学校が，そのような制度改革だけで機能することにはつながらない．どこの村にもある学校が，地域コミュニティにおいて良質な教育サービスを提供する拠点となるためには，行政，コミュニティや教員が協働するしくみが必要だったのである．

　そこで「みんなの学校」は，教員，保護者，地域住民など学校を取り巻くコミュニティの関係者が，子どもの教育に関する情報を共有することを徹底し，

●図9-2　ニジェールの青空（アカシアの木陰）教室

提供：Nobuhiro Kunieda, 2008.

信頼関係を強化し，着実に行動変容を導く学校運営改善のモデルを提示した．
そのプロセスにおいて調整役を果たしたのが，「みんなの学校」式の学校運営
委員会である．学校運営委員会は，住民集会における匿名選挙を通し，コミュ
ニティの総意として選出されたリーダーにより構成される．そして，委員会が
開催する住民集会において，学校が直面する課題の分析，優先順位づけ，学校
活動計画づくり等が行われ，コミュニティの総意として計画が承認される．そ
の承認された計画に沿って，教員・保護者・住民のそれぞれが役割を果たして
いくのである．このようなプロセスが各地に広がり，定着していった．
　さらに，こうした学校レベルの努力を後押しする制度面の取り組みとして，
教育行政による学校運営委員会の支援や，同一地域内の複数の学校運営委員会
の間で経験共有や協働を促進するためのネットワーク体制も整えられた（国際
協力機構 2017a, 2017b, Hara, et al. 2020）．

2.2　推進のプロセスとコミュニティ

　こうしてニジェール全土の学校に広がった「みんなの学校」は，保護者や地
域住民自身が子どもたちの教育の必要性を強く感じ，自らの限られた資源をも
ち寄り，学校を教員とともに主体的に運営してきたという意味で，コミュニテ

ィのもつ力を最大限発揮したものと考えられる．彼らは，行政および国際支援を含む外部からの資源を過度に期待せず，民主的な学校運営委員会のもとで子どもを取り巻く課題を解決するために学校活動に積極的に関わってきた．その成果が就学や学力の向上というかたちで次第に実感できるようになり，それが次なる課題の解決に向けた動機づけとなる，上向きなスパイラルが生み出されているのだと考えられる．

　このスパイラルの具体的な様子をもう少し詳しく見てみよう．「みんなの学校」モデルの導入は，まず，コミュニティの核となる学校運営委員会のメンバーを，保護者を中心とする地域住民が集う住民集会で，匿名投票によって選出するところから始まる．匿名投票にするのは，アフリカの伝統的な地域社会においても，資質を備えた人材が住民の総意で公正に選出される可能性が格段に高まるからだ．集会参加者は，委員長や会計役といったポストごとに候補者の"演説"を聞き，慎重に適材であるかを判断して投票し，選挙委員会による公開開票を見届ける．こうして民主的に選出された学校運営委員会のメンバーのもと，再び住民集会が開かれ，学校や地域の教育の問題が議論される．委員会は集会での議論をもとに学校活動計画案を作成し，その年度の活動内容はもちろん，それぞれ実施責任者や資金源（現物提供や労働貢献も含む）について全員で話し合って，全員で計画を承認する．そのため，多くの人は集会に参加できるように努力し，また，多くの人が納得して活動に参加できるしくみとなっている．

　コミュニティは自ら承認した計画に沿って，自ら動員する資源によって協力し学校活動計画を実現する．実施される活動は，就学促進や中退防止に向けた地域社会の意識向上，仮設教室や机など施設備品の整備，課外補習の実施，文房具や教材の購入，手洗い用具の整備など多岐にわたる．そして年度末の住民集会で活動実績を評価し，貢献したすべての関係者の努力をたたえ，次なる年度に向けて動機づける，というサイクルが作られた．それまでは子どもの教育改善に果たせる役割などないと考えていたコミュニティの関係者は，限られた資源でも何らかの貢献ができるようになり，自信をつけ，エンパワーされていった．

　このように，ニジェールという資源の限られた国でも，導入そして維持がで

きるように，外部者による投入を基本的に導入研修のみと最小限に抑え，かつ，専門的な知識を必要としない簡易な計画策定や透明な組織運営のしくみは可能である．当初 2 州 2,800 校へのモデル導入を通じて各校の学校運営委員会が活性化した成果は，教育省や世界銀行から高い評価を受けることとなり，最終的には 2007-08 年，全国約 1 万校に普及するに至った．この約 1 万校分の「みんなの学校」式の学校運営委員会は，それぞれの活動計画の実施を通じ，急速な人口増により拡大する就学ニーズにも応え，着実に就学率向上に貢献していったと考えられている（丸山ほか 2000）．

2.3　自立的なプロジェクトに向けて

　ところが，ニジェールを含むアフリカ各地の国々では，2000 年代に本格化した初等教育無償化政策により就学者が急増する．それに対して，質の高い教育を提供できる有資格教員の配置や施設の整備が追いつかず，教育の質はむしろ低下するという現象が生じた．この影響は，「みんなの学校」普及モデルを展開するニジェールにも例外なく及ぶことになる．各コミュニティの発意により学校の諸問題の解決，なかでも教育に関する地域社会の意識向上や学習環境の整備といった活動は得意とするものの，たとえば，子どもの基礎学力向上を短期間で目に見えるかたちで実現できるようなモデルではなかったからである．教育の質の向上といえば，伝統的には教員養成や現職研修であったり，カリキュラムや教科書の改訂であったり，大掛かりかつ長期的な教育改革が処方箋とされてきた．一方で，ニジェールでは多くの教員が十分な資格を有していなかったり，意欲が低かったりするなか，理想的な教員像を前提にした問題解決に至るまでには莫大な時間がかかると考えられた．子どもに質の高い教育を受けさせたいと切に願う地域住民の思いの高まりに対して，基礎的な読み書き計算さえできないまま学校を離れていく多くの子どもたちがいる．こうした状況の変化を踏まえ，「みんなの学校」では，学力向上に直接資する「教育の質のミニマムパッケージ（PMAQ）」を開発し，導入することとなった．

　PMAQ は，子どもの学習の質を規定すると考えられる 3 つの要素，すなわち，①能動的な学習時間，②良質な学習環境と教材，③質の高い学習支援を，学校運営委員会の活動を通じて包括的に確保することを目指した．まず，読み

書きや計算の簡易テストを実施し，その結果を住民集会で共有する．すると保護者をはじめとする地域住民は，子どもたちが学校に通っていても十分な学力が習得できていないことに気づき，解決策を検討する．その際，前述の3要素の議論を踏まえ，課外補習を実施して「能動的な学習時間」を，「良質な教材」として自学自習が可能な算数ドリルを，そして教員や住民のボランティアによる補習ファシリテーターを通じた「質の高い学習支援」を，すべてまとめて確保するような議論の枠組みを提供した．こうしてコミュニティが小学校を支え，学力の底上げが各地で進んでいくこととなった（国際協力機構人間開発部 2017, Kunieda, et al. 2020）．

　2015年に実施されたプロジェクトフェーズ終了時評価によると，日本側の総投入額が約4億円，ニジェール政府側の負担額が約1億円であった（国際協力機構人間開発部 2017）．それに対し，プロジェクト期間中のコミュニティの動員額が約18億6,000万円にのぼったのである[13]．実に日本の投入額の4.5倍，ニジェール政府の18.6倍，地域コミュニティが投資したと考えることもできるだろう．一般に，教育への投資効果が発現するまでに10年以上がかかるとされる．「みんなの学校」プロジェクトのフェーズ2が始まった2007年から15年近くが経ち，そろそろ次の成果がかたちとして現れる頃である[14]．

3. ワクチン接種を推進するために

3.1　ニジェールの保健行政の課題

　「みんなの学校」のように，地域コミュニティの多様な主体が関わるモデルを適用した事例をもうひとつ紹介しよう．JICAのマラリア対策支援プロジェクトのコミュニティ開発チームの一員として筆者が携わった，ニジェールの村々での保健委員会の組織化とマラリア対策のプロジェクトである．数ヵ村にひとつしかない保健小屋や保健センターの運営に，「みんなの学校」のノウハウを生かそうとしたのである．

　首都ニアメ隣接のドッソ州ボボイ県にプロジェクト事務所が設置され，早速県の村の保健委員会の機能強化に着手した．保健分野は教育分野と違って，死亡率や罹患率などの数値で投資効果が比較的すぐに見えやすいこともあり，国

際的な支援組織が多く参入している分野である．しかし，課題別で縦割りのプログラムが多いのが実情で，たとえばマラリア対策であれば，薬剤が織り込まれている蚊帳を妊産婦や5歳未満児に配布するといった，限定的で局所的な支援に陥りやすい．こうしたなか，筆者らは地域のリーダーたちとともに，コミュニティが主体となり地域住民が抱えるさまざまな問題に分野横断的に取り組める「みんなの学校」モデルを適用しようとした．当初は従来のやり方に慣れ親しんだニジェールの保健セクターの抵抗もあったが，コミュニティは懸命に新しい保健委員会を設置していった．

　筆者自身も，2008年から2009年の間に，100ヵ所近いプロジェクト対象県の村々の住民集会，保健委員会の組織化や活動計画に携わった．コミュニティとのやりとりのなかで大きな手ごたえを感じる一方，そのなかでマラリア対策以外の課題も見えてきた．集会の議題や活動報告書も，コミュニティには他に優先すべき重要な問題が山積していることを示していた．保健省も，各地域のコミュニティに根づいた活動にさほど力を入れていなかった．こうしてプロジェクトの限界を感じながら，プロジェクトは第一フェーズで終了した．これに伴い，筆者はJICAニジェール事務所の水衛生保健分野担当の企画調査員となり，日本式支援の代名詞ともいえるワクチンを低温で運搬・保管するコールドチェーンの供与機材協力と，それを活用した予防接種を普及するプログラムに携わることになった．

　拡大予防接種プログラム（EPI）は，開発途上国における5歳児未満児死亡の原因であった結核，ジフテリア，破傷風，百日咳，ポリオ，麻疹などの疾病に対する予防接種を行うもので，保健システムの中核をなす．ニジェールにおけるEPIは長い伝統があり，ところどころほころびもあるものの，サービス供給は少なくとも首都においては安定していた．そのため，首都ニアメでワクチン接種率が低いという実情は，接種対象者の側に問題がある，具体的には「母親の知識不足や怠慢」が原因だといわれていた．

　しかし，筆者のこれまでの人びととの関わりからすれば，母親の教育レベルの低さや貧困が子どもに予防接種を受けさせる行動に影響を与えている可能性は考えられても，母親の知識不足や怠慢だけが，この低い接種率の原因とは思えなかった．この疑問こそが，筆者がこの後に取り組んだ研究プロジェクトを

生み出すこととなったのである.

3.2　課題解決に向けた発想

　ここからは, 筆者が取り組んだワクチンの接種率を上げるための研究プロジェクトのプロセスを振り返っておこう. まず最初に行うべきことは現状の把握である. これには, 企画調査員時代に知り合った保健省役人を頼り, 2016 年ニジェールの予防接種に関する調査を実施することになった. この調査は, WHO が予防接種率を算出する際に利用する方法を踏襲したが, このほかに知るべき数値は, 予防接種率だけではなく, 接種対象者の保護者の予防接種に関する知識や接種に至るまでの動機, そして実際にとった行動が予防接種につながっていたかどうかである. このため, 従来の調査方法と調査ツールに社会経済状況および予防接種の動機や行動についての質問を追加した.

　調査は, 12 〜 23 ヵ月の子どものいる家族に対し, 各家庭訪問を通して実施した 450 人規模のものである. この結果, EPI が提供している受けるべきワクチンをすべて接種した人の割合であるワクチン完全接種率が, 全調査対象者の38% と芳しくないことが明らかになった[15]. また, このほかにもいくつかの重要なことがわかってきた (Kunieda, et al. 2021). 子どもの完全接種には, 母親の教育レベルが影響していることが示された. 一方, 家庭の貧困状況や自宅から保健センターにアクセスに要する時間, 母語間の違いなどの要因は, 統計的に有意な関連が見られなかった. 怠慢やネグレクトの傾向と接種との関連も見られなかった. こうした結果のなかで気にかかったのは, やはり予防接種の完全接種に至らない人が 6 割以上いるということであった.

　ワクチン完全接種率の低さが母親の教育レベルに起因することが示されたものの, それ以上に気がかりなことは, サービス供給者の保健従事者がそこで妥協してしまい, 何も手を打っていないことであった. 母親が字を読めなくとも, たとえば, ワクチンカレンダーを共有し次の予約がいつかわかるように工夫ができるはずだが, そうした接種率向上に向けた熱意ある取り組みは見られなかった. おそらく, ここに要因のひとつがあるのだろう.

　ニジェール都市部における乳幼児の最初のワクチン (BCG) は, 生誕と同時に接種するため接種率は 9 割以上にもかかわらず, 4 週経過するごとに接種率

が数ポイントずつ低下していく．生後7日以内に接種する BCG 以降，ニジェールの母親が最も恐れている子どもの麻疹のり患リスクを減らすためのワクチン接種については，9カ月目では30ポイント近く接種率が減少している．筆者はこの接種率減少の原因として母親が正確な接種時期を知らないため，あるいは接種間隔を把握できていないためだと考えた．そして同時に識字ができない人でも接種間隔を自分で数えることができ，接種の回数がわかるようなコミュニケーションツールを開発し，普及させることができれば，接種率の低下を止めることができるのではないかと考えるようになった．そうした問題意識から，母親たちが多大な信頼を寄せる現地の保健従事者らに，丁寧なコミュニケーションとワクチン接種の間隔に関する理解の促進に関する提言を行っていこうと考えたのである．

　保健分野では，コミュニケーション戦略といえば，ポスターやテレビ，ラジオでの宣伝という話になりがちである．しかし，非識字者にポスターを見せても理解度には限度があり，ラジオやテレビで宣伝を流しても，多くの場合女性が見ることは少ない．一番知って欲しい人に一番情報が届いていないという現実がある．一方で，保健センターへワクチン接種にやってくる母親を観察していると，みな，子どもをおぶってきて，待合室で子どもをおろし，待ち時間に子どもをあやしている．ポスター，テレビ，ラジオなどの伝統的なマスコミュニケーション手法が有効でないなら，この子どもを背負う「おんぶ布」を一種のメディアと考え，接種間隔がわかるような情報を織り込み，家にいてもワクチン接種の情報に接することができないかと考えた．

　この発想をかたちにしていくにはどうすればよいだろうか．筆者は，ニジェールの教育や保健医療に携わるほどに，国民が素朴ながら国の発展に貢献したいという思いをもっていること，お金がなくとも労働や作物でコミュニティの発展に貢献してきた歴史があることを実感してきた．そして，こうした潜在的な力を引き出すには，研究者やドナーなどのさまざまな外部者が専門性をもち寄ることで，たとえ大きな岩であっても，ちょっとした梃子（てこ）を入れると大きな力が生まれることも見てきた．このプロジェクトでも，さまざまな知恵と専門性を少しずつないでいくことで実現できることがあるだろうと考えたのである．

3.3　おんぶ布プロジェクトの誕生

　こうして専門性をもち寄ってできあがったのがニジェールのおんぶ布プロジェクトである．専門性といえば，たとえば主要メンバーの一人であるデザイナーのエピソードがある．グローバルヘルスの国際学会で，マリやギニアで啓発の布をデザインしてきた米国人のテキスタイル・デザイナーの講演が印象に残った．講演終了直後，筆者はニジェールの現状とおんぶ布ワクチンカレンダーのアイディアを短くプレゼンテーション（ピッチ）した[16]．早速数日後には，アイディアの実現方法に関してブレーンストーミングを行ったうえで実現するための資金を探すことになった．さらに半年後，ゲーツ財団の Grand Challenges Explorations に応募し，2019年5月にこのプロジェクトに対して10万ドルの助成金を得ることとなったのである．

　この助成金を得た10のチームはミュンヘンの研修に呼ばれることとなるが，筆者らのチームの構成員は，ニジェールから1人，米国から2人，そして日本から1人と，国籍も背景も多様だった．集まった10チームで5日間，ユーザー中心の商品やプロジェクトデザインを学び，最後に投資家に向けたプレゼンテーションの機会が設けられた．その場で，おんぶ布プロジェクトチームの計画を聞いた米国人投資家から，さらに追加の投資を得ることができた．

　おんぶ布のデザインは，まずニジェールで始まった．筆者の知人のバティック染め屋の紹介で集まった有志の女性が米国人テキスタイル・デザイナーのもとで，毎日のように絵を描き，その絵のなかからおんぶ布に適するモチーフを検討しながら進めた[17]．予防接種のタイミングを伝えるためのモチーフは，ニジェールの建築や筆者自身の日常生活からヒントを得た．そのモチーフを見てメッセージが伝わるかのテストも必要だ．モチーフスケッチを保健センターに集まってもらった女性グループに見せ，意見をもらった．保健省予防接種課の職員からの意見や希望もとり入れながら，現地でのデザインがさらに進んでいった．米国に戻ったデザイナーは，地元の女性の意見をとり入れたクロスステッチをイメージした最終デザインの製作にとりかかり，ナイジェリアとマリにプリント布を発注した．

　おんぶ布の効果測定を担当していた筆者は，その間に，そのための質問票や研究計画書を準備した．おんぶ布のプロジェクトを研究の観点から位置づける

●図9-3　ニジェールの母親の意見をとり入れてデザインされたおんぶ布

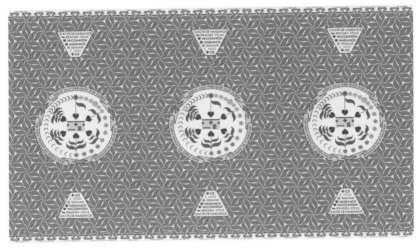

提供：Eliza Squibb, 2020.

●図9-4　おんぶ布シンボルの説明（フランス語）

Acte de Naissance　出生届
Rendez-vous　ワクチン接種予約日
Vaccination　ワクチン接種
Naissance　誕生
Semaine　週
Mois　月
CSI　保健センター

提供：Eliza Squibb, 2020.

と，予防接種に関するメッセージを含むおんぶ布の配布が接種率向上にどう寄与するのかを検証する介入研究になる．この実施にあたってもさまざまな段取りがある．まず 2019 年 9 月から 11 月にかけて，ニジェールと日本の所属機関の研究倫理審査を受けて承認を得た．翌 2020 年早々にその承認書をニジェール保健省に提出し，州保健局から調査実施の許可が出た．

　ところが，3 月の再渡航を間近に控えた頃，世界中で新型コロナウィルス感染症が広がったため，ニジェール入りを断念せざるをえなくなったのである．パンデミックで業務過多に陥った保健省のローカルパートナーもプロジェクト

に割ける時間などほとんどなくなった．ナイジェリアやマリに発注・生産を依頼していたおんぶ布も国境を越えられず，プロジェクト協力者のもとに届かない事態も発生していた．

　その後，先が見えずに休止していたプロジェクトが開始に向けて動き出したのは，米国やアフリカ各国のロックダウンや国境封鎖が解除された 2020 年秋であった．米国人テキスタイル・デザイナーがニジェールへの入国を果たし，プロジェクト資金の一部を現地の事務スタッフの臨時雇用費にあてることで，ようやく開始のめどが立った．急ピッチでおんぶ布の配布計画を立て，手配をした．保健従事者へのプロジェクト紹介やコミュニケーション研修も企画した．新型コロナウィルス感染症の世界的蔓延のなか，米国および日本から遠隔でプロジェクトを推進する日々が始まった．

3.4　おんぶ布プロジェクトの経過

　こうして，大幅に遅れたプロジェクトの開始と介入研究だったが，ようやく 2020 年 12 月に，ニジェールの母親らの意見をとり入れデザインされた布が，BCG のワクチン接種に来た母親に配られることになった．この母親たちが，研究でいうところの介入群である．直前の 11 月には，保健従事者にプロジェクトや布に込められたメッセージを正確に母親たちに伝えるための研修を実施した．非介入群となる母親には，保健センターでは市場から調達したメッセージ性のない布を配布し，介入群同様，保健従事者に母親へのコミュニケーションの研修を実施した．

　計画のとおり，インタビュー調査は，初回はおんぶ布配布時，2 回目は 4 ヵ月目の混合 5 種ワクチン接種時，最後に 9 ヵ月目の麻疹ワクチン接種時と 3 回実施することになった．配布の際の最初のインタビューでは，計 20 ヵ所の保健センターを利用していた出産直後の母親 1,700 人近く一人ひとりに対して約 30 分聞き取りをすることができた．

　参加者である母親の属性は以下のように多様である．15 歳から 45 歳の母親で，20% が初産だった．半数以上はザルマ語，3 分の 1 がハウサ語を母国語としていた．学校に行ったことがない母親が約 30% もおり，さらに 10% は主にイスラム教の聖典コーランを教えるコーラン学校で教育を受けていた．また

●図9-5 ニジェール保健センターでワクチン接種の順番を待つ
プロジェクトが4ヵ月前に配布したおんぶ布を利用している母親ら

提供：Alio Dangana, 2021.

25% は中等教育を修了しているか，中途退学していた．23% は無電化，無給
水で生活していたが，15% は電気も水もある家に住み，家畜を所有していた．
10人中9人の母親は，自分自身が乳幼児だった際にBCGを接種していた．

　配布と最初のベースライン調査を終えたプロジェクト関係者は，一様におん
ぶ布のデザインやおんぶ布そのものについて目的を達成していることを疑って
いなかった．ところが，その後調査を継続実施すると，こうした予想とまった
く異なる結果が出たのである．以下，順を追って見ていこう．

　最初に調査に同意した母親の子どもがおおよそ4ヵ月になった頃で，2度目
の調査が実施された．調査資金の送金と調査開始が遅れたため，すでに大部分
の母親はジフテリア・百日咳・破傷風ワクチン（DPT）の3回目の接種を終え
ており，対面で再インタビューできた母親は，配布およびベースラインの際に
参加の意思を確認していた母親の10分の1にとどまった．10分の1の母親か
らの回答しかないため，参考数値となるが，母親の約半数は，おんぶ布に描か
れた葉，星，月，ハートのマークに込めた意味を正しく理解できていないこと

がわかった．また，この4ヵ月目の中間調査対象となった母親（177人）のうち，おんぶ布を毎日使っている者は17%しかいなかった．週3回程度使っている母親は7%いて，2%の母親は週1回の使用，15%近くがたまにしか使っていないことがわかった．反対に，おんぶ布をまったく使わない母親は9%，回答のなかった母親は53%と，合わせて6割を超えていた．当初の予想に反して，おんぶ布を使っている母親は4割以下と少なかった．さらに，おんぶ布を使って次のワクチン接種までの週を数えていた母親は177人中52人と，3割未満だった．つまり，供与されたおんぶ布自体は使っていても，筆者らの当初の目的は達成できていない可能性が高いことが示されたのである．

4. コミュニティのソーシャル・キャピタルを活用したヒューマンサービス

4.1　おんぶ布プロジェクトからの気づき

　最初にインタビューした母親の子どもが9ヵ月になると麻疹や黄熱病の予防接種を受けることになっている．その際に第3回目の調査を実施し，プロジェクトの介入効果があったか否か最終的に判断することになるが，ここまでの過程から気づかされることも少なくない．

　まず中間調査から見えてきたことは，行政側予防接種課の職員2名を含むプロジェクト側が情報を伝えるツールとして作ったおんぶ布は，母親たちにはそこに記された重要な情報が理解されないまま，単に「おみやげ」と捉えられていた可能性である．

　また，「0～12ヵ月の新生児・乳児を持つ母親たち」をひとつの平板なコミュニティとして，つまり「平均値では捉えられない」（Rose 2016）存在ということも改めて認識させられた．たとえば，仮に最初から最貧困層の母親だけに絞って介入していたら，その段階で「おんぶ布を利用しない．教育効果なし」という結論が下され，プロジェクトはそこで終わっていたかもしれない．しかし，おんぶ布を介してワクチン接種率を向上させる目的のもと，どのような人におんぶ布がその効果を発揮したかどうかは，最初にインタビューした母親の子どもが生後9ヵ月に達したときの調査結果を見ないと判断できない．もちろん，母親どうしも日常的に会話をするから相互に影響もし合うだろう．コミュ

ニティにおいて，誰にとってどのような効果があったのかを測ることの難しさだといえる.

　2021年9月，プロジェクト開始10ヵ月目の追跡調査のため，プロジェクトで介入した20の保健センターのうち18センターを訪問したときにも気づかされることが多々あった. その待合室は乳幼児健診とワクチン接種を待つ母親とその子どもであふれかえっており，母親の多くは何時間も待っているようだった. 保健従事者は次々と身長体重を測定し，次々にワクチン接種をしていたが，順番待ちの列の先頭や最後尾がわからないくらい数十人，場所によっては100人以上が待っている状況だった. 毎日朝早くから昼過ぎまで，ときには夕方まで，同じ作業を繰り返しているからか，保健従事者の士気は一様に低いように見受けられた. 単純作業とはいえ，保健センター受付台帳に記録したり，母子手帳に記録したりするので精一杯のためか，おんぶ布を使って，次回のワクチン接種の予約はいつかを伝えたり，確認したりする保健従事者はいないようだった.

　プロジェクトでデザインしたメッセージ付きの布を配布した介入群の保健センターには，そのおんぶ布を使っている母親が見られた. メッセージのないおんぶ布を配布した非介入群の保健センターにも，配布した布を使っている母親がいた. ただし，メッセージ付きのおんぶ布を使っていることと，布に込めたメッセージを理解していることは同義ではない. 試しに，プロジェクトでデザインした緑のおんぶ布で9ヵ月の子どもを連れてきた数人の母親に，「今日は何をしにここに来たの？」と質問してみた. すると「ワクチン接種」という答えが返ってきたが，具体的に「何のワクチンを接種するの？」と聞いても「ワクチン接種しに来た」の一点張りだった. つまり，プロジェクトがデザインしたおんぶ布は重宝されていても，その布に込められたメッセージは正確に伝わっていなかった可能性が高い.

　なぜか考えてみた. 母親の教育レベルが低いことは明らかだ. おんぶ布のデザインやその他保健従事者によって伝えられるメッセージを理解するには，それなりの知識の素地が必要である. 教育を受けていない母親は，書かれていることを指しながら説明してもすぐに理解できない. また，その場では理解したと思っても，実は理解していなかったということも考えられる. そのうえ，保

健従事者と母親，ことに教育を受けていない母親，の間には地位の差がある．教育レベルがそれほど高くない母親は，教育を受けた国家公務員である保健従事者に対し気軽に質問することもできない．ニジェールでの健康教育といえば，これまでは保健従事者が，いわゆる「上から目線」の厳しい口調で指導を行うのが常であったからだ．

　もちろん保健従事者の側にも事情はある．みな暑いなか，限られた資源の中で大勢の患者やワクチン接種対象者に対応しなければならない．保健センター台帳，各人の母子手帳に接種記録を残さなければならない．一人ひとりに割ける時間はごく限られている．一方の母親は，ワクチン接種された子どもが大泣きして悪い母親として見られないよう，接種後は子どもをなだめつつそそくさと，おんぶ布，その他の持ち物を抱えて出ていく．これでは接種後に両者が話す時間をもつことはできない．唯一，母子手帳に記載されたことを頼りにしなければならないが，余裕のない保健従事者の手書き文字は判読が困難で，次回の予約日の数字が読み取れないこともある．非識字者にとってはなおさらだ．

　これがサービス提供者と受益者の双方にとっての難しい現実である．ワクチン接種という一見単純そうに見えるヒューマンサービスでも，あまりにも障害が多い．

4.2　3つの資本をどう高めるか

　本章はここまで，ニジェールでは教育や健康というそれぞれに備わる資質（ヒューマン・キャピタル）を入手するために，人びとは厳しい環境のなかで家族そしてコミュニティとして日々努力し，周りの人と支え合い，懸命に生きていることを描いてきた．そして，そこにはヒューマン・キャピタルのみならず，コミュニティ・社会レベルのソーシャル・キャピタルがあった[18]．

　「みんなの学校」の事例では，教育とコミュニティを結びつけていたものが，そこに参加する人びとの「信頼」であることを示した．しかしながら，信頼は，情報の単純化ではなく，複雑な情報処理によって生み出されるから（山岸1998），信頼の醸成には時間がかかる．わずか3〜4年程度の取り組みで信頼が確立できるものではなく，また政変や治安悪化で一瞬にして信頼が崩れ去ることもあるため，一方的な支援頼みでそれを実現するのは難しい．一方で，信

頼関係を築くしくみが内的に構築され，外部からの財政支援（ファイナンシャル・キャピタル）の投入があれば，コミュニティに備わっている力（ソーシャル・キャピタル）を最大限に活用し，自らが望む開発や発展を定義し追求することができる．

　コミュニティには，もともと備わっている信頼や助け合い，共有する規範があり，その組織化をすすめ，強化していくことで，さまざまな問題に取り組む資本となる（Kawachi, et al. 2013, Kawachi and Berkman 2014）．「みんなの学校」では子どもを学校に通わせ，学校運営に貢献する模範的な保護者や地域住民がいた．もちろん，おんぶ布プロジェクトでも，子どもの予防接種をきちんと遂行している模範的な母親もいた．大事なことは，こうした一部の住民がもつ良き規範の共有を，コミュニティのなかで進めていくことだとも考えられる．

　コミュニティのソーシャル・キャピタルを高めることができれば，たとえ個人のもつ資源（ヒューマン・キャピタル）がそれほど強くなくとも，さまざまな取り組みが力を発揮することができる．逆に，3つの資本のいずれかひとつが欠けてもプロジェクトはうまくいかない．本章で見た事例から，この3つの資本を高め活かすためのポイントは2点あると筆者は考える．1つ目は「分かち合いと支え合い」，2つ目は「役割の認識と協働」である．本章で紹介したニジェールの「みんなの学校」プロジェクトは，地理的にも心理的にもまとまりのあるコミュニティでの取り組みであり，それゆえ「分かち合いと支え合い」のプロセスが生じやすく，またその可視化も共有もそれほど難しくないと考えられる．対するおんぶ布プロジェクトが対象としていた母子は，首都ニアメの各地に散らばっており，日常の共有が乏しいと考えられる．そのため，たとえば，なんらかの手段を講じて育児コミュニティを形成しなければ，分かち合い支え合いのプロセスが生まれてこないかもしれない．

　役割の認識と協働については両事例に共通する．「みんなの学校」プロジェクトの学校運営委員会は，活動計画を策定し，地域住民に役割を与え，そして協働をすることでコミュニティのエンパワメントを実現した．おんぶ布プロジェクトの国際チームメンバーは，それぞれの役割を担いながら，物理的に離れ，あるいは新型コロナウイルス感染症が蔓延しても，ひとつのプロジェクトを現地のパートナーとともに作り上げた．ただし，前者の事例は当事者に役割があ

る一方で，後者の事例では当事者に必ずしも役割が与えられていないという違いがある．こうした違いがもつ意味も考える必要があるだろう．

　前者の事例では3つの資本を活かすためのポイント「分かち合いと支え合い」と「役割の認識と協働」が実現されており，コミュニティのソーシャル・キャピタルを活用することで，ファイナンシャル・キャピタルを呼び込み，結果としてヒューマン・キャピタルを引き上げている．後者の事例では，ワクチン接種という目標に対し，ヒューマン・キャピタル醸成に関心を向けつつも，ソーシャル・キャピタルやファイナンシャル・キャピタルは十分に活用できていない．「分かち合いと支え合い」と「役割の認識と協働」という点で課題が残されているのだと考えられる．このプロジェクトは進行形のものなので，こうした課題は次に行うプロジェクトの目標でもあるといえる．実験・実践を志向する研究者という立場からは，コミュニティのニーズ，安全，可能性を最優先に試行錯誤を繰り返すことから，その模索を続けることになるだろう．現場に入ると，現地の人びとは"助けてくれる人"，"偉い人"，"お金をもってくる人"と見られ接せられることが多いが，そうした関わり方では「分かち合いと支え合い」と「役割の認識と協働」は実現しないだろう．研究者もまた，ともに学ぶコミュニティの一員だからである．今後もコミュニティとともに変化そして進化していきたいと思う．

【注】
　1) みんなの学校プロジェクト正式名称は「住民参画型学校運営改善計画」（2004年1月〜2007年7月）および「住民参画型学校運営改善計画フェーズ2」（2007年8月〜2012年1月）である．
　2) World Bank (2020), The World Bank Data, Human Capital Index (HCI) (scale 0-1)-Niger (https://data.worldbank.org/indicator/HD.HCI.OVRL?locations=NE) last accessed 23 September 2021.
　3) World Bank (2021a), The World Bank Data, Population growth (annual %)- Niger (https://data.worldbank.org/indicator/SP.POP.GROW?locations=NE) last accessed 23 September 2021.
　4) World Bank (2021b), The World Bank Data, Life expectancy at birth, total (years) - Niger (https://data.worldbank.org/indicator/SP.DYN.LE00.IN?locations=NE) last accessed 23 September 2021.
　5) UNFPA (2021), World Population Dashboard Niger (https://www.unfpa.org/data/

world-population/NE）last accessed 23 September 2021.

6）同上.

7）UNICEF（2021），Niger Key Demographic Indicators（https://data.unicef.org/country/ner/）last accessed 23 September 2021.

8）同上.

9）World Bank（2018），The World Bank Data, Literacy rate, adult female（% of females ages 15 and above）- Niger（https://data.worldbank.org/indicator/SE.ADT.LITR.FE.ZS?locations=NE）last accessed 23 September 2021.

10）OECD（2021），Aid at a Glance by Recipient（https://www.oecd.org/dac/financing-sustainable-development/datavisualisations/）（select Niger from pulldown menu）last accessed 23 September 2021.

11）プロジェクト開始時には 40% にとどまっていた総入学率が 2011 年は 99.8％に，総就学率は 37％から 76.1% に改善，教育へのアクセスは格段に向上している（出所：ニジェール教育統計）.

12）学校運営委員会は，教員や保護者，地域住民などからなる組織. 学校運営の予算や計画，人事などに関わる権限をもつ.

13）この 2015 年のプロジェクトフェーズ終了時評価には，本章筆者も評価分析コンサルタントとして参加した.

14）丸山（*World Development* 誌に掲載された論文を表記）によれば，ティラベリ州の小学校 3,500 校 31 万人の算数基礎学力が，学校運営委員会による算数補習活動を通じ 0.36 ～ 0.38 標準偏差が向上しているという. こうしたこともコミュニティ協働が生む成果のひとつといえるだろう.

15）ワクチンの完全接種率とは，既定の回数の接種が完了した人のワクチン対象人口に占める割合である.

16）グローバルヘルス，国際保健については紙幅の関係から詳述できないが，さらに学ぶには，日本国際保健医療学会編『国際保健医療学第 3 版』2013 年がまとまっている.

17）バティック染めとは，ろうけつ染めのことで，色をつけたくない部分に溶かした蝋（ろう）でモチーフを書き，布を染めてから蝋を洗い流すと蝋のモチーフ部分が浮かび上がる染め方である.

18）紙幅の関係で詳述できないが，ヒューマン・キャピタルについては次の 2 冊とウェブサイトが参考になる. OECD, OECD Insights（2007），*Human Capital: How what you know shapes your life*, OECD（立田慶裕訳『よくわかるヒューマン・キャピタル—知ることがいかに人生を形作るか』明石書店，2010）. World Bank（2021），Human Capital Index（https://datacatalog.worldbank.org/dataset/human-capital-index）. また，ソーシャル・キャピタルについて知るには以下が参考になる. 稲葉陽二（2016），「ソーシャル・キャピタルはどのような概念か—格差問題・震災の事例から」稲葉陽二・吉野諒三編『ソーシャル・キャピタルの世界：学術的有効性・政策的含意と統計・解析手法の検証』ミネルヴァ書房，pp. 8-38, 近藤尚己（2020），「健康格差対策とソーシャル・キャピタル公正な地域・社会づくりへの応用」近藤克則編『ソーシャル・キャピタルと健康・福祉：実証研究の手法から政策・実践への応用まで』ミネルヴァ書房，pp. 144-178.

コラム 17　おすすめ文献案内

　ここでは，本書の主題をさらに深めるうえでおすすめしたい文献を紹介する．いずれも，本書全体にかかわる基本的なものをあげている．また，各章・コラムの参考文献は巻末に一括掲載しているので，あわせて参照して欲しい．

■『コミュニティヘルスのある社会へ ―「つながり」が生み出す「いのち」の輪』(秋山美紀，2013 年，岩波書店)
　本書においてコミュニティヘルスとは，「一人一人の当事者が，自分なりの健康や幸せを実現しながら，結果としてコミュニティ自体も豊かになっていく営み」と定義される．著者が関わってきた各地の取り組みを通じて，地域に暮らす人々が「自分ごと」として主体化していく変化のプロセスやその重要性が示される．

■『場づくりから始める地域づくり ―創発を生むプラットフォームのつくり方』(飯盛義徳編著，2021 年，学芸出版社)
　地域づくりは場づくりから始まる．これが本書のメッセージである．ただ，場を作っただけでうまくいくわけではない．本書では多様な人びとの活発な交流を果たしている先進的な場の取り組みを紹介して，プラットフォームの概念をもとに，空間・コンテンツ・マネジメントの観点から効果的な場のデザインについて探究している．

■『新版コミュニティ・ソリューション ―ボランタリーな問題解決に向けて』(金子郁容，2002 年，岩波書店)
　「ボランティア」や「ネットワーキング」の社会編成原理に着目した著者が，その議論を発展させ，地域コミュニティや障害者支援，働く女性のネットワーク，ネットワーク上のコミュニティなどといった事例を示しつつ，そこに見られるボランタリーなコミュニティの可能性について述べた先駆的文献（初版は 1999 年）．

■『当事者研究 ―等身大の〈わたし〉の発見と回復』(熊谷晋一郎，2020 年，岩波書店)
　当事者運動と依存症自助グループにルーツをもつ「当事者研究」が行うのは，等身大のわたしを発見し，その自分を受け入れられる社会へと変化させることを通じ，回復へ導く実践である．自閉スペクトラム症研究を例に，発見と回復・運動のプロセスを論じ，専門家コミュニティと当事者コミュニティの共同的な価値・知識・技術の創造（共同創造）の可能性が示される．

■『創発経営のプラットフォーム ―協働の情報基盤づくり』（國領二郎・プラットフォームデザイン・ラボ編著，2011 年，日本経済新聞出版社）
　本書は，多様な主体の協働を促進するコミュニケーションの基盤となる道具やしくみを「プラットフォーム」と定義し，その設計に重要な 5 つの変数に注目する．さまざまな分野で行われた実証研究やケーススタディが紹介され，それらの考察から，創発的な価値を生むプラットフォームの作り方について議論が深められる．

■『ワーク・エンゲイジメント ―ポジティブ・メンタルヘルスで活力ある毎日を』（島津明人，2022 年，労働調査会）
　仕事に誇りをもち，仕事にエネルギーを注ぎ，仕事から活力を得ていきいきしている状態である「ワーク・エンゲイジメント」．働く人の弱みを支えるだけでなく，強みを伸ばすためのエッセンスを，実証研究にもとづきながら提示する．職場のメンタルヘルス対策の範囲を，ポジティブな内容にまで拡張した書（初版は 2014 年）．

■『ケア学 ―越境するケアへ』（広井良典，2000 年，医学書院）
　ケアとは，相手に対して一方向的に行う支援ではなく相互的な営みである．このケアを専門分野や制度を越境するものとして捉えるとともに，外部化されてきたケアをいかにコミュニティに編み直すかについて論じられる．ケアをする動物としての人間観から，医療技術論や死生観の議論，そして社会保障政策などへ，ミクロからマクロへと議論が展開される．

■『入門ソーシャルセクター ―新しい NPO/NGO のデザイン』（宮垣元編著，2020 年，ミネルヴァ書房）
　ソーシャルセクターとは，市民が主体となり社会課題に向き合い，その解決に向けて立場を越えて自発的に取り組む活動の総体を指している．NPO/NGO は，コミュニティにおいてヒューマンサービスを担う代表的な主体として期待されており，その行為と組織原理から，独特な組織運営，企業や行政との協働のあり方までが論じられる．

■『アクションリサーチ・イン・アクション ―共同当事者・時間・データ』（矢守克也，2018 年，新曜社）
　アクションリサーチとは，ある社会実践の現場に研究者が共同的な当事者として加わり，「ともに」観察や実践や考察をしていく一連の作業である．もとの社会実践と研究という実践の複層的な関係や，研究者の立ち位置や実践のあり方について，副題にある 3 つのキーワード（共同当事者，時間，データ）から考察と意味付けがなされる．

参考文献

(ホームページ等の資料や報告書については各章の該当の注に記載.)

阿部志郎 (2006),『ヒューマンサービス論』中央法規.

相澤純也・塩田琴美 (2019),『極めに・究める・スポーツリハ』丸善出版.

秋山美紀 (2013),『コミュニティヘルスのある社会へ:「つながり」が生み出す「いのち」の輪』岩波書店.

秋山美紀・今村達弥・筧裕介・永井昌代・福田吉治 (2021),「患者, 住民, コミュニティを育てる・動かすコミュニケーション―当事者エンパワメントと社会的包摂に向けて」『ヘルスコミュニケーション学会雑誌』Vol. 12, No. 1, pp. 10-18.

Aldrich, H. and Herker, D. (1977), "Boundary Spanning Roles and Organization Structure", *Academy of Management Review*, 2(2), pp. 217-230.

安梅勅江 (2004),『エンパワメントのケア科学:当事者チームワーク・ケアの技法』医歯薬出版.

安梅勅江 (2005),『コミュニティ・エンパワメントの技法:当事者主体の新しいシステムづくり』医歯薬出版.

荒井貞光 (2003),『クラブ文化が人を育てる:学校. 地域を再生するスポーツクラブ論』大修館書店.

綾屋紗月・熊谷晋一郎 (2008),『発達障害当事者研究:ゆっくりていねいにつながりたい』医学書院.

馬場わかな (2021),『近代家族の形成とドイツ社会国家』晃洋書房.

Baily, Richard (2005), "Evaluating the relationship between physical education, sport and social inclusion," *Educational Review*, 57(1), pp. 71-90.

Bakker, A. B., Demerouti, E., and 島津明人 (2013),「スピルオーバー―クロスオーバーモデル」『産業ストレス研究』20, pp. 253-265.

Bakker, A. B., Shimazu, A., Demerouti, E., Shimada, K., and Kawakami, N. (2011), "Crossover of work engagement among Japanese couples: Perspective taking by both partners", *Journal of Occupational Health Psychology*, 16, pp. 112-125.

伴英美子・井上真智子・渡辺賢治 (2019),「O12-04. 多世代関係が小学生・中学生の自己肯定感と自己効力感に及ぼす影響」『日本衛生学会雑誌』第 74 巻第 89 回学術総会講演集号, S140.

Bauman, Zygmunt (2001a), *The Individualized Society*, Polity Press (澤井敦・菅野博史・鈴木智之訳『個人化社会』青弓社, 2008 年).

Bauman, Zygmunt (2001b), *Community: Seeking Safety in an Insecure World*, Polity Press (奥井智之訳『コミュニティ:安全と自由の戦場』筑摩書房, 2008 年).

Beck, Ulrich (1986), *Risikogesellschaft. Auf dem Weg in eine andere Moderne*, Suhrkamp

（東廉・伊藤美登里訳『危険社会：新しい近代への道』法政大学出版局，1988 年）.

Berque, Augustin（1982），*Vivre l'espace au Japon*, Presses Universitaires de France（宮原信訳『空間の日本文化』筑摩書房，1985 年）.

Brownson, Ross C., Colditz, Graham A., and Proctor, Enola K., eds.（2018），*Dissemination and Implementation Research in Health: Translating Science to Practice*, 2nd edition, Oxford University Press.

Buxton, B.（2007），*Sketching User Experiences: Getting the Design Right and the Right Design*, Morgan Kaufmann.

遅塚忠躬（2010），『史学概論』東京大学出版会.

Coalter, F.（2007），"Sports Clubs, Social Capital and Social Regeneration: 'ill-defined interventions with hard to follow outcomes'?", *Sport in Society*, 10(4), pp. 537-559.

Cohen, Anthony P.（1985），*The Symbolic Construction of Community*, Ellis Horwood.

Demerouti, E., Bakker, A. B., and Schaufeli, W. B.（2005），"Spillover and crossover of exhaustion and life satisfaction among dual-earner parents", *Journal of Vocational Behavior*, 67, pp. 266-289.

Delanty, Gerard（2003），*Community*, Routledge（山之内靖・伊藤茂訳『コミュニティ：グローバル化と社会理論の変容』NTT 出版，2006 年）.

土井原奈津江・大江守之（2015），「高齢者グループリビングの成立構造と社会的普及に関する研究：プロトタイプ COCO 湘南台と普及モデルの比較を通して」『日本建築学会計画系論文集』第 80 巻第 714 号，pp. 1913-1923.

土井原奈津江（2019），「グループリビングを核としたコミュニティ形成：グループリビング B の事例を通して」『日本建築学会学術講演梗概集』pp. 259-260.

Drewe, Sheryle Bergmann（2003），*Why Sport?: An Introduction to the Philosophy of Sport*, Thompson Educational Pub.（川谷茂樹訳『スポーツ哲学の入門：スポーツの本質と倫理的諸問題』ナカニシヤ出版，2012 年）.

Eriksen, Karin（1977），*Human Services Today*, Reston Publishing（豊原廉次郎訳『ヒューマン・サービス：福祉サービスと専門職』誠信書房，1982 年）.

Esping-Andersen, G.（1990），*The Three Worlds of Welfare Capitalism*, Polity Press（岡沢憲芙・宮本太郎監訳『福祉資本主義の三つの世界：比較福祉国家の理論と動態』ミネルヴァ書房，2001 年）.

Esping-Andersen, G.（1999），*Social Foundations of Postindustrial Economies*, Oxford University Press（渡辺雅男・渡辺景子訳『ポスト工業経済の社会的基礎：市場・福祉国家・家族の政治経済学』桜井書店，2000 年）.

Esping-Andersen, G.（2009），*The Incomplete Revolution: Adapting to Women's New Roles*, Polity（大沢真理監訳『平等と効率の福祉革命：新しい女性の役割』岩波書店，2011 年）.

Fujiwara, T., Shimazu, A., Tokita, M., Shimada, K., Takahashi, M., Watai, I., Iwata, N., and Kawakami, N.（2016），"Association between parental workaholism and body mass index of offspring: A prospective study among Japanese dual workers", *Frontiers in*

Public Health, 4 (doi: 10.3389/fpubh.2016.00041).

藤原靖浩 (2010),「居場所の定義についての研究」『教育学論究』2, pp. 169-177.

Gibbons, M. (1994), *The New Production of Knowledge: The Dynamics of Science and Research in Contemporary Societies*, SAGE Publications Ltd. (小林信一監訳『現代社会と知の創造：モード論とは何か』丸善ライブラリー, 1997年).

Goering, E., Shimazu, A., Zhou, F., Wada, T., and Sakai, R. (2017), "Not if, but how they differ: A meta-analytic test of the nomological networks of burnout and engagement", *Burnout Research*, 5, pp. 21-34.

Greenhalgh, T. and Hurwitz, B., eds. (1998), *Narrative Based Medicine: Dialogue and Discourse in Clinical Practice*, BMJ Books (斎藤清二他監訳『ナラティブ・ベイスト・メディスン：臨床における物語りと対話』金剛出版, 2001年).

Halbesleben, J. R. B. (2010), "A meta-analysis of work engagement: Relationships with burnout, demands, resources and consequences", in Bakker, A. B. and Leiter, M. P., eds, "*Work Engagement: Recent developments in theory and research*, Psychology Press, pp. 102-117.

原雅裕 (2011),『西アフリカの教育を変えた日本発の技術協力』ダイヤモンド社.

Hara, M., Maruyama, T., Kageyama, A., and Kunieda, N. (2020), "Quality learning through community-wide collaboration: A methodology to overcome the "learning crisis" in Niger", in Nishimura, M., ed., *Community Participation with Schools in Developing Countries Towards Equitable and Inclusive Basic Education for All*, Routledge, pp. 165-183.

Harris, Howard, Maloney, David, and Rother, Franklyn (2003), *Human Services: Contemporary Issues and Trends*, Allyn & Bacon.

林謙治 (2017),「「産前・産後サポート事業ガイドラインおよび産後ケア事業ガイドライン」導入の背景と社会的意義」『助産雑誌』71(12), pp. 942-947.

Hillery, George A. (1955), "Definition of community: Areas of agreement", *Rural Sociology*, 20, pp. 111-123.

平井愛山・秋山美紀 (2008),『地域医療を守れ：「わかしおネットワーク」からの提案』岩波書店.

広井良典 (2000),『ケア学：越境するケアへ』医学書院.

広井良典 (2001),『定常型社会：新しい「豊かさ」の構想』岩波新書.

広井良典 (2009),『コミュニティを問いなおす：つながり・都市・日本社会の未来』筑摩書房.

Hobfoll, S. E., Johnson, R. J., Ennis, N., and Jackson, A. P. (2003), "Resource loss, resource gain, and emotional outcomes among inner city women", *Journal of Personality and Social Psychology*, 84, pp. 632-643.

細田美和子 (2003),『チーム医療の理想と現実：看護に生かす医療社会学からのアプローチ』日本看護公開出版会.

堀田龍也・為田裕行・稲垣忠・佐藤靖泰・安藤明伸（2020），『学校アップデート』さくら社．

飯盛義徳（2015），『地域づくりのプラットフォーム：つながりをつくり，創発をうむ仕組みづくり』学芸出版社．

飯盛義徳編著（2021），『場づくりから始める地域づくり：創発を生むプラットフォームのつくり方』学芸出版社．

今村達弥（2017），「私はいかにして当事者研究に伝染したか：自験例に一体何が起きたのか」『精神看護』20（3），pp. 222-229．

Israel, B. A., Eng, E., Schulz, A. J., and Parker, E. D.（2013），*Methods for Community-Based Participatory Research for Health*, 2nd edition, Jossy-Bass, A Wiley Imprint.

伊丹敬之（1999），『場のマネジメント：経営の新パラダイム』NTT 出版．

伊藤亜紗編（2021），『「利他」とは何か』集英社新書．

Judith, A. B. L.（1994），*The Empowerment Approach to Social Work Practice*, Columbia University Press.

筧裕介，認知症未来共創ハブほか監修（2021），『認知症世界の歩き方』ライツ社．

Katzenbach, R. and Douglas, K.（1993），*The Wisdom of Teams: Creating the High-Performance Organization*, Harvard Business Press（横山禎徳・吉良直人訳『[高業績チーム] の知恵：企業を革新する自己実現型組織』ダイヤモンド社，1994 年）．

Kawachi, I. and Berkman, L.（2014），"Social Capital, Social Cohesion, and Health", in Berkman et al., ed., *Social Epidemiology*, 2nd edition, Oxford University Press.

Kawachi, I., Takao, S., and Subramanian, S. V.（2013），*Global Perspectives on Social Capital and Health*, Springer.

川田昇（1982），『ぶどう畑の笑顔』太揚社．

河村幸子（2020），「学校と地域の連携・協働」小玉敏也・金馬国晴・岩本泰編著『総合的な学習／探究の時間』学文社，pp. 161-179．

菊幸一・茂木宏子・功刀梢（2015），「体育・スポーツ社会学からみたスポーツ価値意識研究の現状と課題」木村和彦編『平成 26 年度日本体育協会スポーツ医・科学研究報告Ⅲ 新たなスポーツ価値意識の多面的な評価指標の開発—第 1 報—』公益財団法人日本体育協会．

Knight, C., Patterson, M., and Dawson, J.（2019），"Work engagement interventions can be effective: A systematic review", *European Journal of Work and Organizational Psychology*, 28, pp. 348-372.

小島一夫（2008），「あるアスリートのキャリアトランジションに伴うアイデンティティ再体制化について—生涯発達心理学の視点から」『つくば国際大学研究紀要』14, pp. 73-85．

國領二郎編著（2011），『創発経営のプラットフォーム：協働の情報基盤づくり』日本経済新聞出版社．

国際協力機構（2017a），「JICA みんなの学校の歩み 2004-2016」『ニュースレター月報集』．

国際協力機構（2017b），「アフリカ 4 万校に広がる「みんなの学校」：学校と地域コミュニティと保護者"みんな"の協働で，子どもたちのより良い学びの場をつくる」．

国際協力機構人間開発部（2017），『ニジェール共和国みんなの学校：住民参加による教育開発プロジェクト終了時評価調査報告書』国際協力機構．

厚生労働省編（2018），『保育所保育方針解説』フレーベル館．

久木留毅（2021），『個の力を武器にする最強のチームマネジメント論 =Best Team Management Theory：なぜ，チームスポーツは強くなれたのか』生産性出版．

熊谷晋一郎（2020），『当事者研究：等身大の〈わたし〉の発見と回復』岩波書店．

Kunieda, M. Kondo, Manzo, M. L., Shibanuma, A., and Jimba, M.（2021），"Rapidly modifiable factors associated with full vaccination status among children in Niamey, Niger: A cross-sectional, random cluster household survey", *PLOS ONE*, 16(3): e0249026.

Kunieda, N., Maruyama,T., Kageyama, A., and Hara, M.（2020），"Educational development through community-wide collaboration: How to establish a sustainable community-wide initiative to improve education", in Nishimura, M., ed., *Community Participation with Schools in Developing Countries Towards Equitable and Inclusive Basic Education for All*, Routledge, pp. 88-102.

黒澤祐介（2010），「ケア・コミュニティ・世代間交流」広井良典・小林正弥編『コミュニティ：公共性・コモンズ・コミュニタリアニズム』勁草書房，pp. 179-189.

Lave, J. and Wenger, E.（1991），*Situated Learning: legitimate peripheral participation*, Cambridge University Press（佐伯胖訳『状況に埋め込まれた学習：正統的周辺参加』産業図書，1993 年）．

Lazarus, R. S.（1991），*Emotion and Adaptation*. Oxford, New York.

Liamputtong, P.（2010），*Research Methods in Health: Foundations for Evidence-Based Practice*, Oxford University Press（木原雅子・木原正博訳『現代の医学的研究方法 質的・量的方法，ミクストメソッド，EBP』メディカル・サイエンス・インターナショナル，2012 年）．

MacIver, R. M.（1917），*Community*, Macmillan（中久郎・松本通晴監訳『コミュニティ』ミネルヴァ書房，1975 年）．

Marmot, M., Allen, J., Goldblatt, P., Herd, E., and Morrison, J.（2020），*Build Back Fairer: The COVID-10 Marmot Review*, Institute of Health Equity.

丸尾直美・宮垣元・矢口和宏編（2006），『コミュニティの再生：経済と社会の潜在力を活かす』中央経済社．

丸山隆央・影山晃子・國枝信宏（2020），「地方行政と学校・住民の協働を通じた教育開発の展開：JICA みんなの学校のフォーラム・アプローチを事例として」『国際開発学会第 31 回全国大会大会報告論文集』No. 2, pp. 651-666.

Maslach, C. and Leiter, M. P.（1997），*The Truth about Burnout: How organizations cause personal stress and what to do about it*, Jossey-Bass.

松尾博一（2021），「米国における大学生アスリートへのライフスキル開発支援プログラムの実態：ミネソタ大学の事例」『大学体育研究』43, pp. 31-43.

McLeroy, K. R., Steckler, A., and Bibeau, D., eds. (1988), "The social ecology of health promotion interventions", *Health Education Quarterly*, 15(4), pp. 351-377.

McNall, L. A., Nicklin, J. M., and Masuda, A. D. (2010), "A meta-analytic review of the consequences associated with work-family enrichment", *Journal of Business Psychology*, 25, pp. 381-396.

Minkler, M. and Wallerstein, N. (2008), *Community-Based participatory Research for Health from Process to Outcomes*, 2nd Editon, Jossy-Bass, A Wiley Imprint.

宮台真司 (1994), 『制服少女たちの選択』講談社.

宮垣元 (1999), 「コミュニティ・デザイン：コミュニティからコモンズへ」加藤寛監修『ライフデザイン白書2000-01』第一生命経済研究所, pp. 34-51.

宮垣元 (2003), 『ヒューマンサービスと信頼：福祉NPOの理論と実証』慶應義塾大学出版会.

宮垣元 (2020), 『その後のボランティア元年：NPO・25年の検証』晃洋書房.

宮垣元編著 (2020), 『入門ソーシャルセクター：新しいNPO/NGOのデザイン』ミネルヴァ書房.

宮垣元 (2021), 「コミュニティと総合政策：その変遷と今日的課題」『KEIO SFC Journal』21(1), pp. 66-90.

宮本恭子 (2017), 「ドイツにおける家族介護者支援の構造的特徴：ドイツ現地調査から」『経済科学論集』43, pp. 1-29.

文部科学省 (2018), 『高等学校学習指導要領（平成30年度告示）解説　総合的な探究の時間編』学校図書.

森周子 (2020), 「介護手当と家族介護：ドイツの動向から考える（特集 無償労働と有償労働の間）」『日本労働研究雑誌』62(6), pp. 27-37.

向谷地生良・浦河べてるの家 (2018), 『新・安心して絶望できる人生 「当事者研究」という世界』一麦出版社.

中村敏雄 (1998), 『スポーツの見方を変える』平凡社.

中西純司 (2012), 「「文化としてのスポーツ」の価値」『人間福祉学研究』5(1), pp. 7-24.

根本裕太・倉岡正高ほか (2018), 「若年層と高年層における世代内／世代間交流と精神的健康状態との関連」『日本公衆衛生雑誌』65(12), pp. 719-729.

日本スポーツ協会 (2018), 「2章　我が国のスポーツプロモーション」『公認スポーツ指導者養成テキスト共通科目II』日本スポーツ協会, pp. 21-31.

日本保健福祉学会編集 (2015), 『保健福祉学：当事者主体のシステム科学の構築と実践』北大路書房.

野口祐二 (2002), 『物語としてのケア：ナラティブ・アプローチの世界へ』医学書院.

則定百合子 (2008), 「青年期における心理的居場所感の発達的変化」『カウンセリング研究』41(1), pp. 64-72.

大賀明子・佐藤喜美子・諏訪きぬ (2005), 「周産期における生活実態からみた「里帰り出産」」『母性衛生』45(4), pp. 423-431.

大賀明子（2009），「里帰り出産に関する研究の動向と課題」『横浜看護学雑誌』2(1), pp. 64-68.

小川晃子・狩野徹・佐々木淳ほか（2011），「ICT を活用した高齢者生活支援型コミュニティづくりプロジェクト実践報告」『岩手県立大学社会福祉学部紀要』13, pp. 65-69.

大木聖子（2021），「南海トラフ巨大地震を伝える未来の物語」『都市問題』第 112 巻第 9 号，pp. 10-14.

Oldenburg, R. (1999), *The Great Good Place: cafâes, coffee shops, bookstores, bars, hair salons, and other hangouts at the heart of a community*, New York: Marlowe（忠平美幸訳『サードプレイス：コミュニティの核になる「とびきり居心地よい場所」』みすず書房，2013 年）.

尾関夢子・尾関周二（2021），『こころの病は人生もよう：統合失調症・ユング・人類精神史』森の泉社.

Pariser, Eli (2011), *The Filter Bubble: What the Internet Is Hiding from You*, Penguin Press（井口耕二訳『閉じこもるインターネット：グーグル・パーソナライズ・民主主義』早川書房，2012 年）.

Perks, T. (2007), "Does Sport Foster Social Capital? The Contribution of Sport to a Lifestyle of Community Participation", *Sociology of Sport Journal*, 24, pp. 378-401.

Rapp, C. A. and Goscha, R. (2012), *The Strengths Model: A recovery-oriented approach to mental health services*, New York, NY: Oxford University Press（田中英樹監訳『ストレングスモデル：リカバリー思考の精神保健福祉サービス』金剛出版，2014 年）.

Relph, Edward C. (1976), *Place and Placelessness*, Pion Limited（高野岳彦・阿部隆・石山美也子訳『場所の現象学』筑摩書房，1991 年）.

Rose, T. (2016), *The End of Average: how we succeed in a world that values sameness*, HarperOne.

齋藤香里（2013），「ドイツの介護者支援（特集 介護者支援の国際比較：要介護者と家族を支える取り組みの多様性）」『海外社会保障研究』184, pp. 16-29.

斎藤清二（2003），「ナラティブ・ベイスト・メディスンとは何か」斎藤清二・岸本寛史『ナラティブ・ベイスト・メディスンの実践』金剛出版，pp. 13-36.

齋藤孝（2004），『五輪の身体』日本経済新聞出版.

坂倉杏介・醍醐孝典・石井大一朗（2020），『コミュニティマネジメント：つながりを生み出す場，プロセス，組織』中央経済社.

Sakuraya, Y., Shimazu, A., Imamura, K., Namba, K., and Kawakami, N. (2016), "Effects of a job crafting intervention program on work engagement among Japanese employees: A pretest-posttest stud", *BMC Psychology*, 4(1), p. 49.

Sakuraya, A., Shimazu, A., Imamura, K. and Kawakami, N. (2020), "Effects of a job crafting intervention program on work engagement among Japanese employees: A randomized controlled trial", *Frontiers in Psychology*, 11（doi: 10.3389/fpsyg.2020.00235）.

Salamon, Lester (1994), "The Rise of the Nonprofit Sector", *Foreign Affairs*, 73(4), pp. 109-

122.

Schaufeli, W. B. and Bakker, A. B. (2004), "Job demands, job resources and their relationship with burnout and engagement: A multi-sample study", *Journal of Organizational Behavior*, 25, pp. 293–315.

Schaufeli, W. B., Salanova, M., Gonzalez-Romá, V., and Bakker, A. B. (2002), "The measurement of engagement and burnout: A two sample confirmative analytic approach", *Journal of Happiness Studies*, 3, pp. 71–92.

Schaufeli, W. B., Shimazu, A., and Taris, T. W. (2009), "Being driven to work excessively hard: The evaluation of a two-factor measure of workaholism in The Netherlands and Japan", *Cross-Cultural Research*, 43, pp. 320–348.

島田恭子・島津明人 (2012),「ワーク・ライフ・バランスのポジティブ・スピルオーバーと精神的健康」『産業精神保健』20, pp. 271–275.

島田恭子・島津明人・川上憲人 (2016),「未就学児を持つ共働き夫婦におけるワーカホリズムとパートナーの精神的健康との関連：夫婦間コミュニケーションの媒介効果の検討」『行動医学研究』22, pp. 76–84.

島津明人 (2014),『ワーク・エンゲイジメント：ポジティブ・メンタルヘルスで活力ある毎日を』労働調査会.

島津明人 (2018),「ワーク・ライフ・バランスと健康：Tokyo Work-life INterface study (TWIN study)」『社会精神医学』27, pp. 166–174.

島津明人 (2020),「これからの働き方を考える：主体的朗働と産業ストレス」『産業ストレス研究』27, pp. 383–388.

Shimazu, A., Bakker, A. B., Demerouti, E., Fujiwara, T., Iwata, N., Shimada, K., Takahashi, M., Tokita, M., Watai, I., and Kawakami, N. (2020), "Workaholism, work engagement and child well-being: A test of the spillover-crossover model", *International Journal of Environmental Research and Public Health*, 17(17) (https://www.mdpi.com/1660-4601/17/17/6213/htm).

Shimazu, A., Demerouti, E., Bakker, A. B., Shimada, K., and Kawakami, N. (2011), "Workaholism and well-being among Japanese dual-earner couples: A spillover-crossover perspective", *Social Science & Medicine*, 73, pp. 399–409.

Shimazu, A., Nakata, A., Nagata, T., Arakawa, Y., Kuroda, S., Inamizu, N., and Yamamoto, I. (2020), "Psychosocial impact of COVID-19 for general workers", *Journal of Occupational Health*, 62(1) (doi: 10.1002/1348-9585.12132).

Shimazu, A. and Schaufeli, W. B. (2009), "Is workaholism good or bad for employee well-being? The distinctiveness of workaholism and work engagement among Japanese employees", *Industrial Health*, 47, pp. 495–502.

Shimazu, A., Schaufeli, W. B., Kubota, K., and Kawakami, N. (2012), "Do workaholism and work engagement predict employee well-being and performance in opposite directions?", *Industrial Health*, 50, pp.316–321.

Shimazu, A., Schaufeli, W. B., Kamiyama, K., and Kawakami, N. (2015), "Workaholism vs. work engagement: The two different predictors of future well-being and performance", *International Journal of Behavioral Medicine*, 22, pp. 18-23.

島本好平・東海林祐子・村上貴聡・石井源信 (2013),「アスリートに求められるライフスキルの評価：大学生アスリートを対象とした尺度開発」『スポーツ心理学研究』40(1), pp. 13-30.

塩田琴美 (2015),「障害者の接触経験と障がい者スポーツ参加意欲・態度との関係性」『日本保健科学学会誌』18(2), pp. 59-67.

塩田琴美・徳井亜加根 (2016a),「障がい者スポーツにおけるボランティア参加に影響を与える要因の検討」『体育学研究』61(1), pp. 149-158.

塩田琴美・徳井亜加根 (2016b),「特別支援学校に通学する幼児・児童・生徒のレクリエーション・スポーツの実施に関する基礎調査」『日本保健科学学会誌』19(3), pp. 120-128.

東海林毅 (2021),「大学生サッカー部におけるオフザピッチの活動が競技力向上に与える影響の検討」『城西大学経営紀要』17, pp. 69-86.

東海林祐子 (2011),『スポーツコミュニケーション：スポーツ指導におけるコミュニケーションとその応用』ブックハウス・エイチディ.

東海林祐子 (2021),「ハンドボール女子アスリートのライフスキルの実態とコミュニケーションスキル獲得過程」『第 32 回日本コーチング学会大会 WEB 開催 研究発表抄録集』p. 34.

東海林祐子・島本好平・鈴木万紀子・錦見綾 (2021),「ライフスキルが引退後のキャリア選択行動に与える影響 女性トップアスリートを対象として」『日本体育・スポーツ健康学会第 71 回大会研究発表抄録集』p. 31.

総務省地域力創造グループ地域振興室 (2017),『地域運営組織の形成及び持続的な運営に関する調査研究事業報告書』.

橘弘志 (2005),「人と環境の関係をとらえ直す五つの視点」『建築雑誌』120(1533), pp. 16-17.

田所まり子 (2009),「身体感覚受容感尺度作成の試み─尺度の開発と信頼性・妥当性の検討─」『健康心理学研究』22(1), pp. 44-51.

高田真治 (1983),「制度的社会福祉の概念：ヒューマン・サービスとパーソナル・ソーシャル・サービス」『関西学院大学社会学部紀要』47, pp. 105-118.

武田佳奈 (2017),「家事支援サービスの現状（特集 雇用共働き化社会の現在）」『日本労働研究雑誌』59(12), pp. 62-68.

田尾雅夫 (1995),『ヒューマン・サービスの組織：医療・保健・福祉における経営管理』法律文化社.

田尾雅夫 (2001),『ヒューマン・サービスの経営：超高齢社会を生き抜くために』白桃書房.

寺本佑治 (2019),「基調講演概要」『日本経営倫理学会誌』26, pp. 9-10.

富永健一 (1986),『社会学原理』岩波書店.

Tönnies, Ferdinand (1887), *Gemeinschaft und Gesellschaft*（杉之原寿一訳『ゲマインシャ

フトとゲゼルシャフト（上・下）』岩波文庫，1957 年).

Tonts, M.（2005），"Competitive sport and social capital in rural Australia", *Journal of Rural Studies*, 21, pp. 137-149.

内富庸介監修，今村晴彦・島津太一監訳（2021），『実装研究のための統合フレームワーク―CFIR ―』保健医療福祉における普及と実装科学研究会（原文は https://cfirguide.org).

上野勝代・石黒暢・佐々木伸子編著（2011），『シニアによる協同住宅とコミュニティづくり：日本とデンマークにおけるコ・ハウジングの実践』ミネルヴァ書房.

渡井いずみ・錦戸典子・村嶋幸代（2006），「ワーク・ファミリー・コンフリクト研究の動向：日本人を対象とした研究を中心に」『産業精神保健』14, pp. 299-303.

Wellman, Barry（1979），"The Community Question: The Intimate Networks of East Yorkers", *American Journal of Sociology*, 84, pp. 1201-1231.

Westman, M.（2001），"Stress and strain crossover," *Human Relations*, 54, pp. 717-751.

WHO（1993），*Division of Mental Health : Life skills Education in Schools*, pp. 1-8（川畑徹朗・西岡伸記・高石昌弘・石川哲也監訳『WHO ライフスキル教育プログラム』大修館書店，1997 年，pp. 9-59).

藪内夏美・東海林祐子（2020），「女子バスケットボールトップリーグにおける選手の当事者意識がもたらしたチーム内外のコミュニケーションとパフォーマンスの関係」『日本体育・スポーツ経営学会第 43 回大会（オンライン開催）研究発表抄録集』p. 96.

山田誠（1999），「ドイツの補完性原理と自治体行財政：ドイツ型福祉国家にとっての 2 つの原動力」古瀬徹・塩野谷祐一編『先進諸国の社会保障；4 ドイツ』東京大学出版会，pp. 49-68.

山田昌弘（2020），『日本の少子化対策はなぜ失敗したのか？：結婚・出産が回避される本当の原因』光文社.

山岸敏男（1998），『信頼の構造：心と社会の進化ゲーム』東京大学出版会.

横山勝彦・来田宣幸編（2009），『ライフスキル教育：スポーツを通して伝える「生きる力」』昭和堂.

吉田良治（2013），『ライフスキル・フィットネス：自立のためのスポーツ教育』岩波書店.

吉見俊哉・平田宗史・入江克己・白幡洋三郎・木村吉次・紙透雅子（1999），『運動会と日本近代』青弓社.

Young, Jock（2007），*The Vertigo of Late Modernity*, Sage（木下ちがや・中村好孝・丸山真央訳『後期近代の眩暈：排除から過剰包摂へ』青土社，2019 年).

おわりに

　人生というライフコースにおいて，私たちは折に触れて，いろいろな困難に直面する．一見まったく異なる分野の課題のように見えていたことも，「わたし」という当事者を中心に据えると，すべてがつながっていることに気づく．子育てや介護の負担を軽減するような家事援助，心地よく働ける職場，安心できる学び場や遊び場，災害から命を守る取り組み，どんなときも包摂してくれる場，活気ある地域づくり……．「わたし」が健やかで幸せに生きていくために「こうあったらいいな」と思うさまざまなサービスや環境は，縦割りで硬直的になりがちな行政や専門家だけにまかせていては手に入らないだろう．「わたし」や「あなた」や「あの人」が，ともに考え，議論をし，創意工夫をすることで，もっと柔軟で包括的な，分かち合いの関係性を築くことができるに違いない．

　本書では，背景や専門性がまったく異なる筆者たちが，そんな考えをゆるやかに共有しながら，それぞれが取り組んできた実践や研究を紹介してきた．本書の根底に流れる考え方やアプローチ（第1章と第2章）を踏まえ，以降の各章と数々のコラムでは，さまざまなイシューに挑んでいる筆者たちが，リアルな試行錯誤や実践，思考の過程を共有した．

　第1章でも述べたとおり，本書では「人の心身や将来に直接的に関わる対人サービス」全般をヒューマンサービスと捉えたが，その幅広さゆえに，当然ながらすべての分野や対象を網羅できたわけではない．たとえば「スポーツ」というキーワードひとつをとっても，本書ではトップアスリートとコミュニティの関わり（第6章）や，障害者のスポーツ参加（第7章）のように，各筆者の問題意識を切り口に，かなり焦点を絞った内容になっている．また，国外のヒューマンサービスとコミュニティについては，第9章でニジェールという一国における取り組みを紹介するにとどまった．さらに，ちょうど執筆を始めようという頃に，新型コロナウイルスの感染拡大が始まり，新たなチャレンジに立

ち向かう様子を，現在進行形で赤裸々に綴ることになった筆者もいた．

　このように各章やコラムの多くは選択的な事例ではある．しかし，これら全体を通して，ヒューマンサービスの課題解決へのアプローチの方向性，コミュニティが果たす役割や可能性に関して，そこに通底する重要な知見を導き出せたのではないかと考えている．筆者たちの取り組みはこれで終わったわけではないが，ここまでの研究と活動実践のなかに，読者の皆さんの現場での実践に何かしらの示唆があれば幸いである．

　本書自体もまた，ひとつのコミュニティが作り上げたものである．「おわりに」では，そのコミュニティについて少しだけ紹介したい．2018年，慶應義塾大学湘南藤沢キャンパスに居合わせた私たちは，異なる背景や専門性をもちながらも，「コミュニティ」「ヒューマンサービス」というキーワードで結びつき，大学院生のためのアカデミックプロジェクト「ヒューマンサービスとコミュニティ」を立ち上げた．アカデミックプロジェクト（以下AP）とは，その前年に慶應義塾大学大学院政策・メディア研究科のカリキュラム見直しに伴い新制度として設置されたもので，複数の教員チームが指導体制を構成し，グローバルやローカルな課題（イシュー）に関する研究・教育活動を推進すること目的とした枠組みである．専門性による縦割りを廃し，国内外のフィールドワークやインターンシップを奨励しながら，実際に課題に直面する地域や組織，他の研究機関等とも連携して研究活動を推進しようというのが，AP制度の主旨である．

　私たちのAP「ヒューマンサービスとコミュニティ」は，ヒューマンサービス分野におけるコミュニティ・ソリューションの意義，可能性，課題を関心の中心に据え，新たな学際的な研究・教育領域の確立を目指している．ヒューマンサービス分野に共通するコミュニティ型の課題解決アプローチの確立に向けて，理論構築，実証研究の蓄積，政策・活動実践の三層での取り組みを推進している．2021年度現在，本APに所属する教員は11名，大学院生は17名．その関心領域は，教育や人材育成，公衆衛生，地域福祉，精神保健，まちづくりや地域活性化，自然災害への対応，性犯罪や虐待の防止，社会保障制度など多岐にわたる．メンバーが活動するフィールドは，全国津々浦々，さらにアフリカ，ドイツ，北欧もある．このAP「ヒューマンサービスとコミュニティ」

のメンバー全教員，さらに大学院生や修了生たちも筆者に加わり，本書が完成した．

「半学半教」とは，教える者と学ぶ者との師弟の分を定めず，教員と学生も半分は教えて，半分は学び続ける存在という，慶應義塾の草創期からの精神である．この言葉どおり，さまざまな地域や職域で課題解決に挑む大学院生と教員が，エキサイティングな議論を繰り広げ，互いに学び合い，刺激を与え合いながら，切磋琢磨してきた．この学び合いのコミュニティがなければ，本書が世に出ることはなかった．

私たちは時に誰かに支えられることもあるが，誰かを支えることもできる．違う個性や強みを持った人たちがつながり，問題意識を共有し協働することで，解決できることは少なくない．そんなコミュニティの力を生かしてヒューマンサービスを創造する，それは自分たちの幸せを人まかせにしないという，ごく当たり前のことではないだろうか．

謝辞

本書は，筆者たちがそれぞれのフィールドの皆さまと対話をし，ともに汗を流しながら紡ぎだした実践と研究をまとめ上げたものである．報告した内容は，いわばそれぞれの現場の方々の数知れぬ苦労と努力の結晶である．筆者たちが調査や研究を遂行するあたり，多くの皆さまにお世話になった．お一人お一人の名前を挙げることはできないが，この場を借りて心からお礼を申し上げたい．また，本書の一部には，筆者たちが過去に発表した論文等の内容が含まれていることも申し述べておく．出典については各章の注と参考文献を参照されたい．

最後に，本書が刊行できたのは，勁草書房の宮本詳三さんの確実で力強い采配と的確なコメントがあったおかげである．暖かいご支援に心から感謝を申し上げたい．

2021 年 11 月
執筆者一同

索　引

執筆者紹介 (掲載順)

宮垣 元 (はじめに，第1章)
→奥付参照

秋山美紀 (はじめに，第2章，コラム1，コラム16)
→奥付参照

飯盛義徳 (コラム2)
慶應義塾大学総合政策学部教授

大木聖子 (コラム3)
慶應義塾大学環境情報学部准教授

今村晴彦 (コラム4)
東邦大学医学部助教／慶應義塾大学SFC研究所上席所員

伴英美子 (第3章)
慶應義塾大学大学院政策・メディア研究科特任講師／一般社団法人ユガラボ 理事

坂倉杏介 (第3章)
東京都市大学都市生活学部准教授／慶應義塾大学大学院政策・メディア研究科特任准教授

土井原奈津江 (コラム5)
グループリビング運営協議会事務局／慶應義塾大学SFC研究所上席所員

加藤美枝 (コラム6)
たまごの家代表／元世田谷区生涯大学専任講師

馬場わかな (第4章)
慶應義塾大学総合政策学部専任講師

星田淳也 (コラム7)
慶應義塾大学総合政策学部准教授

福澤涼子 (コラム8)
慶應義塾大学SFC研究所上席所員

島津明人 (第5章)
慶應義塾大学総合政策学部教授

河野純子 (コラム9)
慶應義塾大学 SFC 研究所上席所員

小笠原和美 (コラム10)
慶應義塾大学総合政策学部教授／警察庁長官官房付

東海林祐子 (第6章)
慶應義塾大学大学院政策・メディア研究科准教授

醍醐身奈 (コラム11)
大阪経済法科大学経済学部准教授／慶應義塾大学 SFC 研究所上席所員

稲垣　円 (コラム12)
第一生命経済研究所主任研究員／慶應義塾大学大学院政策・メディア研究科博士課程在学

塩田琴美 (第7章)
慶應義塾大学総合政策学部准教授

佐々木秀夫 (コラム13)
慶應義塾大学 SFC 研究所所員

後藤　博 (コラム14)
第一生命経済研究所主任研究員／慶應義塾大学 SFC 研究所上席所員

久具山圭子 (第8章)
慶應義塾大学大学院政策・メディア研究科博士課程在学

伊藤綾香 (コラム15)
麗澤大学外国語学部助教／慶應義塾大学 SFC 研究所上席所員

國枝美佳 (第9章)
慶應義塾大学総合政策学部専任講師

編著者紹介

秋山　美紀（あきやま・みき）
慶應義塾大学環境情報学部教授，同大学院健康マネジメント研究科教授．
慶應義塾大学大学院政策・メディア研究科博士課程単位取得退学．博士（政策・メディア），博士（医学）．
主な著作に，『地域医療を守れ─「わかしおネットワーク」からの提案』（共著，岩波書店，2008 年），『地域医療におけるコミュニケーションと情報技術』（慶應義塾大学出版会，2008 年），『コミュニティヘルスのある社会へ─「つながり」が生み出す「いのち」の輪』（岩波書店，2013 年），『価値創造の健康情報プラットフォーム─医療データの活用と未来』（共編著，慶應義塾大学出版会，2016）等がある．

宮垣　元（みやがき・げん）
慶應義塾大学総合政策学部教授．
慶應義塾大学大学院政策・メディア研究科博士課程単位取得退学．博士（政策・メディア）．
主な著作に，『ヒューマンサービスと信頼─福祉 NPO の理論と実証』（慶應義塾大学出版会，2003 年），『コミュニティ科学─技術と社会のイノベーション』（共編著，勁草書房，2009 年），『入門ソーシャルセクター─新しい NPO ／ NGO のデザイン』（編著，ミネルヴァ書房，2020 年），『その後のボランティア元年─NPO・25 年の検証』（晃洋書房，2020 年）等がある．

ヒューマンサービスとコミュニティ
支え合う社会の構想

2022 年 2 月 10 日　第 1 版第 1 刷発行

編著者　　秋　山　美　紀
　　　　　宮　垣　　　元

発行者　　井　村　寿　人

発行所　株式会社　勁　草　書　房

112-0005 東京都文京区水道2-1-1　振替　00150-2-175253
（編集）電話 03-3815-5277／FAX 03-3814-6968
（営業）電話 03-3814-6861／FAX 03-3814-6854
本文組版 プログレス・日本フィニッシュ・中永製本

©AKIYAMA Miki, MIYAGAKI Gen　2022

ISBN978-4-326-60347-3　　Printed in Japan

玉村雅敏 編著

社会イノベーションの科学

政策マーケティング・SROI・討論型世論調査

A5 判　2,970 円
60271-1

三友仁志 編著

大災害と情報・メディア

レジリエンスの向上と地域社会の再興に向けて

A5 判　4,400 円
50457-2

石田光規

孤立不安社会

つながりの格差、承認の追求、ぼっちの恐怖

46 判　3,080 円
65418-5

佐藤隆之

市民を育てる学校

アメリカ進歩主義教育の実験

46 判　3,850 円
29928-7

宮本太郎 編著

転げ落ちない社会

困窮と孤立をふせぐ制度戦略

46 判　2,750 円
65412-3

轡田竜蔵

地方暮らしの幸福と若者

46 判　3,960 円
65407-9

勁草書房刊

＊表示価格は 2022 年 2 月現在。消費税（10%）が含まれています。